透视犹太民族千年文明 ✡ 诠释犹太商人成功秘诀

TIECHU XIATIAO YU ZHI BEN

陈大为◎编著

杰出犹太商人

枕边书

他们命运多舛但百折不挠，他们人数不多但实力超群，
他们在科技、文化、政治领域群星灿烂，他们在经济、金融界首屈一指。
打开本书你就打开了像走上成功之路的宝藏。

中国华侨出版社

图书在版编目（CIP）数据

杰出犹太商人枕边书/陈大为编著．—北京：中
国华侨出版社，2011.1
ISBN 978-7-5113-1103-0

Ⅰ.①杰…　Ⅱ.①陈…　Ⅲ.①犹太人－商业经营－经
验－通俗读物　Ⅳ.①F715－49

中国版本图书馆 CIP 数据核字（2010）第 262551 号

● **杰出犹太商人枕边书**

编　　著 / 陈大为
责任编辑 / 棠　静
责任校对 / 李向荣
装帧设计 / 天下书装
经　　销 / 新华书店
开　　本 / 710×1000 毫米 1/16　印张 /20　字数 /276 千字
印　　刷 / 北京忠信诚胶印厂
版　　次 / 2011 年 2 月第 1 版　2011 年 2 月第 1 次印刷
书　　号 / ISBN 978-7-5113-1103-0
定　　价 / 35.00 元

中国华侨出版社　北京市朝阳区静安里 26 号通成达大厦 3 层
邮编：100028
法律顾问：陈鹰律师事务所
编辑部：（010）64443056　64443979
发行部：（010）64443051　传真：（010）64439708
网　址：www.oveaschin.com
E-mail：oveaschin@sina.com

前言
Preface

在西方各国流传着这样一句话："世界上的智慧，装在中国人的脑袋里；而世界上的钱，装在犹太人的口袋里。"这是全世界对经商成功的犹太人的充分肯定。

犹太民族是一个古老的民族，在人类文明史上占有极其重要的地位。在近、现代史中，犹太人给世界带来了商业的高度繁荣。

据统计，犹太民族是目前世界上最富有的民族，有"世界的金穴"之美名。犹太人口在世界所占的比例仅为0.3%，但他们掌握着世界经济的命脉。在经济高度发达的美国，犹太人所占的人口比例为3%，但是根据《财富》杂志所评选出来的美国超级富翁中，犹太民族企业家达到20%以上；而在全世界最有钱的企业家中，犹太民族占到了一半左右。

其实，犹太人的成功并不只表现在经商上，他们在政治、科研、军事、教育等各个领域都有出类拔萃的人才，比如如雷贯耳的爱因斯坦、马克思、弗洛伊德等，都是犹太人。

犹太人为什么能够取得如此巨大的成功呢？

经过对犹太人发展历史的分析，以及对近100年来众多犹太人成功经验的总结，我们发现他们有很多值得世人学习的地方。

杰出的犹太人具有一些获得成功的特质，正是靠这些特质，犹太民族在商界能够一枝独秀。他们能够切合个人的实际情况和环境条件确立目标，然后全力以赴而终至成功，他们决不会半途而废或随意停止奋斗。

犹太人的成功并非不劳而获，勤奋是他们获得成功的根本原因。只有勤劳的民族才能获得巨大的财富，才能被全世界认可。

杰出的犹太人全部都是行动的巨人，他们不会把自己的想法仅仅表现在口头上。看准机会、迅速出击，是他们最擅长的手法，也是他们迅速获得财富的重要途径。

犹太人的成功，与他们的人品和处世技巧是分不开的。与他们共事让人觉得舒服、放心，因为他们不会为了自己的利益去侵犯别人的领地。

犹太人不会千篇一律地签订书面合同，但他们遵守契约，即使只在口头做出非正式的承诺、非书面的协议，只要双方接受，他们就会不折不扣地按约定去办事。重信守约的美德为犹太人赢得了美誉，也是他们在商业场上获得成功的重要因素之一。

犹太人在谈判桌上很有一套，他们认为谈判是没有硝烟的战争，三言两语说得好能赢得人心，口若悬河说不好也会导致失败。所以犹太人在谈判时，总是特别小心谨慎，决不随便乱说，并尽可能地做好大量的准备工作。因而，在谈判时能够做到幽默风趣、从容不迫、应对自如，能随心所欲地控制谈判气氛，并最终达到自己想要的结果。

犹太人能够做到世世代代经商成功，很重要的原因是他们将知识当做最稳妥的财富，他们有着对宗教般虔诚的求知精神，并世代相传。不管是科技界、思想界、文化界、政界还是商界，都对他们的求知精神给予了丰厚的回报。

犹太人还有很多获得成功的经验，翻开本书，你就打开了犹太人获取成功经验的宝库。

每个人都希望自己能够成为一个成功者，希望自己能够成为财富的掌门人。然而，天上不会掉下馅饼，不经历风雨怎能见彩虹！

希望你能通过阅读本书，从犹太人的成功经验里激发自己的灵感，点燃智慧的火花，促使自己总结过去，开启辉煌的未来。

目录
Contents

第一章
犹太人具有一些成功必备的特质   1

所有人都不会否认犹太人在世界范围内的精明强干，尤其在商界中取得的至高成就。在世界的每一个角落里犹太商人都有杰出的表现，这是因为他们具有一些成功所必需的特质。

第一节　拥有坚定的目标　/2

第二节　积极地看待一切　/5

第三节　善于运用自己的智慧　/8

第四节　拥有成功的个人魅力　/11

第五节　拥有强烈的自立意识　/14

第六节　保持宽容的心态　/16

第七节　建立良好的人际关系　/19

第八节　具有无往而不胜的心态　/23

第九节　把忍耐作为明天成功的基石　/25

第十节　自动自发地工作　/27

第二章
杰出犹太人是行动的巨人   35

成功的犹太人不一定是语言的巨人，但一定是行动的巨人。他们有独到的眼光，并且善于把计划落实到行动中。他们毫不犹豫甚至义无反顾地去奋斗，以赢得他们辉煌的人生。

第一节　成功的犹太人从不犹豫不决　/36

第二节　今天的事情决不拖到明天　/38

第三节　迅速选择，快速行动　/40

第四节　遇到困难不找借口　/43

第五节　热爱工作就是热爱生命　/46

第六节　做一个有责任感的人　/48

第七节　带着激情投入自己的工作　/51

第八节　每天都保持适度的紧张　/59

第九节　做自己该做的事，不管别人说什么　/61

第十节　机遇来到时迅速出手　/67

第十一节　凡事积极主动出击　/71

第三章
犹太人信奉勤奋是成功的基石　　77

　　犹太人的成功，靠的不仅仅是运气和技巧，无论在任何地方、任何领域，勤奋永远都是成功的基石。犹太人世世代代告诉自己的子孙：勤劳就是成功的资本。无数的犹太人正是靠着祖辈的遗训，勤奋劳作，获得了骄人的成就。

第一节　克服惰性是成功的前提　/78

第二节　保持锲而不舍的奋斗精神　/87

第三节　机会来自于踏实苦干　/93

第四节　成功从勤做小事开始　/95

第五节　保持不断进取的精神　/100

第六节　保持民族繁荣靠奋斗　/107

很多人已经具备成功的基本条件，但是却无法实现目的，常常功亏一篑。有一个重要的原因，就是他们忽略了如何做人，忽略了做人的基本要求。犹太人的成功很大程度上源于他们善于做人，并且做坚强的人。

第一节　不用言语侮辱他人　/118

第二节　尊重他人隐私　/119

第三节　乐于助人获大利　/121

第四节　不滥用自己的权威　/122

第五节　相互理解，赢得人心　/124

第六节　站在他人的角度考虑问题　/125

第七节　懂得做一个感恩的人　/128

第八节　犹太人善于合作共事　/131

一个人的成功，不是靠自己强大就能顺利实现的。成功的犹太人都深知这一点，他们在长期的生存、发展中学会了超人的处世技巧，并借助这些技巧促进自己事业的成功。

第一节　善解人意并乐于赞扬他人　/142

第二节　做事要提前预约，守时守信　/145

第三节　从别人身上找优点，取长补短　/148

第四节　做事情能够直率坦诚　/151

第五节　从不轻易和别人攀比　/152

第六节　善用资源，借助别人的力量　/153

第七节　永远微笑，保持平和心态　/157

第八节　适时满足别人的需要　/160

第九节　善于享用权利，乐于履行义务　/162

第十节　宽容待人，64分合格　/164

第十一节　注重礼仪，在社交中游刃有余　/167

第十二节　舍得付出才有回报　/168

第六章
犹太人把教育作为成功的根本　　171

犹太人认为父母是孩子的第一任老师，也是孩子的终身老师。若不了解正确的教育方式、方法和策略的重要性，不仅要失去作为父母的职责，还会起到坏作用。做好子女教育是所有犹太人的头等大事，也是他们能够保持长久成功的重要原因。

第一节　教育孩子，以理服人　/172

第二节　善用榜样的示范作用　/175

第三节　训练孩子养成好的行为习惯　/177

第四节　正确处理孩子的错误行为　/181

第五节　跟孩子签订"契约"　/184

第六节　家长应注意避免不当行为　/187

第七节　适当运用激励、表扬和批评　/191

第八节　培养孩子宽厚的品格　/195

第九节　让孩子具有人情味　/200

第十节　培养孩子独立自主的意识　/202

第七章
杰出犹太人坚持诚信为人　　205

犹太人一直都能做到坚持诚信，这已经成为他们被世人称道的美德，也是全世界的商人都愿意与他们做生意的重要原因。

第一节　犹太人把诚信作为做人之本　/206

第二节　诚信使企业长久发展　/209

第三节　犹太人诚信经营三大意识　/211

第四节　打造诚信商业的措施　/214

第五节　用绝对的诚信对待消费者　/217

第六节　诚信经营成法宝　/220

第七节　以诚信把生意做长久　/224

第八节　诚信经营，增强企业竞争力　/230

第九节　营销中要讲求诚信　/237

第八章
杰出犹太人把朋友当做财富　　241

　　犹太人之所以能把生意做到全世界的每一个角落，与他们遍交朋友是分不开的。犹太人把朋友看做最大的财富，他们的成功很大程度上依赖着自己的朋友，我们也常说，"在家靠父母，出门靠朋友"。犹太人把"出门靠朋友"发挥到了极至。

第一节　犹太人善于结交朋友　/242

第二节　友情需要给予与付出　/248

第三节　善交友者与人善言　/252

第四节　朋友间也要注意礼节　/258

第五节　朋友也要有亲有疏　/261

第六节　懂得如何拒绝朋友　/263

第七节　朋友之间要互相理解　/265

第八节　君子之交淡如水　/267

**第九章
杰出犹太人善于赢得谈判** 271

犹太人的成功不仅因为他们具有勤奋和实干的精神，也有巧干的功劳，善于谈判就是他们能够获得成功的捷径之一。

第一节　在谈判中以攻心为上　/272

第二节　决定谈判输赢的智慧　/277

第三节　充分准备谈判细节　/284

第四节　引导局势向有利于自己的方向发展　/287

第五节　把握谈判中的气势　/292

第六节　不要让对方牵着鼻子走　/295

**第十章
杰出犹太人认为家庭是事业的支柱** 301

犹太人的成功在很大程度上依赖家庭的稳定与幸福，家庭成为他们通往成功之路的有力保障。

第一节　妻子就是圣女　/302

第二节　好男人不伤害自己的妻子　/303

第三节　好妻子让男人坚强　/304

第四节　好男人选择好妻子　/305

第五节　决不轻易离婚　/307

第六节　用幽默来主导生活　/308

JIECHUYOUTAISHANGREN

第 一 章
Chapter1

犹太人具有一些成功必备的特质

　　所有人都不会否认犹太人在世界范围内的精明强干,尤其在商界中取得的至高成就。在世界的每一个角落里犹太商人都有杰出的表现,这是因为他们具有一些成功所必需的特质。

第一节　拥有坚定的目标

在人的一生中，最重要的就是要树立远大的目标，并且以足够的才能和坚强的忍耐力来实现它。犹太人在这方面做得尤其突出。

犹太民族是一个值得骄傲的民族，因为它有自己独特的特性。而由于其民族的特性，使得犹太的孩子从小就能确定自己为之奋斗的生存目标。而正是由于这样，许许多多的犹太人能集中自己有限的时间和力量去攻克一个目标，获得的成功也就比别人巨大。人生于这个世界上，当确定了自己的生存目标之后，也就有了行动的源泉。在不断求索和不断发展的人生历程中，促使人前进的动力就是来自于对既定目标的追求和向往。

爱因斯坦是犹太民族的骄傲。他一生所取得的成就是世界公认的，他的一生更是典型的为目标奋斗的一生。由于奋斗目标选得准确，爱因斯坦的个人潜能得到了充分的发挥。他在年轻的时候就明白，知识的海洋浩瀚无边，学者不宜在这个海洋里无方向地漂荡，避免耗费自己人生有限的时光，应该选定一个对自己最有力的目标扬帆前进。爱因斯坦善于根据目标需要进行学习，使有限的精力得以充分地利用。他创造了高效率的定向学习法，即在学习中找出把自己的知识引导到深处的东西，抛弃使自己头脑负担过重和会把自己诱导偏离要点的一切东西，从而使他集中精力和智慧攻克选定的目标。

犹太人经商，都注重确立人生奋斗目标。先确立目标，然后全力以赴而终至成功。犹太人在确立目标时注意切合个人实际和环境，不会把自己的奋斗目标确立在高不可及的位置上。因为人做事时必须要现实地看待问题，目标是我们终生追求所在。

犹太人认为你的目标是你的一种发现。人们往往要经过一番危机才能找到自己的目标，他们通常通过自我反思来得到这个自己想要的问题答案。

犹太人以经商著称于世，但是世人还应该知道，犹太人为了自己的目标付出的努力，其中的坚韧为常人所不能。从有《圣经》开始，犹太人就遭受着无尽的苦难，但这也练就了他们坚韧不拔的性格。在犹太人看来，苦难同样也是一笔财富。只要一息尚存，只要前进的目标不会迷失，只要指航的灯塔还没有熄灭，就永不绝望，因为只有度过黑夜才会有白天，只有经历过风雨才会有彩虹。

犹太人经商时，也很明白要为自己的企业确定一个目标。这是一个长期的发展规划。犹太人懂得，只有有了目标后才会成功，目标是对于所期望成就事业的真正决心。目标比幻想好得多，因为它可以实现。

没有目标，不可能发生任何事，也不可能采取任何步骤。如果企业没有目标，就只能在事业的旅途上徘徊，永远到不了任何地方。犹太人把经商比成精心计划自己的人生，这个过程其实就是一场旅行，如果没有地图，也没有目标、计划和时间表，你就会迷路。另一方面，如果有一个经过慎重考虑、现实而且明确的目标，你就会更容易到达彼岸。目标的作用不仅是界定追求的最终结果，它在整个领导生涯中都起着积极作用，目标是成功路上的里程碑。精明的犹太人认为它具有极大的作用。

目标使经商的企业领导者产生积极性。犹太人认为，人一旦给自己订下目标之后，目标就有了作用，它是努力的依据，也是对你的鞭策。对一个商人来说，有一点很重要，你的目标必须是具体的、可以实现的。如果计划不具体，无法衡量是否实现了，那么这会降低你的积极性，因为向目标迈进是动力的源泉。

目标使商人看清楚自己的使命。目标给你一个看得见的射击靶，随着你努力实现这些目标，你就会有成就感。对许多领导者来说，制订和实现目标就像一场比赛，随着时间的推移，你实现一个又一个目标，这时你的思想方式和工作方式也会渐渐改变。

目标有利于避免使人成为琐事的奴隶。犹太族是个精明的民族，他们认为在人的一生中有太多琐事纠缠，人应该过得轻松一些，只看准目标迈进。而确定了目标，就可以让人们知道事情的轻重缓急。若没有这些目标的话，人会很轻易地陷入日常事务中。

目标让犹太商人发挥更大的潜能，没有目标的商人是可悲的。他们虽然有巨大的力量与潜能，但他们往往把精力放在小事上而忘记了自己本来应该做些什么。具体地说，要发挥潜能，你必须全神贯注于自己有优势并且会有高回报的方面。目标能助你集中精力。另外，当你不停地在自己有优势的方面努力时，这些优势会进一步发展。最终，在达到目标时，你自己成为什么样的人比你得到什么东西更重要。目标也可以使商人更好地把握住现在，在现实中通过努力实现自己的目标。虽然目标是朝着将来的，是有待将来实现的，但目标是能把握住现在的。为什么呢？因为这样能把大的任务看成是一连串小任务和小的步骤组成的。所以，如果你集中精力去做当前手上的工作，心中明白自己现在的种种努力都是为将来的目标铺路，那你就容易成功了。

在现实生活中，常可以看到一些商人甚至企业领导埋头苦干，却不知所为何事，到头来发现追求成功的阶梯搭错了地方，却为时已晚。犹太人在这点上比常人做的要好得多，因为他们认为，作为企业领导者的商人，只要掌握真正的方向就可以了。而一个没有目标的领导者就像一艘没有舵的船，永远漂流不定，只会到达失望和丧气的海滩。

目标是伟大的，是人的一生中都为之奋斗不息的。但是，针对单纯的目标，犹太人还有自己的真经，这就是要求设定目标时要做到以下几点。

目标要是长期的。一个商人如果没有长期的目标，就可能会被短期的各种挫折击倒。理由很简单，没有人能像你一样关心你的成功。你可能偶尔觉得有人阻碍你的道路，故意阻止你进步，但实际上阻碍你进步最大的人就是你自己。其他人可以使你停止，而你是唯一能让你自己永远做下去的人。如果一个人没有长期的目标，暂时的阻碍可能构成无法避免的挫折。但如果有了长期的目标，你则可以做大。一次挫折可以是进步的踏脚石，而不会是绊脚石。一般来说，伟大与接近伟大的差异就是领悟到如果你期望伟大，你就必须每天朝着目标去工作。

目标必须是特定的。一个商人不管你具有多少能力或才华，如果不知管理它，将它聚焦在特定的目标上，并且一直保持在那里，那么你将永远无法取得成就。那种猎到几只鸟的猎人，并不是向鸟群射击，而是每次选定一只作为特定的目标。

构筑目标的实践。犹太人喜欢反思，留出一天的时间，用于思考、构筑自己的理想。避开一切干扰，不要让人打断你的思路。思考自己走过的路，其中是否有偏离目标的时候，或者现在正在偏离，以便及时调整和重新确定。这是一个艰难的过程，任何一个人想要认识自己，都是一个自我解剖的过程。

第二节　积极地看待一切

犹太人经常用这样一句话勉励自己，人类最大的弱点就是自贬，亦即廉价地出卖自己。这种毛病以数不尽的方式显示。例如，约翰在报上看到一份他喜欢的工作，但是他没有采取行动，因为他想："我的能力恐怕不足，何必自找麻烦！"

几千年来，很多哲学家都忠告我们：要认识自己。但是，大部分的人都把它解释为"仅认识你消极的一面"，大部分的自我评估都包括太多的缺点、错误与无能。认识自己的缺点是很好的，可借此谋求改进。但如果只去看自己的消极面，就会陷入混乱，使自己变得没有什么价值。因此，要正确、全面地认识自己。

绝不要看轻自己。遣词造句就像一部投影机，把你心里的意念活动投射出来，它所显示的图像决定你自己和别人对你的反应。比如，你对一群人说："很遗憾，我们失败了。"他们会看到什么画面呢？他们真会看到"失败"这两个字眼所传达的打击、失望和忧伤。但如果你说："我相信这个新计划会成功。"他们就会振奋，准备再次尝试。如果你说："这会花一大笔钱。"人们看到的是钱流出去回不来。反过来说："我们做了很大的投资。"人们就会看到利润滚滚而来，很令人开心的画面。成功犹太人总结出他们常用的四种自我调节方法。

1. 用伟大、积极、愉快的语句来描述你的感受。当有人问你："你今天觉得怎么样？"你若回答说"我很疲倦"（或"我头痛"、"但愿今天是周末"、"我感到不怎么好"），别人就会觉得很糟糕。你要练习做到下面这一点，它很简单，却有无比的威力。当有人问："你好吗？"或"你今天觉得怎么样？"你要回答："好极了。谢谢你，你呢？"在每一种时机说你很快活，就会真的感到快活，而且，这会使你更有分量，为你赢得更多的朋友。

2. 用明朗、快活、有利的字眼来描述别人。当你跟别人谈论第三者时，你要用建设性的词句来称赞他，比如，"他真是一个很好的人"或"他们告诉我他做得很出色"。绝对要小心避免说破坏性的话。因为第三者终究会知道你的批评，结果这种话又反过来打击你。

3. 要用积极的话去鼓励别人，只要有机会，就去称赞人。每个人都渴望被称赞，所以每天都要特意对你的妻子或丈夫说出一些赞美的话，要注意称赞和你一起工作的伙伴。真诚的赞美是成功的工具，要不断使用它。

4. 要用积极的话对别人陈述你的计划。当人们听到类似"这是个好消息，我们遇到了绝佳的机会"的话时，心中自然就会升起希望。但是当他们听到"不管我们喜不喜欢，我们都得做这工作"时，他们的内心就会产生沉闷、厌烦的感觉，他们的行动反应也会跟着受影响。所以，要让人看到成功的希望，才能赢得别人的支持。要建立城堡，不要挖掘坟墓。要看到未来的发展，不要只看现状。

犹太人的这种自我暗示的方法，会产生巨大的作用。因为你比想象中的还要好，你知道你自己的优点吗？所谓的优点是任何你能运用的才干、能力、技艺与人格特质，这些优点也就是使你能有贡献、能继续成长的要素。但是，大家总觉得说自己的优点是不对的，是会显得不太谦虚的。其实，自己在某方面确实有优点却去否定它，这种做法既不合人性，也表示不诚实。肯定自己的优点绝不是吹牛，相反地，这才是诚实的表现。你有哪些优点？自己清楚吗？你是不是知道自己所有的优点？你能不能说出这些优点？在别人问起他们有什么优点时，他们也许会说："我不知道，不过我想我是有些优点的。"可是在别人问起他们有什么缺点的时候，他们倒很快地罗列出一大堆。大多数的人都被教会了一个观念：讲自己有哪些优点是不对的，讲自己有哪些缺点是绝对应该的。希望你能真正清楚自己有哪些优点，因为要成功就一定得好好地利用你的优点。

举个例子来讲，要是有人说你菜烧得好，也许你会说："哪里，哪里，其实烧得不好。"或者说"这也算不上什么特殊的才能"。可是菜烧得好，绝对是特殊的才能。菜要烧得好需要相当的条件：要有创造力，时间要捏得准，还要具备组织能力。菜烧得好对于别人生活过得愉快与幸福也有很密切的关系。假如有人告诉你："你在电话里很会说话。"你也许会讲："用电话谈话很容易，这没什么了不起。"然而你要知道：有很多人觉得用电话谈话非常困难，因此打电话打得好实在是值得骄傲的优点。当然，发现自己的优点并不容易。

犹太人在商场中奉为《圣经》的一句名言是：你千万不要吝于赞美别人，也不要忘记称赞自己。有些时候，我们难免都会害怕表达自己的感受。要是你的家里没有彼此赞赏的习惯，不要灰心，你依然可以去改变这样的情况。一时要改变也许不可能，但只要你耐心地去练习和实践，成功一定会属于你的。

有句话说得好："在别人提起你的优点时，千万别说（也别想）'你还没真正了解我'，请你一定要接受自己的优点。"因此你一定要花些工夫把自己的优点弄清楚，并且继续不断地去发现更多的优点，培养新的优点。不要只用潜能的 1/10。常听到别人说："他真是糟蹋自己的才能！"你自己又如何呢？为了使你自己变得更为成熟，你应该持之以恒地去发展自己的优点。因此，你总该抓住机会，从事相当程度的冒险。比如说，你不确定自己能不能打网球，却根本不让自己有机会到球场去，拿起拍子，实地打球，那你怎能知道自己有没有打网球的潜能呢？当然，到球场去有相当的冒险性——能不能打球，到了球场，能就是能，不能就是不能。可是不这样，你怎能发现自己确实有打网球的天分呢？要是说你果真发现自己有打球的潜能，并且也喜欢打网球，那么你便能开始练习。不久，潜能也就变成了你的优点了。你可能变成网球选手，那么你的优点又多了一项。总之，你一定得尽力抓住一切机会去开发自己的潜能，这样就能增加你的优点，从而把自我建筑在优点之上。

第三节　善于运用自己的智慧

在与别人交涉一件事情时，是否相信、理解对方的话，在双方的亲密度和时间、劳力的花费上，会有很大的差别。如果相互信任，很快就会达成协议的时候，人们会因为必须在一起工作，所以才产生合作关系，但这种合作既不可靠而且也不会长久。

真正的团队合作必须以别人"心甘情愿与你合作"为基础，而你也应该表现你的合作动机，并对合作关系的任何变化抱着警觉的态度，其中微妙的感觉和及时地改变策略就是智慧。团队合作是一种永无止境的过程，虽然合作的成败取决于各成员的态度，但是维系合作关系却是你责无旁贷的工作。

比方说，犹太人说话，习惯在讲一两句话后就来个手势，这正反映出犹太人的纯真本质，容易信赖别人。但是从另一方面来看，这也可以说犹太人对知识的理解较高，因此马上就会表达意思。

所谓人生之道，乃是促进团体生活进步发展之道。我们如果真的想追求更好的团体生活，并想实现这个理想的话，就必须正确认识人生之道，并在团体生活的各个方面努力实践。但是，团体所涵盖的层面很多。例如家庭就是一个团体，公司也是一个团体。

如果要在团体生活上求得更进一步的发展，也就是希望每个大小不同的团体都能分别进行其美好的团体生活，那就得正确地实践这个人生之道。

进行这种以人生之道为根基的团体生活，要以什么样的姿态具体地去实现呢？犹太人认为，人类和其他动物不同的地方，就在于其具有可以集合各人的智慧和体验以提升改造未来的力量，并将此应用于团体中，以求更好的生活的特性。

在人生的旅途中，生存是一件艰难的事情，因此犹太人最讲究的是用集体的智慧去战胜自我，也用智慧去战胜别人。

如果有人问犹太人这样一个问题："人最重要的是什么？"犹太人一定会回答说："智慧。"

智慧来自犹太人的宗教传统，所以在犹太人的心中占有举足轻重的地位。

历史上犹太人不断受到迫害，房子、财产有如昙花一现，所有的犹太人都并不以此为重。一般来说，在犹太儿童还没有长大成人之前，他们的父母就会教育他们，智慧比财富和地位都更重要。

"假如有一天，你的房子被烧毁，你的财产被抢光，你将带着什么东西逃跑呢？"母亲问。

"钱。"一个孩子回答说。

"钻石。"另一个孩子这样说。

"有一种没有形状、没有颜色、没有气味的东西，你们知道是什么吗？"母亲继续问。

孩子们左想右想，却找不到答案。

母亲笑了，接下去说："孩子，你们要带走的东西不是钱，也不是钻石，而是智慧。智慧是任何人都抢不走的，只要你还活着，智慧就永远跟随着你，无论逃到什么地方，你都不会失去它。"

许多犹太母亲都这样教育过自己的孩子。所以，关于智慧的观念是深深扎根在犹太人的心中的。在犹太人的社会中，几乎每个人都认为，学者远比国王伟大，也远比富翁伟大。

有一句犹太谚语这样说："赫黑姆（希伯来语，有智慧的人之意）和富翁谁伟大？当然是赫黑姆了。因为赫黑姆知道金钱的可贵，而有钱人却不知道智慧的可贵。"

在犹太人心中，学者才是人们尊敬的中心人物。将学者置于一切人甚至国王之上，就可以看出犹太民族是多么地重视智慧。这一点是犹太民族可引以为豪的传统，因为其他民族往往把王侯、贵族，军人或商人的地位放在学者之上。

犹太人认为，学习知识的目的是增长智慧。犹太民族非常看重学问，但是与智慧相比，学问也略低一筹。他们把仅有知识而没有智慧的人，比喻为"背着很多书本的驴子"。在犹太人看来，知识必须为善，用知识做坏事，知识反而有害了。为此，犹太人认为，知识是磨炼智慧而存在的。假如只是收集很多知识而不消化，就等于徒然堆积许多书本而不用，同样是一种浪费。

犹太人也蔑视一般的学习，他们认为一般的学习只是一味地模仿，而不是任何的创新。实际上，学习应该是思考的基础。

正因为如此，《犹太法典》上才说："学识即能力，是价值最昂贵的怀表。"

这就是智慧的威力，犹太人认为宝藏就在他们的思维中。

第四节　拥有成功的个人魅力

在商人的个性中，有一种任何摄影师都无法捕捉，任何画家都无法再现，任何雕刻家都无法刻画的东西。这是一种人人都能感觉得到，然而却无人能够表达，能够加以形容的微妙的东西。这就是和一个商人一生的成功都相关的魅力。正是这种难以表现的品质，使商人与商人之间有了千差万别的不同。也正是这种品质，点燃了人们的激情。很多犹太人正是靠着这种魅力，获得了自己的成功。

的确，在成功的商人中，没有比这个特征能更引人注目的了。正如犹太人所说："对你自己所做的事情充满了激情，它是一种发自内心的使命感，赋予你能量、动力和激情。这些极富有感染力，并且对于一个商人的前进来说是最基本的。"

在现实生活中，我们会在不知不觉中受到具有这种神奇力量的商人的感染和影响。当受到感染时，顿时会有一种豁然开朗的感觉。优秀商人的魅力能够把自己员工的最优秀的品质一下子激发了出来，就像是让你认识了一个更卓越、更优秀的自己。犹太人就经常具有这种魅力，他们会让人感觉到自己从来没有的灵感和渴望会突然涌入心间，在人体内回旋激荡，生活就像是被赋予了更加崇高的意义似的。这就在人们胸中燃起了熊熊烈火，推动人们去尝试从未尝试过的东西，去体验人们从未体验过的生活，去做人们从未做成的事业。

这种被称为魅力的东西，是看不见、摸不着的，人们把这种品性称为个人磁力。犹太商人说："魅力在哪种情况下，都涉及了一种难以名状的强有力的感情纽带。"他们认为，如果把魅力看做是个人内在固有的东西，那它只能在你与他人交往的过程中显露出来。魅力首先是一种关系，在这种关系中，领导者和追随者的内在自我，是那样紧紧地交织在一起。

而魅力来源于自己杰出的实力。只有当自己有足够的实力了，自己说话能影响自己周围的一个大圈子了，自己在自己所从事的行业里跺一跺脚就能够引起很大的反响，自己有足够的实力去引导一个行业的发展，那么自己就具有很大的魅力了。魅力的绝对来源是自己的实力，犹太人对这点表现得深信不疑。他们在取得成功之前，从不外现自己，而是卧薪尝胆，耐心积蓄腾飞的力量。等待着自己有朝一日可以影响他人时，他们才会站出来。魅力是一种绝对可以让人信服的气质，它和商人的气质相结合表现为以下几点。

1. 优秀的品质。作为一个商人，往往要做的最大的投资就是让别人喜欢和你相处，自己掌握让别人与你愉悦相处的艺术。努力做到举止文雅，为人随和，宽宏大量。这种长期的投资所创造的价值，要远远超过任何可以用金钱衡量的货币资本。因为有了这种品质，无论你走到哪里都会畅行无阻，大受欢迎。事实正是如此，能让人快乐是一笔无价的财富。有什么比永远散发着魅力与光彩的性格更有价值呢？这种性格不仅仅在商业活动中让人受益无穷，在生活中的任何一个角落同样都会让人获益匪浅。正是因为这种性格，才使大批大批的商人赢得了全世界范围的拥戴，成为了一个全面成功的人。为此，我们不要忘记去培养这种优雅的气质和品质，它会让我们吸引所有的人，打动所有的人。这些品质可以使我们成为众人关注的焦点和中心，帮助你不断进步，这通常比去做大量艰苦的工作都要有效。

如果让许多事业有成的商人仔细去分析一下自己成功的原因，他们可能会吃惊地发现，原来成功的一大部分是归功于自己习惯性的礼节和许多其他受人欢迎的品质。相反的，如果一个商人不具备这些品质，那么纵然他具有聪明才智、深谋远虑和滚烫的学历文凭，这一切加起来都不会达到前所未有的成功。因为无论他多么强干，多么地才华横溢，他的粗俗的品质会让人对他敬而远之。

2. 良好的仪表。犹太人都认为，一个杰出的商人不是靠仪表来成就的，但是他们确实又得通过仪表来传递信息。参加商业谈判，你的仪表庄重而且大方，是对对方的尊重；参加周末晚宴，你的仪表是高贵而典雅；在工作时，你的仪表端正而笔挺，那么你在所有人的眼里都是一个实在的人。相反，你穿着休闲服去参加谈判，会让对方感觉到你没有诚意；你穿着牛仔服去参加晚宴，会让人感觉你不合时宜；你在工作中随意拖沓，别人认为你不够敬业。所有这一切，你的仪表都在传递着信息。

事实上，对于他人的仪表，我们是喜欢还是不喜欢，是想到了还是出乎意料，我们都会产生一些想法。如果一个人的仪表不得体，可能他就会被别人轻易地否定；一个人的不得体的打扮，也可能会在交往中坏事，别人也就很难再听他说什么。

有位犹太商人曾经接待过一位推销员。这个推销员初看上去还真是无可挑剔：头发梳得很好，衣服很正式，鞋子很光亮，佩带着高级笔，挎着公文包，还真像那么一回事。可就在推销员翘起脚的时候，却露出了不协调的白袜子。这种不协调让这位犹太商人感到吃惊，以致推销员再说什么他都没有听到。最终，推销员的生意也没有做成。

3. 个人威信。魅力常常会给商人带来荣誉和地位，最终，真正显得重要的是你的人怎么样，而不是你干什么。按照犹太人的说法是："商人赢得追随者是靠努力争取来的。"即使一个人有很多的头衔，但是他仍需要个人的威信。这种威信是影响者从被影响者那里自然而然获得的。而且一提到这种威信，人们就会联想到那些深具魅力的人。地位能够产生对他人的权威，但个人威信却来自于尊重和喜欢。一个真正有魅力的商人，当他的威信积累到一定程度时，他自然就会脱颖而出。从另一个方面来说，地位权力和个人威信也是能够相得益彰的。如果能将两方面很好地结合起来，就会获得无坚不摧的力量。

4. 沟通的技巧。这是一个商人用来鼓励自己周围的人接受自己的领导或采纳自己意见的技巧。一个观点，无论它有多么伟大，倘若不被采纳，都将无济于事。犹太人历来都认为，不管你的想法有多么好，不管它在技术上会带来多大的进展，或者在经济上会创造多少收益，要是你不能让别人接受它，那一切都是枉然。人们需要做的就是去说服他们，让他们明白，他们真正需要做的事情，正是你提出来要做的事情。

5. 增长自己的见识。在犹太商人看来，不论自己是一个多么强有力的商人，不论自己在建立人际关系上有多大的能耐，也不论你在形象、聆听和利用天时、地利方面做得怎么好，自己总得有东西可说才好，否则自己就是一个空架子、一只纸老虎。一个商人如果其他的样样具备，只是缺少见识，那就像盛装打扮之后，却没有地方可以去一样。相反，如果商人凡事都有所见识，那就会把自己的魅力的其余因素带动起来，结合所有因素展现一个完整的人格。

魅力恰恰是一些领导者脱颖而出的原因。同时，这也是一个企业或群体不知道何去何从的时候，一些商人被推向事业巅峰的原因。如果你想事业有成，那么魅力便是你的入场券，商人必须要学会扩展自己的魅力因素，从而引领自己的成功。

第五节　拥有强烈的自立意识

犹太人的现实生活，几乎都是处于动荡的逆境之中。如何在逆境中求得生存和发展，把握住自己的命运，是每个犹太人都在思考的问题。长期的流浪和居无定所，使他们在艰苦恶劣的环境中树立了一种独立的生命意识。而对于后代，在他们还是孩提时就被灌以独立的意识，主要得益于父母对孩子"只相信自己，不相信别人，任何人都不可靠"的教育。

每个人在童年时期，都有一颗纯洁的心，他们并不知道世界的真实面目，只觉得世界很美好。他们不仅相信自己，而且信任周围所有的人。如此天真单纯的人，是无法应付复杂的人类社会的。由于犹太人生来就处于逆境之中，生存的环境对他们来说更可谓是充满荆棘。要适应这个环境，首先就必须懂得怎样对待自己和他人。因此，犹太人教育自己的孩子要相信自己，除了自己以外，任何人都是信不过的。

为了达到让孩子们不信任别人的目的，父母时常担任坏角色，不断地骗自己的孩子，同时让孩子清楚地意识到自己的双亲在骗自己。每次上当受骗，都会使孩子们意识到，双亲是信不过的，自己至亲的人都信不得，还能去相信谁呢？

下面的这则小故事很能说明这个问题，它讲述的是父亲和独生子之间的事。

三岁的迈克有一天在客厅里和姐姐玩游戏。当他们玩得正高兴的时候，父亲抱住小迈克，把他放在壁橱的上面，并伸出双手做出接住他的样子。迈克为父亲参加他们的游戏而感到十分高兴，他望着父亲，毫不犹豫就往下跳。在跳下来的瞬间，父亲却缩回了双手，迈克重重地摔在了地板上，号啕大哭。他向坐在沙发上的妈妈呼唤，可是妈妈却若无其事地坐着，并不去扶他，而是微笑地说："啊，好坏的爸爸！"父亲则在一旁站着，用嘲弄的眼光望着可怜的迈克……

在中国人看来，这样做未免残忍了些。可是，犹太人认为这是很正常的、合情合理的。他们说："像这样重复五六次以后，他们就不敢相信别人了。这样做的目的，无非是让他们知道：世界上没有一个人是完全值得相信的，连亲生的父母都不例外，唯一可以信任的就是自己。"

这种只相信自己的思想，是孩子们独立意识形成的基础，它使犹太人从小便有了独立生存的意识。他们相信只有自己才能养活自己，靠别人来养活绝对是天真的幻想。因此他们在任何条件下，都能顽强地生存下去。他们凭借的是自己的能力，再加上强烈的生存意识，他们当然能找到赚钱的好办法去解决自己的生活问题。

这种"唯我可信"的做法，也使他们在处理所有事务时，小心谨慎，认真思考后再做出抉择，所以他们很少上当受骗。

这种培养孩子独立意识的做法，在我们看来虽有些残酷，但绝对理智！它正是犹太民族长期流浪而不散、不亡的一个重要原因。在长期的流浪生涯和被人排挤中顽强生存下来的犹太民族，自然会对他人疑窦丛生。商业经营者是作为独立掌握自己命运的市场经济的一分子，首先应具备的便是这种理智的独立意识与智慧意识。这种意识还构成了犹太商人自我保护的防护膜，使他们从不陷于别人的商业陷阱中。

犹太人正因为不轻信别人，不被许多事物的表象所迷惑，所以才能在生意场上纵横捭阖，成就卓然。

第六节　保持宽容的心态

犹太人认为宽容是人类最高尚的美德之一，而且是那种最基础的美德。因为没有宽容，其他的美德几乎都是空中楼阁，成为无趣的标榜而已。十年前的"理解万岁"，曾经让无数人潸然泪下，但是和宽容的境界相比，"理解"的确不算什么。有的时候理解和嘲讽、落井下石没有任何的矛盾，而宽容则和忍让、尊重、悲悯、毫不张扬等美德同生。而且犹太人认为宽容应该是人们的归宿，是储存一定的生命和阅历后，理所应当达到的一种境界。如果一个老年人雍容洒脱，虚怀若谷，我们会觉得是很自然、很可亲的；但是一个人到了老年还是斤斤计较、心胸狭隘，别人都会厌烦他。

犹太人告诫我们应该理智地掌握环境，不要太感情用事。注意到商场和生活中的极度相似，才能在商战中屹立不倒。要想达到这种精神境界，其实也没有明确的方式，只有随时去做。这么做之后，你会慢慢发现有很多方法可以增加你了解别人的能力。下面是犹太人提出的方法，指导你开始走近这个方向。

包容的心。简单地说，就是忍受别人不合理的行为和各种不顺心的情况。世界公认犹太人是最值得相处的商业伙伴，因为犹太人不会将自己偶尔的情绪波动迁怒到相互的合作中。这就是学习欣赏并接受不同的生活方式、态度、文化、种族、年龄和长相，很明显这是了解别人所应抱持的态度。他们还要将自己比喻成教会的教友，每个星期天都会去听牧师讲有关包容的典故。开始时都很专注地听讲，渐渐听烦了，就开始松懈下去。教堂的长老决定，应该请牧师改变讲道的主题。于是长老对牧师说："这虽然是个很好的启示，但是教友在每个礼拜都听同样有关包容的主题，早已经听烦了，你应该准备很多不同的内容。"牧师回答说："是的，我准备了很多别的内容。可是我想和你商量，我要等到他们开始做时，我才停止讲这个主题。"这些话说明了实践包容的心（肯定并尊重别人的信仰、差异和分歧等）是很不容易的。做到这一点为什么会这么困难呢？为什么人类无法接受和自己不同的人呢？

这实在很奇怪，人类之所以彼此需要，就是因为他们的差异。如果世界上所有的人都完全一样，那么人类文明就根本无法幸存。人类必须随时了解这一点，不要再让不同的国籍、不同的宗教、家人之间的差异和朋友间的分歧成为困扰和争执的原因。

不要等别人去做，你现在就面对现实。每个人都有其特异之处，世界上绝对没有两个人是完全一样的。

多注意他们好的一面，而不要老是挑剔不好的一面。包容的心，简单地说，就是接受别人原来的样子。富有包容心的人，能多看到别人的优点，很少看到别人的缺点。对别人的评估，正面价值多于负面价值，鼓励多于责难。然而奇怪的是，越来越多的人总是期望别人从不犯罪，在他心里将自己的雇员或朋友塑造出理想的完美形象。因此只要他们犯错或行为不理想，那么他心中那个"完美的形象"就粉碎了，他就一定会生气和失望。彼此开始互相猜忌，自我意识强烈，不为对方着想，互相挑毛病，进而渐渐摧毁了他们的未来。

出色的犹太商人总是试着去接受别人原来的样子，不勉强他们扮演自己心目中完美的角色。

有的人特别喜欢强调和注意别人性格上的缺陷。他们似乎以找出别人的错误为乐趣，并以此达到自我满足，常常表现在商业伙伴相互拆台。然而这种寻找乐趣的方式代价太高，因为这会渐渐抹杀一个人的包容心，所以要学习注意别人的优点。几个犹太商人聚在一起时，总是能相互欣赏对方，他们总是结合成一个强大的对外一致的联盟。你要随时记住这一点：如果你能够看到别人的好处，你就不需要处处拘泥于容忍别人，自然便能达到那个境界！努力培养包容的心，你就是有福的人。你会快乐，更接近真实的自我，而且也能够享受丰富而美好的人际关系，从而让你更好地发挥你的潜能。相反的，缺乏包容的心会使你感到痛苦，甚至会闷出病来。这些道理你都懂，但是也许你并不能完全了解，没有包容心会在你心理上造成多大的影响。当你怒火中烧，对别人发脾气时，你已经对这个人失去了包容的心。这时你的血液循环和心跳都会加速，比正常时快3～4倍！当你日子过得"很顺利"时，也就是你的态度乐观积极、有朝气的时候，你会觉得每天都很舒畅、有活力。相反的，当你失望沮丧、怨天尤人时，也可能就是你和别人发生摩擦的时候，你便觉得自己在心理上和生理上都大不如前，每天都很疲惫。

试着学习对别人让步，并收敛自己不安的情绪，那么你就能节省很多精神。

犹太人的包容，还表现在他们处世时能够做到对事不对人。一个温暖的春天夜里，在美国东岸的一个城市里，有位年轻的犹太学生走出公寓去寄一封信。当他自邮筒走回去时，被11个不良少年围起来，拳打脚踢狠狠揍了一顿。不幸的是，在救护车到来之前，他就断气了。两天之内，警察将这11个不良少年一一逮捕。社会大众都要求严惩他们，报纸也希望采取最严厉的惩罚。后来这位死者的家长寄来一封信，他要求尽可能减轻这些少年的罪行，并成立一笔基金，作为这一群孩子出狱重新生活及社会辅导的费用。他不愿仇恨这些少年。无疑地，他内心也经过相当的挣扎，而且需要有相当强烈的意志才能够不恨这些不懂事的孩子。他只恨控制这些孩子内心的病态性格。他希望这些孩子从残暴、粗鲁、仇恨、病态的虐待性格中重生，甚至还提供金钱来帮助这一群孩子。他恨的是这件事，而不是人。这就是犹太人心目中的宽容，于人于己的一种标准，宽己同样能够宽人。了解别人，并不是指容忍所有错误的行为及不正常的性格。如果你能够学习"针对事情而不要做人身攻击"，那么你会发现培养宽容的态度容易了很多。

侧隐之心是一种同甘共苦的精神，这就是犹太人的感情。想想什么事情可以使别人心跳加快，你不妨带给他们一点儿惊喜，使他们的今天比昨天更美好。当然，你必须能够和他们一起共度困难的时刻，让他们低落的情绪得以排解，挫折的感觉得以疏导。随时安慰他们，并帮助他们再重新快乐起来，甚至对人生的态度更积极。这就是侧隐之心、包容之心、体谅之心。仔细看看每个面具的背后，你会发现原来他们每个人的内心深处都渴望别人的了解、包容和悲悯，他们需要你的关怀。犹太民族总是善于运用这个法宝，也由于此，尽管几百年来居无定所，他们也没有丧失凝聚力。

第七节　建立良好的人际关系

犹太人认为："一个成功之人，15％是依靠专业技术，而85％是依靠人际交往、有效说话等软科学本领。"

成功的商人了解并重视关系的重要性。在犹太商界，商人们常说：

"我们从事的是'关系业务'。"而人际关系的投资是长期的、不断的联系和培养而形成的，如果你只知道一味地支用，不去存储，就有弹尽粮绝的一天。因此，为了商业的持续顺利进行，任何一个商人都需要进行关系投资。因为我们不知道什么时候自己的商业会被挤掉或变得不那么顺利起来。因此对自己所从事的商业进行投资就是不断建立关系，说不定什么时候就会变得对你有用处。一个商人的成功，很大程度上是社交场合的成功，人际关系就是财富。

犹太人为了扩大自己的人际关系网络，会经常参加一些社会活动。一个商人必须要消息灵通，这样，一旦有新的机会，你就可以告诉人们发生了什么事，你希望得到什么东西，问问他们是否认识什么人，可以把你介绍给他们。在本行业内外建立良好、广泛的联系，确实是很重要的。

当事情很顺利的时候，人们很容易变得懒惰和傲慢起来，把关系网丢掉，这是一个非常短视的行为。犹太人向来都坚持不懈地致力于建立关系以及关系的维护。特别是当自己事业一帆风顺的时候，不需要别人帮助时，更应该如此。当自己因为需要对方的支持时，才去和别人接触，就显得被动了。一个好的商人需要大批的朋友，因此人们必须要有远见地培养同他们之间的友谊。

培养关系，造就双赢。犹太人是这样对待双赢的："一个人的成功，并不是通过牺牲或排除他人的成功而取得的。"事实正是如此，没有一个为共同利益工作的愿望，关系不可能建立起来。而没有明确的让其中任何一方都可以得到自己期望得到的利益，关系就注定长远不了。

犹太人常说："随着每一次的交流，每次企业都和他的顾客在他们的关系上添砖加瓦，企业能够使自己的产品和服务更加接近市场的需求。结果在不停地满足市场需求的过程中，彼此之间的关系越来越近、越来越好。"有位成功的犹太商人曾说："构架人际关系网络是成功的基础，往往有关系后，一切都将会没关系。"这话说得很实在，不管是生存在哪个社会，被什么样的文化氛围所包围，无论是讲究社会脉络的东方文化，还是重法依理的西方文化，关系对于一个商人来说是必不可少的，并且永远不会嫌它太多。既然关系如此重要，那么所有的商人在从事自己的商业活动时，就要对关系的特性加以认识，不断地对关系加以管理，以推动自己商业帝国的建立。而通常而言，关系是有以下几个特性的。

关系是慢慢积累的。人们往往需要长久的关系，而长久的关系是累进的、由浅而深、由短暂到长久的。关系是建立在双方利益基础之上的。在人际交往中，每一个人心目中都有一把无形的尺子，用来衡量自己付出的到底值不值、得到的够不够，并以此作为是否继续经营这段关系的依据。关系的建立往往以信任为前提。信任是征服人心的巨大力量，它可以使关系迅速地向成熟的方向转化。关系的建立还需要平衡对称。身份、职务的相互平等可以拉近关系，缩短交际的过程，更容易使关系稳定长久。

关系是可以创造的。要成事，就需要不断地创造关系资源，可以使不认识变成认识，无关系变成有关系。关系是需要先付出再有获得的。你要从别人那里得到什么，就需要先付出等值的代价。这是商场的定律。关系的建立需要控制成本支出，任何商人在建立新的关系时都不要期望过高或给予过多的成本支出，要做到适度，合情合理。

关系需要精心经营。关系是非常容易破碎的，用心经营应该成为商人的必修课，要经常浇水，温故而知新。关系是水到渠成的，常常随着个人资源的积累、某些关键性的人物的突破，关系就会得到顺利的进展。关系也有用完的一天。关系如果只知道使用，而不知道去补充、存储，总有一天，会被关系拒之门外的。

人际关系和人力资本的投资。犹太人认为，除了与生俱来的血缘关系外，人际关系的建立、维持都需要投入。人际关系的投入除了满足现时的需要（娱乐、情感交流）外，还可以使这种人际关系得到维持和加深，以便在将来的交往中获益。

在市场经济条件下，随着知识经济的到来，构建人际关系的目的性会更强，会有更浓厚的投资色彩。因为在市场经济下，各市场参与者都希望实现自我利益的最大化。因而与各利益主体建立良好的人际关系，就可以促成交易与合作，降低交易成本，减少交易风险，并减少人力资本所带来的支出。

人际关系的构建直接关系到个人的人力资本。文化背景、道德观念、思维习惯决定了一个人的行为。所谓"物以类聚"，说明人际关系网中的各个成员具有某些共性，他们所形成的非正式组织中有一些不成文的规范，制约着每一位成员。良好的规范能引导其成员积极向上、健康成长，不良的习惯会使其成员消极、堕落。

人际关系影响着个人的人力资本投资方向和投资效果，也就是人们所说的"近朱者赤，近墨者黑"。人际关系还会导致人际关系网中各成员人力资本差异的缩小。如果某个成员的人力资本的存量或潜量较大，就会成为其他成员的榜样，从而提高其他成员的人力资本，缩小成员之间的人力资源差异。当然如果在非正式组织内，不良风气占了上风，反而会导致其他成员的人力资本下降，向人力资本存量或潜量低的成员看齐，这样也会缩小成员间的人力资本差异。

良好的人际关系有利于人的健康，良好的人际关系能较好地满足人的心理需要。

犹太人历来都承认，人们会因为失败而产生挫折感，会因为竞争的压力而产生紧张感，也会因为受到领导或同事的误解而产生委屈感，使得人们在某个时候处于精神不健康的状态。由于许多人不愿意或未意识到需要治疗，而且这种状态大部分具有暂时性和自愈性的特点，因而大多数人并未得到过心理医生的帮助，而是通过在人际关系网中宣泄这种情绪而恢复健康。所以良好的人际关系对一个人的精神健康有着重要的作用。

人际关系可以减少迁移、流动成本，促使人力资源的合理配置。人们希望迁移到最适合自身人力资本发挥作用的地方，以使人力资本投资产生最大的效益。然而现实中迁移、流动存在着成本和风险，如果个人无法承受，那就只好安于现状。而如果个人的人际关系网能能覆盖到迁移、流动的目的地，一般可以降低迁移、流动的成本和风险，使一些迁移、流动成为可能。

这主要表现为：

1. 提供目的地的信息，降低迁移、流动风险。如通过关系网，成员了解目的地的招聘、任用信息及工作环境、工作条件、工作待遇、社会福利情况后，就能大体评估出迁移后的支出。然后对迁移前后进行比较，从而决定迁移、流动是否可行。

2. 通过关系网中成员的帮助，可尽快找到工作并被雇用。

3. 关系网中的成员为迁移、流动者提供住房或最初的费用开支，如果成员间关系越密切，这种可能性就越大。

4. 关系网成员还会为迁移、流动者提供保障，迁移、流动者在遇到困难时常常首先找自己的亲戚、朋友、同学帮忙。迁移、流动的成本和风险的下降与成员之间关系和成员的个性密切相关，如果成员关系密切且有乐于助人的性格，则下降就比较明显。反之，关系不密切或性格怪僻，成本和风险的下降可能就不明显。

第八节　具有无往而不胜的心态

犹太人相信，在这个世界上，一个人所应该感谢的事情会越来越多，所认为理所当然的事情会越来越少。

追求成功是许多人的理想，但许多人仅仅以为努力进取、奋力拼搏才可达到巅峰。但俗话说："退一步，进两步。"犹太人认为，成功的人恰恰是能在关键时刻急流勇退，寻找新的发展领域，进而获得更大的成就。

我们可以发现，真正成功的人，绝不只靠自身的实力，其实他更懂得整合人际资源，进而创造更多的价值。我们能够去了解可运用的资源，用良好的态度去发展良好的关系。时过境迁，不经意间我们已步入了一个新的世纪，面对变幻莫测的万事万物，我们不由得又一次陷入深深的思考当中。"思考是全世界最困难的事情，又是最有价值的东西。唯有系统地思考，才能系统地进步。"21世纪的到来，使我们真正领悟到了此话的深刻含义。犹太人喜欢说："上帝一定喜爱平凡人，因为他创造了那么多！"

犹太人历来认为："成功等于良好的心态，其他都是这句话的注解。"犹太人认为成功就是每天进步一点点，这种良好的心态使得他们"不以利小而不为"，愿意干小事获小利，踏踏实实，一步一个脚印地积累。

犹太人认为成功是由一个个小小的目标达成的，一次次小小的进步累积而成的。成功是由无数个点组成的完整的生命历程，成功就是每天进步一点点。一个人要有伟大的成就，必须天天有些小成就，因为大成就是由小成就不断累积的结果。犹太人从来都认为："我向来认为自己最大的敌人就是满足，成功永远只是起点，而不是终点。"成功是每天进步 1%，成功是不断地达成目标，成功是对家庭、社会、国家有所贡献，成功是每天快乐地生活。

犹太人认为在商场取得的胜利还得归功于他们具备以下10种心态。

1. 归零的心态。在此之前一个人可能有过很高的成就，但是到一个新的行业来的时候，一定要有一个归零的心态。只有这样才能快速成长，学到这个行业的技巧与方法。如果一个人要喝一杯咖啡，还得把杯子里的茶先倒掉。否则再把咖啡加进去之后，就变成"茶也不是，咖啡也不是"，成了四不像了。

2. 学习的心态。任何一个行业，只有专家、内行才能赚到外行人的钱，所以一定要在最短的时间内以最快的速度成为专家或内行。而要成为专家，就得学习。隔行如隔山，一定要静下心来，认真学习本行业的知识，谁学得快谁就成功得快。

3. 创业的心态。任何事业是由多劳多得到最后的少劳多得，享受非凡的自由的发展过程。在这个过程中，一定要有创业者的心态。创业是艰苦的，特别是在事业的开始阶段，可能收入不会很多，要有勇气面对困难与挑战，要有积极乐观的心态，要为成功找方法，而绝不能为失败找借口。

4. 投资的心态。犹太人认为刚开始时不要投资大笔的钱，重要的是一定要积极寻找投资机会，选准投资行业。

5. 坚持的心态。成功者绝不放弃，放弃者绝不成功。坚持到底，绝不放弃。

6. 付出的心态。投资是一个合作的事业。一定要有付出的心态，只有付出了，才会得到回报。付出的越多，回报也就越多。只有有了量的积累，才能有质的飞跃。

7. 积极的心态。人脑是很神奇的，积极的心态能让人不断地往大脑中输入正面的信息，开启心智，想出办法，解决问题。同时积极的心态对同事、团队有巨大的正面影响，让团队在低潮时看清方向，有信心和勇气不断地前进；高潮时干劲儿十足，不断创造奇迹。但是消极的心态，可能会给团队毁灭性的打击。

8. 诚实的心态。诚实是做人的起码要求，以诚待人才会成功。

9. 承诺的心态。一定要对自己承诺，然后努力去实现对自己的承诺，因为是对自己承诺，不要欺骗自己，也不能欺骗自己。

10. 相信的心态。一定要相信自己。相信一定能成功，奇迹就会发生。

犹太人正是因为这些良好的心态，向一些人暂时认为的"不可能"挑战，使得奇迹一个接一个地产生。取得别人无法取得的成就，做出别人无法做到的功绩，能够真正做到自己主宰自己。

第九节　把忍耐作为明天成功的基石

犹太人是十分善于应用儒家的"忍"的思想的。他们把在2000多年的流亡中所积累的忍耐精神应用到今天犹太人的商务活动乃至处世哲学中，获得了最终的成功。

中国人认为："忍一点晴空万里，退一步海阔天空。"犹太人也这样讲："人的细胞每时每刻都在变化，每天都会更新。昨天生气的细胞，已为今天新的细胞所代替。酒足饭饱后所思考的内容，与饥肠辘辘时所考虑的也不一样。我仅仅在等你的细胞的更替。"

犹太人考夫曼能成为股市"神人"，是他顽强忍耐地奋斗的结果。他1937年出生于德国，因遭受纳粹党的迫害，1946年随父母逃到美国定居。他刚到美国时不懂英语，进入学校读书十分困难。但他很有耐性，不怕别人嘲笑，大胆地与美国小朋友交谈，从中学习英语。他还利用课余时间补习英语，吃饭时和走路时也背诵英语词句。半年的时间过去了，他能熟练地讲英语了。他家境不佳，却以半工半读形式读完了大学，并获得了学士、硕士和博士学位。在工作中，他不辞劳苦，刻苦钻研，从银行的最低层职位做起，直至成为世界闻名的所罗门兄弟证券公司主要合伙人，以至首席经济专家和股票、债券研究部负责人。他对股市料事如神，成为美国证券市场的权威之一。

巴拉尼是生于奥地利维也纳的犹太人，他年幼患了骨结核病，由于家境贫寒得不到医治，使他的膝关节永久性僵硬，不能正常行走。但他没有灰心丧志，而是忍着各种痛苦，艰苦奋斗，刻苦攻读，终于在医学上取得了惊人的成就。除了荣获奥地利皇家授予的爵位外，1914年他还获得了诺贝尔生理学及医学奖金，他一生发表了184篇很有价值的科研论文。

"世上无难事，只怕有心人。"忍耐是成功的信心表现。成功之路是崎岖曲折的，它不可能是畅通无阻的康庄大道。成功者的特长之一，是善于处理前进中的障碍，有坚韧不拔的忍耐性。"成功者是踏着失败而前进的"，"失败是成功之母"的哲理是意味深长的。

在人生历程中，不尽如人意的事时常会发生，每个人都没有悲观的必要。失败乃是成功必经的过程，关键是要有决心和忍耐。昨天或今日的失败，并不意味着最后的结局。活用失败与错误，是自我教育和提升自我的有效途径。最怕的是那些发生了错误或失败的人一蹶不振，因为如果没有了忍耐性，是真正的失败者。某位成功的犹太人曾说过："人生是试行错误的过程，不犯任何错误的人，是一无所成的人。"

犹太人面对失败、挫折，确立忍制制胜的法则是。

1. 对"失败"持正确健康的态度，不要恐惧失败，要懂得失败乃是成功必经的过程。

2. 焦点不要对着过错与失败，应对准远大的目标，活用自己的过错或失败。

3. 遇到失败时，千万不能气馁，要坚韧不拔，矢志不移。

4. 发现此路不通时，要设法另谋出路，使自己顺应环境，适应潮流。

5. 要善于伺机，巧于乘势，等待机遇。

在历史上，犹太民族遇到过许多不公平的待遇，他们也是用这样的信念渡过了种种难关，取得了现在的辉煌。

他们常常这样告诫自己：

第一，不必事事苛求公平。人的心理常常受到伤害的原因之一，就是要求每件事都应当公平。其实，世界上根本就没有绝对的公平，我们不必事事都拿着一把公平的尺子去衡量，否则就是自己和自己过不去。

第二，设法通过自己的奋发努力来求得公平。有些看似不公平的事，正是自己不成熟的观念与言行造成的。

第三，改变衡量公平的标准。不公平是一种进行比较后的主观感觉，因而只要我们改变一下这种比较的标准，也能够在心理上消除不公平感。

第十节 自动自发地工作

犹太人认为，优秀的员工就如同优秀的士兵一样，他们具有一些共同的特质：他们是具有责任感、团队精神的典范；他们积极主动，富有创造力；他们没有任何借口。若非如此，一名士兵就成不了将军，一名员工就成不了老板。我们知道，很多犹太人老板、优秀的企业家都曾经是优秀的员工。在犹太人的心中，一名优秀员工是具有责任感、团队精神的典范；他们积极主动，富有创造力；他们是企业宝贵的财富。

凡是成功的犹太人，他们作为员工时，都努力让自己成为具备以下特色的员工。

不忘初衷而虚心学习的员工。所谓初衷，就是企业的经营理念。只有始终不忘企业经营理念的员工，才可能谦虚，才可能与同事齐心协力。也只有这样，才能实现企业的使命。经常不忘初衷，又能谦虚学习的人，才是企业最需要的员工、有责任意识的员工。这就是说，处在某一职位、某一岗位的干部或员工，能自觉地意识到自己所担负的责任。有了自觉的责任意识之后，才会产生积极、圆满的工作效果。没有责任意识或不能承担责任的员工，不可能成为优秀的员工。

自动自发、没有任何借口的员工。具有积极思想的人，在任何地方都能获得成功。那些消极、被动地对待工作，在工作中寻找种种借口的员工，是不会受到企业欢迎的。

爱护企业，和企业成为一体的员工。除了睡觉，每个人大半的时间是在企业中度过的，企业是自己的第二个家。优秀的员工，都具有企业意识，能和企业甘苦与共。

不自私而能为团体着想的员工。应该明白，所有成绩的取得，都是团队共同努力的结果。只有把个人的实力充分地与团队形成合力，才具有价值和意义。团队精神是犹太人认为的最重要的一种精神，在企业里确实需要崇尚这一精神。

随时随地都具备热忱的员工。人的热忱是成就一切的前提，事情的成功与否，往往是由做这件事情的决心和热忱的强弱而决定的。碰到问题，如果拥有非成功不可的决心和热忱，困难就会迎刃而解。

不墨守成规而经常出新的员工。每一个企业都欢迎这样的员工，因为创造力和创新能力是企业发展的永恒动力。

能作正确价值判断的员工。价值判断是包括多方面的。大而言之，有对人类的看法、对人生的看法；小到对公司经营理念的看法，对日常工作的看法。

有自主经营能力的员工。如果一个员工只是照上面交代的去做事以换取薪水，这是不行的。每一个人都必须以预备成为老板的心态去做事。如果这样做了，在工作上一定会有种种新发现，其个人也会逐渐成长起来。

能得体支使上司的员工。所谓支使上司，也就是提出自己对所负责工作的建议，并促使上司同意；或者对上司的指令等提出自己的看法，促使上司修正。如果一个企业里连这样一个支使上司做事的人都没有，那么企业的发展就成问题；如果有10个能真正支使上司的人，那么企业就有光明的发展前途；如果有100个人能支使上司，那么企业的发展就会更加辉煌。

有气概担当企业经营重任的员工。这种气概就是自信、毅力和责任心的体现，这种气概会给企业带来不可估量的价值。

犹太人认为，只有自动自发地努力工作，一名员工才有可能成为一名老板。

犹太人企业家认为，最好的执行者，都是自动自发的人，他们确信自己有能力完成任务。这样的人的个人价值和自尊是发自内心的，而不是来自他人。也就是说，他们不是凭一时的冲动做事，也不是只为了管理人员的称赞，而是自动自发地、不断地追求完美。

一位心理学家在研究过程中，为了实地了解人们对于同一件事情在心理上所反映出来的个体差异，他来到一所正在建筑中的大教堂，对现场忙碌的敲石工人进行访问。

心理学家问他遇到的第一位工人："请问你在做什么？"

工人没好气地回答："在做什么？你没看到吗？我正在用这个重得要命的铁锤，来敲碎这些该死的石头。而这些石头又特别地硬，害得我的手酸麻不已，这真不是人干的工作。"

心理学家又找到第二位工人："请问你在做什么？"

第二位工人无奈地答道："为了每周500美元的工资，我才会做这件工作。若不是为了一家人的温饱，谁愿意干这份敲石头的粗活？"

心理学家问第三位工人："请问你在做什么？"

第三位工人眼光中闪烁着喜悦的神采："我正参与兴建这座雄伟华丽的大教堂。落成之后，这里可以容纳许多人来做礼拜。虽然敲石头的工作并不轻松，但当我想到，将来会有无数的人来到这儿，再次接受上帝的爱，心中便常为这份工作献上感恩。"

同样的工作，同样的环境，却有如此截然不同的感受。第一种工人，是完全无可救药的人。可以设想，在不久的将来，他将不会得到任何工作的眷顾，甚至可能是生活的弃儿。第二种工人，是没有责任和荣誉感的人。对他们抱有任何指望肯定是徒劳的，他们抱着为薪水而工作的态度，为了工作而工作。他们肯定不会是企业可依靠和老板可依赖的员工。该用什么语言赞美第三种工人呢？在他们身上，看不到丝毫抱怨和不耐烦的痕迹，相反，他们是具有高度责任感和创造力的人，他们充分享受着工作的乐趣和荣誉。同时，因为他们的努力工作，工作也带给了他们足够的荣誉。他们就是我们想要的那种员工，他们是最优秀的员工。

犹太人善于自我精神奖励，他们努力工作，并从成功中获得内心的满足与成就感。

第三种工人，完美地体现了犹太人的工作哲学：自动自发，自我奖励，视工作为快乐。这样的工作哲学，是每一个企业都乐于接受和推广的。持有这种工作哲学的员工，就是每一个企业所追求和寻找的员工。他所在的企业、他的工作，也会给他最大的回报。

或许在过去的岁月里，有的人时常怀有类似第一种或第二种工人的消极看法，每天常常谩骂、批评、抱怨、到处发牢骚，对自己的工作没有丝毫的激情，在生活的无奈和无尽的抱怨中平凡地生活着。不论你过去对工作的态度究竟如何，都并不重要，毕竟那已经过去了。重要的是，从现在起，你未来的态度将如何。

让我们学学犹太人那样的工作哲学，做最优秀的员工吧，去努力自发自主地工作。

犹太人向来都是积极乐观地工作，把工作当做是自己生活中的乐趣。

犹太人对工作的热情，就是时常保持高度的自觉，就是把全身的每一个细胞都调动起来，完成他内心渴望完成的工作。

其实，所有的人都具备工作的热情，只不过有的人习惯于将热情深深地埋藏起来。带着热情去工作吧！

很难想象，一个没有热情的员工能始终如一地高质量地完成自己的工作，更别说做出创造性的业绩了。热情，就是一个人保持高度的自觉，就是把全身的每一个细胞都调动起来，完成他内心渴望完成的工作。热情是一种强劲的激动情绪，一种对人、事、物和信仰的强烈情感。热情的发泄可以产生善、恶两种截然不同的力量。历史上有许多依靠个人热情改变现实的事迹。每一个爱情故事、历史巨变——不论是社会、经济、哲学或是艺术，都因有热情的个人参与才得以进行。

拿破仑发动一场战役只需要两周的准备时间，换成别人那会需要一年。这中间之所以会有这样的差别，正是因为他那无与伦比的热情。战败的奥地利人目瞪口呆之余，也不得不称赞这些跨越了阿尔卑斯山的对手："他们不是人，是会飞行的动物。"

拿破仑在第一次远征意大利的行动中，只用了 15 天时间就打了 6 场胜仗，缴获了 21 面军旗，55 门大炮，俘虏 15000 人，并占领了皮德蒙德。在拿破仑这次辉煌的胜利之后，一位奥地利将领愤愤地说："这个年轻的指挥官对战争艺术简直一窍不通，用兵完全不合兵法，他什么都做得出来。"但拿破仑的士兵也正是以这么一种根本不知道失败为何物的热情跟随着他们的长官，从一个胜利走向另一个胜利的。

我们敬佩拿破仑，但我们更应该赞美拿破仑手下那些具有无比热情的士兵，他们才是最伟大的人。一旦缺乏热情，军队无法克敌制胜；一旦缺乏热情，人类不会创造出震撼人心的音乐，不会建造出富丽堂皇的宫殿，不能征服自然界各种强悍的力量，不能用诗歌去打动心灵，不能用无私崇高的奉献去感动这个世界；如果缺乏热情，你即使有多么美好的愿望，也无法变为现实。也正是因为热情，伽利略才举起了他的望远镜，最终让整个世界都为之信服；哥伦布才克服了艰难险阻，领略了巴哈马群岛清新的晨曦。凭借着热情，自由才获得了胜利；凭借着热情，弥尔顿、莎士比亚才在纸上写下了他们不朽的诗篇。

犹太人也正是靠着像拿破仑一样的热情，征服了世界商业战场上的无数对手，达到了顶峰。

有人或许会问，是不是所有的人都具备工作热情？绝对正确，每一个人都有，也许隐藏在恐惧之后，可是总在那儿。热情是实现愿望最有效的工作方式之一。如果你能够让人们相信，你的愿望确实是你自己想要实现的目标，那么即使你有很多缺点，别人也会原谅你。只有那些对自己的愿望有真正热情的人，才有可能把自己的愿望变成美好的现实。

人是很奇妙的，我们要相信人生能创造奇迹。有许多人都能有意识地创造人生，而不是漫无目的地度过一生。又有多少次，那些最初觉得自己不可能把握自己、施展力量的人，最后却都能扭转乾坤。

每个人内心都有热情，能感受到强烈的情绪，可是没有几个人能依此情感行动，他们习惯于将热情深深地埋藏起来。

曾经有一次，有三个人做了一个小游戏：同时在纸片上把他们曾经见过的性格最好的朋友的名字写下来，还要解释为什么选这个人。结果公布后，第一个人解释了他为什么会选择他所写下的那个人："每次他走进房间，给人的感觉都是容光焕发，好像生活又焕然一新。他热情活泼、乐观开朗，总是非常振奋人心。"第二个人也解释了他的理由："他不管在什么场合，做什么事情，都是尽其所能、全力以赴。"第三个人说："他对一切事情都尽心尽力。"这三个人是美国几家大刊物的记者，他们见多识广，几乎踏遍了世界的每一个角落，结交过各种各样的朋友。他们互相看了对方纸片上的名字之后，发现他们竟然不约而同地写上了一位著名犹太企业家的名字，这正是因为这位企业家拥有无与伦比的热情的缘故。

犹太人认为，对待工作不应该有任何借口，必须具有足够的热情。

犹太人对工作的热情表现在他们完美的执行力上。

犹太人认为，没有任何借口是执行力的表现。无论做什么事情，都要记住自己的责任，无论在什么样的工作岗位，都要对自己的工作负责。工作就是不找任何借口地去执行。一支部队、一个团队，或者是一名战士或员工，要完成上级交代的任务，就必须具有强有力的执行力。接受了任务就意味着做出了承诺，而完成不了自己的承诺是不应该找任何借口的。可以说，没有任何借口是执行力的表现，这是一种很重要的思想，体现了一个人对自己的职责和使命的态度。思想影响态度，态度影响行动，一个不找任何借口的员工，肯定是一个执行力很强的员工。可以说，工作就是不找任何借口地去执行。

喜欢足球的朋友都知道，以色列国家足球队向来以作风顽强著称，因而在世界赛场上成绩斐然。以色列足球成功的因素有很多，其中有最被人看重的一点，那就是以色列队队员在贯彻教练的意图、完成自己位置所担负的任务方面执行得非常得力，即使在比分落后或全队困难时也一如既往，没有任何借口。你可以说他们死板、机械，也可以说他们没有创造力，不懂足球艺术。但成绩说明一切，至少在这一点上，作为足球运动员，他们是优秀的，因为他们身上流淌着执行力文化的特质。无论是足球队还是企业，一个团队、一名队员或员工，如果没有完美的执行力，就算有再多的创造力也可能没有什么好的成绩。

有一名犹太教练员告诉他的队员："我只要求一件事，就是胜利。如果不把目标定在非胜不可，那比赛就没有意义了。不管是打球、工作、思想，一切的一切，都应该'非胜不可'。"

"你要跟我工作，"他坚定地说，"你只可以想三件事：你自己、你的家庭和球队,按照这个先后次序。""比赛就是不顾一切。你要不顾一切拼命地向前冲。你不必理会任何事、任何人,接近得分线的时候,你更要不顾一切。没有东西可以阻挡你,就是战车或一堵墙,或者是对方有 11 个人,都不能阻挡你,你要冲过得分线!"正是有了这种坚强的意志和顽强的信心,球队的队员们拥有了完美的执行力。在比赛中,他们的脑海里除了胜利还是胜利。对他们而言,胜利就是目标,为了目标,他们奋勇向前,锲而不舍,没有抱怨,没有畏惧,没有退缩,不找任何借口。他们是所有雇员的榜样。

犹太某位将军在他的战争回忆录《成功的战争》中曾写到这样一个细节:"我要提拔人时常常把所有的候选人排到一起,给他们提一个我想要他们解决的问题。我说:'伙计们,我要在仓库后面挖一条战壕,10 英尺长,4 英尺宽,5 英寸深。'我就告诉他们那么多。我有一个有窗户或有大节孔的仓库。候选人正在检查工具时,我走进仓库,通过窗户或节孔观察他们。我看到伙计们把锹和镐都放到仓库后面的地上。他们休息几分钟后开始议论我为什么要他们挖这么浅的战壕。他们有的说 5 英寸深还不够当火炮掩体。其他人争论说,这样的战壕太热或太冷。如果伙计们是军官,他们会抱怨他们不该挖战壕进行这么普通的体力劳动。

最后,有个伙计对别人下命令:'让我们把战壕挖好后离开这里吧。那个老家伙想用战壕干什么都没关系。'"

最后,他写道:"那个伙计得到了提拔。我必须挑选不找任何借口地完成任务的人。"无论什么工作,都需要这种不找任何借口去执行的人。对我们而言,无论做什么事情,都要记住自己的责任,无论在什么样的工作岗位上,都要对自己的工作负责。不要用任何借口来为自己开脱或搪塞,完美的执行是不需要任何借口的。

犹太人在商场上的成功,在很大程度上也取决于这种无条件的执行力。这能够使上下一心,一致取得胜利。

JIECHUYOUTAISHANGREN

第 二 章
Chapter2

杰出犹太人是行动的巨人

成功的犹太人不一定是语言的巨人，但一定是行动的巨人。他们有独到的眼光，并且善于把计划落实到行动中。他们毫不犹豫甚至义无反顾地去奋斗，以赢得他们辉煌的人生。

第一节　成功的犹太人从不犹豫不决

果断坚决是人成功的必备标志，而犹豫不决是一个大敌，恰恰是在这一点上，很多人犯了不应该犯的错误。成功的犹太人认为，如果想成就伟大的事业和人生，那么，就要早作准备，该出手时就出手。他们把果断看做是一种成功必备的品质。

"To be, or not to be?" 这是世界上引用最多的一句英语，它可以表达许多意思：活着，还是死去？做，还是不做？去，还是不去……当人们遇事犹豫不决或有所选择而又无所适从时，就常常引用莎士比亚笔下的哈姆雷特说过的这句话。

犹豫不决，使哈姆雷特一次又一次地放弃了复仇的极好时机，造成了他自己的悲剧。但剧作者正是通过这犹豫不决、优柔寡断的人物心态描绘，使人物形象大放光华，使《哈姆雷特》成为世界文学史上璀璨夺目的瑰宝。

成功的犹太人教给我们做事果断的方法。

犹豫的时刻，谁不曾有过？犹豫的时刻，正是人、事、物在心灵聚焦的时刻；正是各种矛盾冲突在心灵掀起巨澜的时刻；正是人物性格充分展现或发展的时刻……捕捉住这美妙的瞬间，留下这美丽，才不会让我们后悔。

曾经发生过这样一件事。一位犹太伐木工人在伐木时不幸被伐下的树压住了大腿，而且流血不止。因是单独伐木，周围无人救助，自己也没带紧急救助的医疗器具。他深知，若是不将压在大腿上的大树移走，听凭血流下去，将会因失血过多而丧命。他也想用电锯将压在腿上的树锯断移走，但是，怎么都达不到目的。怎么办？情急之中，他当机立断，用电锯将自己的大腿锯断。结果如何？大腿丢掉了，但是性命保住了。

这位犹太伐木工人的决策是很果断的。若是迟疑不决、优柔寡断的，光想等他人来救，或是总考虑不用麻醉锯下自己的大腿那是多么痛苦的一件事啊……那么，其后果将是不堪设想的。所以他的这一决策是非凡的，是需要付出很大的勇气的。

"当机立断，不受其乱。"成功的犹太人都具有决策果断这一宝贵的人格品质。

但是在现实生活中，具有这种优秀品质的人并不是很多。只要认真观察周围的人，就会发现有很多人都是在关键时刻办事迟疑、难以取舍、拖拖拉拉、犹豫不决，因此错过了成功的大好时机，而以失败告终。

那么，是什么原因使这些人不够果断呢？成功的犹太人又告诉了我们问题的答案。

首先，这些错过时机的人，他们没有果断的意志品质。当他们遇到困难的、两难的或是紧急的情况时，往往不能够迅速地、合理地、是非分明地、不失时机地采取必要的措施，来坚决地、顺利地解决问题。试想一下，如果那位犹太伐木工人在自己遇到紧急情况下不做出用电锯锯断自己大腿的决断，肯定会因鲜血流得过多而保不住自己的性命。

其次，这些人对事物、对工作缺乏一种积极自觉、主动的态度。他们在选择行动目的时，不太懂得它的重要意义，也不清楚知道可能的后果，经常患得患失。譬如，假如那位犹太伐木工人缺乏行动主动性，不懂得不做出这样的决断就等于是死路一条的可怕后果，就很难做出这样的决断来。很难设想，一个对什么事情都无动于衷、对什么事情都老气横秋的人会有这种品质。

另外，这些人对事物、对工作也都缺乏深思熟虑的考虑。我们能说那位犹太伐木工人的行为是轻举妄动、不负责任的吗？不，绝不能。他自己锯自己的大腿，是在锯与不锯两种选择之间权衡利弊的结果。很难设想，一个对工作总是冒冒失失的、对什么事情都是轻举妄动的、处理问题都是不果断的人会有这种品质。

这是因为他们对事物、对工作考虑问题的出发点，总是缺乏独立、自信，总不能以一种批判性的态度出现在他人的面前；总是缺乏快速、敏捷，总要以比一般人慢得多的速度去处理；对事物、对工作缺乏全局的理解和判断，不能审时度势，不能抓住问题的要害。设想一下，若是那位伐木工人平时总是依赖他人，自己一点儿主见都没有，在制订计划时总是显得缺乏信心、优柔寡断，在行动时总是显得迟疑不决，总是看着他人的脸色办事，什么事情都畏畏缩缩的，他会做出这种决断吗？

英国大文学家莎士比亚说得好："智虑是勇敢的最大要素。"

的确，不果断是人成功的大敌，它会使人失去很多成功的机会。我们常说"机不可失，失不再来"。有的人就是因为患得患失，因为优柔寡断而不知道利用时机。结果呢？机会就风驰电掣般从他身边飞走，等待他的就只有后悔了。为什么有不少人永远只能漂流在狂风暴雨的汪洋大海里呢？为什么永远到不了成功的目的地呢？原因就在于太优柔寡断。

成功的犹太人都非常懂得这一点，在事业的发展中他们果敢坚决，毫不迟疑，当断则断。

第二节　今天的事情决不拖到明天

犹太人都知道商场就是战场，工作就如同战斗。要想在商场上立于不败之地，就必须拥有一支高效的、能战斗的团队。杰出犹太人认为对那些做事拖延的人，是不可能报以太高的期望的。

今天该做的事拖到明天完成，现在该打的电话等到一两个小时后再打，这个月该完成的报表拖到下一月，这个季度该达到的进度要等到下一个季度……不知道喜欢拖延的人哪儿来的这么多的借口：工作太无聊、太辛苦，工作环境不好，老板脑筋有问题，完成期限太紧，等等。相信，这样的员工肯定是不努力工作的员工；至少也是没有良好工作态度的员工。

犹太人认为凡事都留待明天处理的态度就是拖延，这是一种很坏的工作习惯。每当要付出劳动时，或是做出抉择时，总会为自己找出一些借口来安慰自己，总想让自己轻松些、舒服些。奇怪的是，这些经常喊累的拖延者，却可以在健身房、酒吧或购物中心流连数个小时而毫无倦意。但是，看看他们上班的模样！是否常听他们说："天啊，真希望明天不用上班。"带着这样的念头从健身房、酒吧、购物中心回来，只会感觉工作压力越来越大。

为什么有的人如此善于找借口，却无法将工作做好呢？这的确是一件非常奇怪的事。因为不论他们用多少方法来逃避责任，该做的事还是得做。而拖延是一种相当累人的折磨，随着完成期限的迫近，工作的压力反而与日俱增，这会让人觉得更加疲倦不堪。

拖延的背后是人的惰性在作怪，而借口是对惰性的纵容。人们都有这样的经历：清晨闹钟将你从睡梦中惊醒，想着该起床上班了，同时却感受着被窝的温暖，一边不断地对自己说该起床了，一边又不断地给自己寻找借口"再等一会儿"，于是又躺了5分钟，甚至10分钟……

一位成功的犹太商人讲述了对他人生影响很大的一件事，这件事发生在他年幼时。

有一天，他外出玩耍，路经一棵大树的时候，突然有什么东西掉在他的头上。他伸手一抓，原来是个鸟巢。他怕鸟粪弄脏了衣服，于是赶紧用手拨开。

鸟巢掉在了地上，从里面滚出了一只嗷嗷待哺的小麻雀。他很喜欢它，决定把它带回去喂养，于是连鸟巢一起带回了家。

他回到家，走到门口，忽然想起妈妈不允许他在家里养小动物。所以，他轻轻地把小麻雀放在门后，匆忙走进室内，请求妈妈的允许。

在他的苦苦哀求下，妈妈破例答应了儿子的请求。他兴奋地跑到门后，不料，小麻雀已经不见了。一只黑猫正在那里意犹未尽地擦拭着嘴巴。他为此伤心了好久。

从这件事中，他得到了一个很大的教训：只要是自己认为对的事情，绝不可优柔寡断，必须马上付诸行动。不能作决定的人，固然没有做错事的机会，但也失去了成功的机运。

第三节　迅速选择，快速行动

想有所作为的人是不会犹豫的。犹太人将人生看做是奋斗的人生，总想做一点儿对社会有利的事，总想自己发展得好一点儿，因而不怕困难，也不畏艰难。在遇到困难的、艰巨的事情时，就要果断地去拼一拼，去搏一搏，他们是绝不会躺在安乐窝中坐享现成之福。

无私的人是不会犹豫不决的。有一首诗说得好："患得患失前路窄，心底无私天地宽。"如果一个人考虑问题都是从自己出发，从自己的名利出发，那么，他处理问题时，必然会前怕虎、后怕狼；在决策时，总想到那可怕的后果，总想到万一发生意外对自己的前途的影响。一个人若是总处于这样的境地，在采取决定时必定会犹豫不决，迟迟下不了决心，而且经常是做出决定之后又反悔。

有知识的人是不会犹豫不决的。犹太人先哲曾说过这样一句名言："犹豫不决是以无知为基础的。"那么当机立断靠的是什么呢？靠的是一个人对问题的了解是不是全面，对情况的理解是不是深刻，对问题解决的技能是不是完全。总之一句话，果断的人与普通人一样，他同样会有着复杂的、剧烈的思想斗争，同样会有对立的动机和激烈的情绪感受，但是，由于他的果断是以知识作为后盾的，所以这种果断是理性的，决不是武断的代名词，更不是一种随意的轻举妄动。请记住这样一句话：以科学知识为后盾的理智是不会骗人的。

思想稳定、情感集中的人是不会犹豫不决的。成功犹太人具有足够的力量去克服矛盾的思想和情感，将自己的行动引至正确的轨道上来。而那些思想、情感分散的人，则永远陷于矛盾斗争的痛苦之中，或是找不出明确的办法，或是在痛苦之中做出仓促的、草率的决定来。

对自己充满自信的人是不会犹豫不决的。克服犹豫不决的最好办法是肯定自己的能力，坚信自己什么都能干。犹豫不决的人总是对自己说："这件事我干得了吗？恐怕干不了吧！"自己还没有干就担心干不了，怎么能成功？而那些自信的人的思想方法是："我会干好的，没问题。"这无疑是在给自己打气，信心有了，也就不会犹豫不决了。

有勇气的人是不会犹豫不决的。无论做什么事情，都要有一股破釜沉舟的勇气，都要有一种"不入虎穴，焉得虎子"的敢于冒险精神。某位成功的犹太人说得好："要有战胜自己的勇气。人类对自己总是姑息软弱的，尽管平时一再说要坚强、要坚强，可一面对自己，就连所说的一半也实行不了。一切功劳归于自己，一切错误归于别人，这丑恶的一面是每个人都具备的。要战胜如此软弱、丑恶的自己，可以说必须拿出最大的勇气。"

总之，请记住德国伟大的作家歌德这句富有哲理的话："长久地迟疑不决的人，常常找不到最好的答案。"

俗话说，机不可失，失不再来。面对良机，应当当机立断，果敢地、及时地做出有利于自我的决策。

如何及时地抓住良机呢？犹太人认为这就需要决策者具有果断的素质。

所谓果断，是指把经过认真思考的决策迅速明确地表达出来。果断，说明了决策者思维专一、反应敏锐，对信息的吸收和消化，对经验的综合和运用，对未来的估计和推测，都能在较短时间内完成，并形成明确的指令。

　　要做到这一点，决策者必须有迅速做出判断的能力和选择的能力；有敢于对事情后果负责的勇气和魄力。瞻前顾后，怕这怕那，畏畏缩缩，"一停、二看、三通过"的人，不可能成为一个好的决策者。

　　因为，"看"和"停"的实质是"慢半拍"的行为。在"看"和"停"的过程中，时代在前进，情况在变化；在"等"的过程中，可能会产生更多更大的风险，成功的胜算就会大打折扣了。

　　美国有一家著名的管理公司——麦克金赛，曾经对颇有管理成效的37家犹太人经营的公司进行过一番调查，结果表明，获得成功有8个条件，其中最重要的一条就是行动要果断，办事要有魄力。

　　的确如此，如果领导者犹豫不决，模棱两可，就无法动员部下和得到群众的全力支持。只有自己坚定，才能使别人坚定。只有自己充满必胜的信念，部下才可能和你共同奋斗。

　　当然，果断绝不是草率，更不是鲁莽。草率和鲁莽是愚昧无知和粗心大意的伴生物，而果断则是对信息作了充分加工，做出十分迅速准确的反应，是"短、平、快"式的深思熟虑。草率、鲁莽与果断是格格不入的。商场如战场，商战惊心动魄，同样需要当机立断，否则，只会贻误商机，最终一无所获。

　　1973年，某著名的犹太人经营的领带公司刚成立三年。由于世界经济的不景气，这家公司也出现了严重的不景气。由于投资减少，消费乏力，市场疲软，各大百货公司都纷纷减少进货，逼迫领带行情跌落，许多厂家都采用大降价的手法急于将领带出手。一时间，市场上价格雪崩，厂商纷纷叫苦不迭。

　　面对这种困难局面，这个公司面临着两种选择。

　　第一，跟随潮流，降低售价，通过出让一部分利润来保住市场占有率，但这样做容易给人一种"某某产品也不可靠"的印象。

　　第二，保持原价不变，宁肯丢掉部分市场，也绝不丢掉品位高的牌子。

在权衡利弊之后，犹太人商人果断地决定走后一步棋。

于是，他利用市场疲软的机会，廉价租来了各大百货公司的柜台，派人去设专柜推销自己的产品。他利用对手进货减少、品种不齐全之机，增加花色品种，提高领带质量，而价格一分也不降，从而给人一种货真价实、铁价不二的印象。

面临困境，采用这一决策无疑需要果断的决策胆量，需要极大的勇气。

第四节　遇到困难不找借口

杰出犹太人认为借口这个东西永远只是弱者的可怜的宣言，永远不要把自己的失败归于某种借口。要明白，那样做只会是自欺欺人，成功的犹太人士不会为自己的失败寻找借口。

一个漆黑、凉爽的晚上，坦桑尼亚奥运马拉松选手艾克瓦里吃力地跑进了墨西哥奥运体育场。他是最后一名抵达终点的选手，空空的体育场上只剩下他一人。享誉国际的记录处制作人格林斯潘远远地看到这一切，他好奇地走上前去问艾克瓦里，为什么要这么吃力地跑至终点。

这位来自坦桑尼亚的年轻人轻声地回答说："我的国家把我从两万多公里之外送到这里，不是叫我在这场比赛中起跑的，而是派我来完成这场比赛的。"

也许，在许多人看来，艾克瓦里的行动有些愚蠢而略带偏执，但成就一个人的，却正是高度的责任感和一颗积极而决不轻易放弃的心："没有任何借口和抱怨，职责就是他一切行动的准则。"

现实生活中，我们常常会听到这样的借口和抱怨："如果不是……我本可以早点……我太忙了，没时间去做……要不是上道工序延迟的话，我们早就……我们以前不是这样的……"

时间一长，这所有的借口都成了顺理成章的事情了，成为推诿与迟延的理由。人们总是在挑剔着别人的差错，思量自己的得失，能不负责尽量不负责；为保证既得利益，找出种种借口蒙混别人、蒙混公司，也蒙混自己。因为，就在你寻找种种借口的时候，时间已经悄然流逝了……

杰出的犹太人告诫我们千万别找借口！在现实生活中，我们缺少的正是那种想尽办法去完成任务，而不是去寻找任何借口的品质。在他们身上，体现出一种服从、诚实的态度，一种负责、敬业的精神，一种完美的执行能力。

在工作中，我们经常能够听到的是各种各样的借口：

"那个客户太挑剔了，我无法满足他。"

"我可以早到的，如果不是下雨。"

"我没有在规定的时间里把事情做完，是因为……"

"我没学过。"

"我没有足够的时间。"

"现在是休息时间，半小时后你再来电话。"

"我没有那么多精力。"

"我没办法这么做。"

……

其实，在每一个借口的背后，都隐藏着丰富的潜台词，只是我们不好意思说出来，甚至我们根本就不愿说出来。借口让我们暂时逃避了困难和责任，获得了些许的心理慰藉。但是，借口的代价却无比高昂，它给我们带来的危害一点儿也不比其他任何恶习少。

犹太人归纳了经常听到的借口，主要有以下五种表现形式。

1. 他们做决定时根本就没有征求过我的意见，所以这个不应当是我的责任

许多借口总是把"不"、"不是"、"没有"与"我"紧密联系在一起，其潜台词就是"这事与我无关"，不愿承担责任，把本应自己承担的责任推卸给别人。一个团队中，是不应该有"我"与"别人"的区别的。一个没有责任感的员工，不可能获得同事的信任和支持，也不可能获得上司的信赖和尊重。如果人人都寻找借口，无形中就会提高沟通的成本，削弱团队协调作战的能力。

2. 这几个星期我很忙，我尽快做

找借口的一个直接后果就是容易让人养成拖延的坏习惯。如果细心观察，我们很容易就会发现在每个公司里都存在着这样的员工：他们每天看起来忙忙碌碌，似乎尽职尽责了，但是，他们把本应一个小时完成的工作变得需要半天的时间甚至更多。因为工作对于他们而言，只是一个接一个的任务，他们寻找各种各样的借口，拖延逃避。这样的员工会让每一个管理者头痛不已。

3. 我们以前从没那么做过或这不是我们这里的做事方式

寻找借口的人总是因循守旧的人，他们缺乏一种创新精神和自动自发工作的能力。因此，期许他们在工作中做出创造性的成绩是徒劳的。借口会让他们躺在以前的经验、规则和思维惯性上舒服地睡大觉。

4. 我从没受过适当的培训来干这项工作

这其实是为自己的能力或经验不足而造成的失误寻找借口，这样做显然是非常不明智的。借口只能让人逃避一时，却不可能让人如意一世。没有谁天生就能力非凡，正确的态度是正视现实，以一种积极的心态去努力学习、不断进取。

成功的犹太人从来不会在生活和工作中寻找任何的借口。但不幸的是，借口在我们的耳畔窃窃私语，告诉我们不能做某事或做不好某事的理由，它们好像是"理智的声音"、"合情合理的解释"，冠冕而堂皇。上班

迟到了，会有"路上堵车"、"手表停了"、"今天家里事太多"等借口；业务拓展不开、工作无业绩，会有"制度不行"、"政策不好"或"我已经尽力了"等借口；事情做砸了有借口，任务没完成有借口。只要有心去找，借口无处不在。做不好一件事情，完不成一项任务，有成千上万条借口在那儿响应你、声援你、支持你，抱怨、推诿、迁怒、愤世嫉俗成了最好的解脱。借口就是一张敷衍别人、原谅自己的"挡箭牌"，就是一副掩饰弱点、推卸责任的"万能器"。有多少人把宝贵的时间和精力放在了如何寻找一个合适的借口上，而忘记了自己的职责和责任！

第五节　热爱工作就是热爱生命

可以发现，现在的许多年轻人大多是茫然的。他们每天在茫然中上班、下班，到了固定的日子领回自己的薪水，高兴一番或者抱怨一番之后，仍然茫然地去上班、下班……他们从不思索关于工作的问题：什么是工作？工作是为什么？可以想象，这样的年轻人，他们只是被动地应付工作，为了工作而工作，他们不可能在工作中投入自己全部的热情和智慧。他们只是在机械地完成任务，而不是去创造性地、自动自发地工作。

我们没有想到，我们固然是踩着时间的尾巴准时上下班的，可是，我们的工作很可能是死气沉沉的、被动的。当我们的工作依然被无意识所支配的时候，很难说我们对工作的热情、智慧、信仰、创造力被最大限度地激发出来了，也很难说我们的工作是卓有成效的。我们只不过是在"过日子"或者"混日子"罢了！

其实，工作是一个包含了诸多智慧、热情、信仰、想象和创造力的词汇。卓有成效和积极主动的犹太人，他们总是在工作中付出双倍甚至更多的智慧、热情、信仰、想象和创造力，而失败者和消极被动的人，却将这些深深地埋藏起来，他们有的只是逃避、指责和抱怨。

成功的犹太人认为工作首先是一个态度问题，是一种发自肺腑的爱，是一种对工作的真爱。工作需要热情和行动，工作需要努力和勤奋，工作需要一种积极主动、自动自发的精神。只要以这样的态度对待工作，我们就可能获得工作所给予的更多的奖赏。

应该明白，那些每天早出晚归的人不一定是认真工作的人，那些每天忙忙碌碌的人不一定是优秀地完成了工作的人，那些每天按时打卡、准时出现在办公室的人不一定是尽职尽责的人。对他们来说，每天的工作可能是一种负担、一种逃避，他们并没有做到工作所要求的那么多、那么好。对每一个犹太企业和老板而言，他们需要的绝不是那种仅仅遵守纪律、循规蹈矩，却缺乏热情和责任感，不能够积极主动、自动自发工作的员工。

工作不是一个关于干什么事和得到什么报酬的问题，而是一个关于生命的问题。犹太人告诉我们工作就是自动自发，工作就是付出努力。正是为了成就什么或获得什么，我们才专注于什么，并在那个方面付出精力。从这个本质的方面说，工作不是我们为了谋生才去做的事，而是我们用生命去做的事！

成功取决于态度，成功也是一个长期努力积累的过程，没有谁是一夜成名的。所谓的主动，指的是随时准备把握机会，展现超乎他人要求的工作表现，以及拥有"为了完成任务，必要时不惜打破常规"的智慧和判断力。知道自己工作的意义和责任，并永远保持一种自动自发的工作态度，为自己的行为负责，是成功的犹太人和凡事得过且过之人的最根本的区别。

明白了这个道理，并以这样的眼光来重新审视我们的工作，工作就不再成为一种负担，即使是最平凡的工作也会变得意义非凡。在各种各样的工作中，当我们发现那些需要做的事情——哪怕并不是分内的事的时候，也就意味着我们发现了超越他人的机会。因为在自动自发地工作的背后，需要你付出的是比别人多得多的智慧、热情、责任、想象力和创造力。

第六节　做一个有责任感的人

做人就要担负一定的责任，一个没有责任感的人必定是一个不能成功的人。

有这样一个故事：

有一个犹太小男孩利用课余的时间为一位布朗太太做割草工的工作。他给这位太太割完草后，都要打电话假称是要找割草工工作的人，来认定自己的工作是否让这位太太满意。

男孩总是这样问："您好，您要我帮您割草吗？"

布朗太太回答："我的割草工已做了。"男孩又说："我会帮您把草与走道的四周割齐。"布朗太太说："我请的那人也已做了，谢谢你，我不需要新的割草工人。"男孩便挂了电话。此时男孩的室友问他说："你不是就在布朗太太那儿割草打工吗？为什么还要打这个电话？"男孩说："我只是想知道我究竟做得好不好！"

多问自己"我做得如何"，这就是责任。

还有一个犹太人作家的例子。有一次，一个小伙子向一位作家自荐，想做他的抄写员。小伙子看起来对抄写工作是完全胜任的，条件谈妥之后，他就让那个小伙子坐下来开始工作。但是小伙子却朝外边看了看教堂上的钟，然后心急火燎地对他说："我现在不能待在这里，我要去吃饭。"于是作家说："噢，你必须去吃饭，你必须去！你就一直为了今天你等着去吃那顿饭祈祷吧，我们两个永远都不可能在一起工作了。"

作家说那个小伙子曾对他说过，自己因为得不到雇佣而感到特别沮丧，但是当他有一点点儿起色的时候却只想着提前去吃饭，而把自己说过的话和应承担的责任忘记得一干二净。

工作就意味着责任。在这个世界上，没有不需承担责任的工作。相反，你的职位越高、权力越大，你肩负的责任就越重。不要害怕承担责任，要立下决心，你一定可以承担任何正常职业生涯中的责任，你一定可以比前人完成得更出色。

犹太人认为世界上最愚蠢的事情就是推卸眼前的责任，认为等到以后准备好了、条件成熟了再去承担才好。在需要你承担重大责任的时候，马上就去承担它，这就是最好的准备。如果不习惯这样去做，即使等到条件成熟了以后，你也不可能承担起重大的责任，你也不可能做好任何重要的事情。

每个人都肩负着责任，对工作、对家庭、对亲人、对朋友，我们都有一定的责任。正因为存在这样或那样的责任，才能对自己的行为有所约束。寻找借口就是将应该承担的责任转嫁给社会或他人。而一旦我们有了寻找借口的习惯，那么我们的责任之心也将随着借口烟消云散。没有什么不可能的事情，只要我们不把借口放在我们的面前，就能够做好一切，就能完全地尽职尽责。

借口让我们忘却责任。事实上，人通常比自己认定的更好。当他改变自己心意的时候，并不需要去增进他所拥有的技能，他只需要把已有的技能与天赋运用出来就行。这样，他才能够不断树立起责任心，把借口抛弃掉。

千万不要自以为是，忘记了自己的责任。对于这种人，巴顿将军的名言是：自以为了不起的人一文不值。

犹太人提醒我们千万不要利用自己的功绩或手中的权力来掩饰错误，从而忘却自己应承担的责任。人们习惯于为自己的过失找种种借口，以为这样就可以逃脱惩罚。正确的做法是，承认它们，解释它们，并为它们道歉。最重要的是利用它们，要让人们看到你如何承担责任和如何从错误中吸取教训。这不仅仅是一种对待工作的态度，这样的员工也会被每一个主管所欣赏。

负责任的人是成熟的人，他们对自己的言行负责，他们把握自己的行为，做自我的主宰。犹太人认为每一个成熟的企业，都应该教育自己的员工增强责任感，就像培养他们其他优良的品质一样。

回应就是答复，相应地，"所回应的"就是有所答复的，就是"负责任的"。不负责任的行为就是不成熟的行为。负责任、尽义务是成熟的标志。我们努力教育孩子成长为负责任的人，就是在帮助他们走向成熟。詹姆斯·麦迪逊独具慧眼，在《联邦主义者文集》第63节中给"责任"作了明确的界定："责任必须限定在责任承担者的能力范围之内才合乎情理，而且必须与这种能力的有效运用程度相关。"不成熟的人还不能完全具有承担责任的能力。

犹太人认为这是一个不言自明的道理：世上做过的事都是由某些人去做的，这些人有能力去完成它。我们必须独自承担或与他人共同的责任，会依社会结构和政治体制而变更，但唯有一点不会改变：越是成熟，责任就越重。伊甸园中的亚当被发现偷吃禁果之后，把责任推给了夏娃，这是不成熟的表现。夏娃随之又开罪于骗人的毒蛇，这也是欠成熟之举。当兄弟或伙伴们被叫到一起承认错误时，"是她（他）叫我干的"就成为亘古不变的托词。

事情还远不止于此，这种无意中流露出的不成熟通常会延续到成年时代。在华盛顿，政客们都习惯于用"发生了错误"这种被动语态来逃避谴责。对于责任，谁也没有主动去承担；而对于获益颇丰的好事，邀领赏者不乏其人。尽管许多从事公益事业的人们都熟知一句格言：只要你并不关心谁将受赏，做好事将永远没有止境。

犹太人认为我们要为塑造自我而负责。"我就是这种人！"不该成为冷漠或可耻行为的借口。这种说法甚至也不够准确，因为我们不可能永远不变。亚里士多德特别强调，我们怎样定义自己，我们就成为怎样的人。英国哲学家玛丽·麦金莱在《人与兽》中指出：存在主义最精辟、最核心的观点，就是把承担责任作为自我塑造的主旨，抛弃虚伪的借口。

19 世纪存在主义鼻祖之一索伦·克尔凯郭尔感叹芸芸众生中责任感的丧失，在《作者本人对自己作品的看法》这本书中，他写道："群体的含义等同于伪善，因为它使个人彻底地顽固不化和不负责任，至少削弱了人的责任感，使之荡然无存。"圣·奥古斯丁在他的《忏悔录》中把这种屈服于同辈压力的弱化的责任感作为对青年时代破坏行为进行反思的主要内容。这全是因为当别人说"来呀，一起干吧！"的时候，我们羞于后退。奥古斯丁和亚里士多德及存在主义者都坚持认为人们应当对自己的行为负责，缺乏责任感并不能否认责任存在的事实。

第七节　带着激情投入自己的工作

成功的犹太人认为，热情就是一个人保持高度的自觉，就是把全身的每一个细胞都调动起来，完成他内心渴望完成的工作。

所有的人都具备工作的热情，只不过有的人习惯于将热情深深地埋藏起来。带着热情去工作吧！

办事时发挥热情能给自己带来真正的自信。正如某位成功的犹太人所说的那样："热情是世界上最大的财富，它的潜在价值远远超过金钱与权势。热情摧毁偏见与敌意，摒弃懒惰，扫除障碍。热情是行动的信仰，有了这种信仰，我们就会无往不胜。"

那怎样才能给别人留下热情的好印象呢？犹太人告诉我们要这样做。

1. 每天提前 15 分钟上班，会给领导留下积极而又热情的印象

如果你刚进单位工作，每天都能坚持做到提前 15 分钟上班，会给领导带来积极热情的印象。你可以准备一块抹布，先把领导和同事的桌子擦干净，最好不要去碰他们的文件、书籍等私人物品，把地板擦干净，把拖鞋摆整齐，给花盆洒点儿水，倒掉烟灰缸里的烟灰。

这样持之以恒地做下去，领导会对你有一个极好的评价，你工作态度积极热情的良好形象就自然而然地树立起来了。

2. 事事比别人快一步，会给人以热情积极的好感

现在社会已进入节奏感强、竞争激烈的时代，办事永远比别人慢半步的人怎么也不会引起上司和同事的注意。为了让人对你的工作积极性有一个了解，事事比别人快一步是十分有效的。电话铃响了，你比别人先接；有客人来时，你先一步接待等等，事事比别人抢先行动。这样，别人会认为你既热情、办事又很积极。

3. 与人办事交谈时，上半身前倾，可表现出你对所谈之事的关切

大概都有这样的感觉：人们对于自己感兴趣的事，往往会很自然地将上半身向前倾斜着，好像努力要把所要办的事情听透和看透似的。因为对于自己感兴趣的话题和事物，大家都会有尽量接近的心理倾向，从而会全神贯注，悉心关切。所以办事时，你若想让对方对你产生一种热心而积极的好印象，不妨摆出倾身的姿势，表示你对所办之事倾心关注的态度。

4. 说话时带着手势，可表现出你很有热情

臭名昭著的希特勒是一个十分成功的演说家，他的演说具有很强煽动性的原因之一，就在于在演说时他常常带有夸张的表情和手势，从而显现出他与众不同的独特风格。在谈话时，如果能加上一定的手势和神态，就能表现出你积极热忱的态度。因此，与人办事时，如果想让对方了解你很有热情，那么带有一些手势说话就很值得效仿。

5. 听人谈话时做个记录，表明你在热心听对方说话

通常说来，人们只有对对方的话很感兴趣或认为很重要的时候，才会一边听一边做记录；而对于不感兴趣或认为无关紧要的话，人们是没有兴趣做记录的。因此，要表现出你在热心听取对方谈话的样子，不妨运用这一大众心理，边听边记，表示你认为对方的谈话具有记录的价值，这样会博取谈话者的好感。

6. 打招呼时稍微高声一点儿，可展示你热情开朗的性格

和人打招呼时声音太小，会给人一种冷漠的印象。而用比平时说话声音稍大一点儿的语调跟人打招呼或寒暄，会给人以热情、开朗的感觉，从而留下良好的印象。

7. 主动热情地和别人打招呼，可表现出你的开朗大方

在路上碰到别人能主动热情地和对方打招呼，不仅表现出你对对方的尊重，也说明你从心理上能够接受对方。而对你这种表现，人人都会很愉快，认为你是个开朗大方的人。相反，见面时要么不打招呼，要么一定等到别人先打招呼才还礼的人，会给人一种冷漠、傲慢的感觉，这种人也不会有好人缘。因此，要让人感到你的开朗大方，不妨热情主动地和对方打招呼，并配以亲切的笑容。

热情是世界上最宝贵的财富，没有任何东西能比此更能让人勇敢、精力充沛、引起别人好感的了。一位犹太人舞蹈家的话抓住了追寻热情的实质，她说："这是一种生机，一种生命力，一种贯穿于自我的、令人振奋的东西。"

有人曾总结了这世界上的一个奇特现实是：成功的人永远是少数，但失败和庸碌无为的人却很多。而且，成功者越活越充实、潇洒，而失败者却过着空虚、艰难的生活。能否唤起心中的激情，是否能拥有积极的心态，很大程度上决定了你的成功与否。

杰出的犹太人告诉我们，要成功必先懂得做人，做人应处在方圆之间。仔细地观察一下，我们就会发现做事的成功与失败的主要原因在于人的心态。

在犹太人中流传着这样一个关于推销的故事：两个欧洲人去非洲推销皮鞋。第一个推销员到了那里，发现所有的人都不穿鞋，立刻感到失望，对自己要完成的任务充满了怀疑："所有人都赤脚，我的鞋肯定推销不出去。"于是他放弃了努力，沮丧地回去了。而第二个犹太推销员看到了这个情况，立刻惊喜地叫起来："都没穿鞋，这是个多么大的市场啊！"于是

他想方设法地推销，终于成功地回到了欧洲。

就这一念之差，最终导致了两种完全不同的结果。同样面对着非洲的市场，只因为观念上的差别，心态上的不同，一个人处之以方，失之于圆，失望地回去，不战而败；另一个却以圆应对新情况，充满信心，圆满而归。

犹太人觉得，在生活中失败、平庸的人，是因为心态和观念有问题。当遇到困难时，他们就会想去找捷径。"我不行，我还是退吧。"结果就会退到了失败的深渊里。而成功的犹太人遇到困难时，仍会保持乐观的心情，说"我行"、"我一定行"来鼓励自己做下去，不断想办法克服困难，最终走向胜利。爱迪生发明电灯时，失败了上千次，但是他从不退缩，直到最后发明了电灯。所以，成功学创始人拿破仑·希尔说，人是否能成功，关键在于他的心态。成功人士总是抱着乐观的心态；而失败的人则用消极的心态去面对人生。

杰出的犹太人正是因为有了这种积极心态的支配，使他们在做人的时候不拘泥于成规，而是积极地思考，保持乐观的情绪，才使他们在各行各业中取得了巨大的成功；而有些失败者则被过去的失败和忧虑所支配，他们做人保守而呆滞，心态消极、空虚、悲观。

有些人总是喜欢说是环境决定了他们的人生和地位，他们这种根深蒂固的观念是无法改变的。可是，实际上我们的现状不是由环境造成的。相反犹太人觉得自己才是决定和主宰自己人生的主人。纳粹德国集中营的一位幸存的犹太人维克托·富兰克尔说："就算是到了最艰难的环境里，人也还有一种自由，就是选择自己的心态。"

有个成功的犹太人曾经告诉人们，人们的心态决定了人们做事的成败。

1. 你怎样对待生活，生活就怎样对待你；

2. 你怎样对待别人，别人就怎样对待你；

3. 在刚开始工作时你的心态如何，决定了你最后能否取得成功；

4. 在重要的组织中，地位越高的人心态越好。

当然，积极的心态不能保证你的人生一帆风顺、事事成功，但是它一定会改善你做事的方式，进而改善你的人生，你才会顺利到达成功人生的彼岸。但反过来说，奉行消极心态的人能实现成功的人生的，就算碰运气偶尔成功，那也不过是昙花一现，转瞬即逝。一个成功的犹太人说："每个人都带着一个隐形的护身符，这一面刻着积极心态，另外一面刻着消极心态。要想圆满做事，就一定要通过积极的心态，学会做人的方圆之术。这个护身符本身具有惊人的力量，它既能给你带来财富、成功和快乐，也能把这些东西从你身边带走。带给你的是积极心态，而带走的则是消极心态。"

那么，究竟心态是怎样影响一个人做事的能力的呢？从犹太人的观念上来讲，当你坚定了某种信念之后，你付诸实际的行动，就更能助长某种信念。比如，你心里怀着一种信念，坚信自己能很圆满地完成工作，这样在工作中，你就会很自信，而如果经常这样想，并有意识地去做到最好的话，你的信心就会加强。再比如，你对一个人很有好感，你就会主动地去接近他，而进一步接近后，他的优点就让你更喜欢他。这是一种行为和情绪相互影响的例子。对自己也是一样，你做事的方式会不断加深你心理上坚持的信念。所以当一个人越懂得如何做人的时候，他就会越觉得，只要自己努力就一定能成功，在这个世界上获得成功的人生，除了你自己，没有人能打败你。

无论你自身条件是如何地恶劣，只要你保持积极的心态，就可改善你自己，著名政治家罗斯福就是会圆满做事的典范。在他只有8岁的时候，却是一个很脆弱又胆小的小男孩，经常眼露惊恐，呼吸急促。当老师叫他起来背诵的时候，他就会两腿发抖，语不成声，而且回答也不能让老师满意，最后只能又沮丧地坐下来。如果他长得漂亮，那可能还好一点儿，可是，他却是一个暴牙。像他这样的小孩，一定敏感而脆弱，不参加活动，也不交朋友，只知道一个人自怜。可是，情况却刚好相反，虽然他有很多的缺陷，但他却有乐观的心态，这种积极、乐观、向上的精神，鼓励他勇敢地面对一切。有缺陷让他更努力地奋斗，同伴们的嘲笑不会让他退缩。随着年龄的增长，他喘气的声音变成了一种坚定的嗓音，他咬住自己的下唇以克服恐惧。而就是这种精神，带他走上成功之路，最终成为最成功的政治家之一。

对自己的缺陷，他既不自卑，也不回避。他利用缺点，甚至把它变成资本，变成通往成功的阶梯。在他晚年的时候，几乎没有人知道他小时候曾经有过这样严重的缺陷，他的国民都很爱戴他。

如果他对自己身体上的缺陷极为在意，他可能会花时间去洗温泉，吃维他命，或者去航海，期望着躺在甲板上能恢复健康。他从来不认为自己和别人有什么不同，他一心想获得真正圆满的事业，于是他去游泳、骑马，参加各种难度很高的体育活动。而且，他还强迫自己去参加像打猎一类的激烈活动，使自己成为刻苦耐劳的典范。看到别的孩子用刚毅的决心去面对困难，他也鼓起勇气，去应付所有可怕的情形。所以，他逐渐地变得勇敢坚强。当他和其他孩子在一起时，他真心地喜欢他们，并不惧怕和回避他们。因为他对别人感兴趣，他就忘记了自卑，当他用乐观的态度去对待别人时，他的惧怕感也就消失了。

这样，经过不断的努力和有规律的运动，在进入大学之前，他已经恢复了健康。假期的时候，他去亚利桑那追赶牛群，去落基山猎熊，去非洲打狮子，让自己的身体变得更加强壮。后来谁会怀疑他的精力呢？谁曾经去怀疑过他的勇敢呢？但是千真万确，他就是原来那个身体脆弱的孩子。

罗斯福走向成功的方式是多么简单和直接，而成绩又多么卓越，人生又是何等成功啊！而他成功的主要原因就在于他的心态，正是因为他一直抱着一种积极的心态去奋斗，所以，他才走出了逆境。他翻过了自己的隐形护身符，让积极的那一面朝上，终于走向了成功。这个典范在犹太民族中广为流传，成为犹太青年学习的榜样。

犹太人有句诗："我能主宰我自己的命运，引导我自己的灵魂。"从这句诗里，我们知道，主宰了自己的态度，就能主宰自己的命运。态度也决定我们面对机遇时是否能抓得住。这句诗也强调，不论你的态度是积极的还是消极的，这个规律都适用。运用积极心态的定律，从而实现心中的念头和想法。

很多人都没意识到成功是透过自己的优点走向自己的，他们对自己的优点视而不见。其实，人们往往会忽略自己身上最明显的特点，优点就是你的积极心态，没有什么神秘的地方。

拿破仑·希尔在对犹太的成功人士作过多年的研究之后，得出一个结论：积极的心态是他们共有的、最简单的秘密。

一个成功的犹太人讲过这样一个故事：一个早上，牧师正在为自己的讲道词伤脑筋。外面下着雨，他的太太出去了，而他的小儿子因为无事可做而烦躁不安。于是，他随手从杂志上撕下了一张世界地图，撕成碎片，扔给了儿子："强尼，把它拼好，我就给你两毛五分钱。"牧师想，他肯定会忙一会儿了。可是，只过了十分钟，他的儿子就把拼好的地图送到了他的书房。牧师感到很惊讶，强尼居然用了这么短的时间就把所有的小纸片都拼到了一起，整张地图又恢复了原状。"儿子，你怎么做得这么快？""很简单啊，"强尼说，"地图的背面就是一个人的画面，我先把一张纸垫在下面，然后拼好这个人的图画，再放一张纸盖上，翻过来就好了。我想，如果拼对了，地图就应该是对的。"牧师大笑起来，给了儿子一个硬币。"好了，现在我知道明天讲什么了，"他说，"如果一个人是对的，那么他的世界也是对的。"

这个故事寓义深刻：如果你对自己的处境不满意，想做些改变，那么你首先应该改变你自己；如果你做事的方式是对的，那么你的世界也是对的；如果你拥有积极的心态，那么缠绕你的问题就会迎刃而解。

伊尔文·本·库柏是美国最受欢迎的法官之一，但是他小时候却很懦弱。库柏的童年是在密苏里州圣约瑟夫城的一个贫民窟里度过的。他的父亲是一个裁缝，是移民过来的，收入很少。为了取暖，库柏不得不经常去附近的铁路上拾煤。他为自己必须这样做而感到羞愧，常常从后街走，避免被其他的孩子看见。但是那些孩子还是能看到他，尤其是有一群孩子经常埋伏在库柏返回的路上，欺负他，并以此为乐。他们把他捡回来的煤渣扔得满街都是，库柏经常哭着回家，所以，他总是那么恐惧和自卑。在那时，库柏读了一本关于做人的书，深受鼓舞。于是，他在生活中采取了积极的态度，从中学会了做人要有方有圆，这书就是荷拉修·阿尔杰写的《罗伯特的奋斗》。从这本书中，他读到一个少年奋斗的故事，这个少年比他的遭遇还不幸，但是，他凭着自己道德和良心的力量战胜了那些不幸，库柏也想这样做。于是，库柏把所有他能找到的荷拉修的书都读遍了。每次他拿起书来，他就觉得自己成了书里的主人公。整个冬天他都在厨房里读这些勇敢的故事，在不知不觉中，他吸收了积极的人生态度。

库柏读到这本书后几个月，他又出去捡煤。他注意有三个人影从一所房子后面飞快跑过来，他的第一反应是转身就跑。但是，书中那个勇敢主人公的形象在这个时候涌入了他的脑海，于是，他握紧煤桶，大踏步地向前走去，就像荷拉修书中的英雄所做的那样。那可真是一场恶战，库柏和那三个男孩扭成一团，把这三个欺软怕硬的孩子都吓坏了。库柏右手一拳就打到了一个孩子的鼻子上，左手猛击他的胃部。这个孩子吓得停住手，回头就逃。库柏也因为他的逃走而很是吃惊，但同时，另外两个孩子也拼命地打他。库柏用力推开一个，然后把剩下的那个按倒在地上，用膝盖压他，还用力地踢他的腹部和下巴。现在就剩下最后一个，他是这几个孩子的头，已经跑到了库柏的身上。库柏用力一推他，站了起来，他们就这样狠狠地相互对视了一分钟。但是，这个小头目逐渐地后退，最后终于逃走了。库柏也许是因为一时气愤，又朝他扔了一块煤炭。库柏这时才发现自己的鼻子上也受了伤，身上也青一块紫一块的。这一架打得真好，而这一天也是他一生中最重要的一天，在这天，他克服了自己的恐惧。库柏没有比过去更强壮，而那些孩子也没有收敛自己的坏行为。但是，他的心态已经改变了，他知道怎样克服恐惧，他再也不怕危险，也不再受到坏孩子的欺负了。

积极的心态帮助库柏战胜了懦弱和恐惧，而且最后成为了美国最受欢迎的法官之一。而它的更大意义在于，库柏在它的帮助下，找到了成功的秘诀。我们每个人都想得到成功的人生，那么，首先就要像成功的犹太人那样拥有积极的心态。

第八节　每天都保持适度的紧张

成功的犹太人认为，人生所缺的不是才干，而是志向；换言之，不是成功的能力，而是勤劳的意志，一个人懒惰，等于将自己活埋。因为懒惰中存在着永恒的绝望。年轻人最黑暗的时光，是当他们坐下来默想如何去不用劳力而获得金钱的时候。懒惰是世界上最大的奢侈，诱惑的温床，疾病的摇篮，德行的坟墓。犹太人告诉我们：勤劳能使我们保持身体健康，头脑清醒，内心完美，事业成功。如果你有伟大的才干，勤勉将会增进它；如果你只有平凡的才能，勤勉也可以补足它。也许你听说过有些聪明人很懒惰，但你却不曾听说伟人很懒惰。

勤劳是无价之宝。让儿女养成一种勤劳的习惯，胜于留给他们一大笔的财产。有灵敏的头脑与勤劳的手脚，随时可以得到金钱。当我们工作得乏力的时候，就该立刻重温"不勤劳即饥寒"的箴言，以免被怠惰的魔鬼诱惑。诚然，勤劳有功，懒惰无益。懒惰使事情困难，勤劳则使事情容易。许多生命耽于安逸中度过而愁苦。况且，我们做得越多，便越能做。

勤劳是幸运之母，上帝对勤劳给予一切。那么我们就趁今天与懒惰告别。能在今天做好的工作，切莫拖延。

某位成功的犹太人说过："懒惰像生锈一样，比操劳更能消耗身体。经常用的钥匙总是亮闪闪的。"这个观点无疑是正确的，一个人应该保持适度的紧张，不能过于空闲。

现时有一种比较普遍的观点：悠闲使人年轻，紧张促人衰老。似乎人一紧张，高血压病、心脑血管病、溃疡病等就会接踵而至，其实这是一种误解。

紧张是人类经常出现的一种精神状态，是身体对来自内外环境压力所作的一种应激反应。适度的紧张不仅有利于适应工作、学习和社会，而且是人类生活中不可缺少的内容。医学专家发现，积极的生活方式会激发人的适应机能和遏制疾病的能力。当人们保持一定的紧张度工作与生活时，就能充分调动体内的潜在能力，使肾上腺素分泌增多，心跳有力，心排出量增加，各个器官组织得到充分的供血和供氧，从而改善全身的生理机能。适度的紧张可使人体免疫系统处于戒备状态，包括使癌症在内的一些疾病难以产生或扩展。充实的生活内容，使人不觉得空虚，精神感到愉快。体力上的必要紧张要求手脚勤快，肌肉活动增多，新陈代谢旺盛，对健康有良好的促进作用。脑力上的必要紧张，可给脑细胞以良好的刺激，防止脑的早衰。凡此种种，足以证明一个人如果要健康地生活，是离不开适度紧张的。当然这里指的是适度紧张，而过度紧张很可能会损害健康。

成功的犹太人认为适度紧张的实质是积极的生活方式，无所事事显然是属于消极的生活方式。研究证明，消极的生活方式会降低人体的抗病能力或加重疾病的发展。前苏联医学博士兹马诺夫斯基认为，健康有赖于心理上的平衡，有赖于神经系统保持一定的紧张性；而惰性则可使人体生理功能削弱，对外界环境适应能力下降，容易诱发多种疾患。一些人上班时身体还十分健康，退下来后便感到无所适从，浑身不适，有的甚至经常患病，这与生活中失去了适度的紧张不无关系。保持适度紧张是避免人体组织"生锈"的最好办法。

第九节　做自己该做的事，不管别人说什么

现在的大部分青年人，好像不知道职位的晋升是建立在忠实履行日常工作职责的基础上的。只有全力以赴、尽职尽责地做好目前所做的工作，才能使自己渐渐地获得价值的提升。相反，许多人在寻找自我发展的机会时，常常这样问自己：做这种平凡乏味的工作，有什么希望呢？

可是，就是在极其平凡的职业中、极其低微的岗位上，往往蕴藏着巨大的机会。只要把自己的工作做得比别人更完美、更迅速、更正确、更专注，调动自己的全部智力，全力以赴，从旧事中找出新方法来，才能引起别人的注意，自己也才会有发挥本领的机会，以满足心中的愿望。

杰克在国际贸易公司上班，他很不满意自己的工作，忿忿地对朋友说："我的老板一点儿也不把我放在眼里，改天我要对他拍桌子，然后辞职不干。"

"你对于公司业务完全弄清楚了吗？对于他们做国际贸易的窍门都搞通了吗？"他的朋友反问。

"没有！"

"君子报仇，三年不晚。我建议你好好地把公司的贸易技巧、商业文书和公司运营完全搞通，甚至如何修理复印机的小故障都学会，然后辞职不干。"朋友说，"你把他们公司当成免费学习的地方，什么东西都学会之后，再一走了之，不是既有收获又出了气吗？"

杰克听从了朋友的建议，从此便默记偷学，下班之后，也留在办公室研究商业文书。

一年后，朋友问他："你现在许多东西都学会了，可以准备拍桌子不干了吧？"

"可是我发现，近半年老板对我刮目相看，最近更是不断委以重任，又升官，又加薪，我现在是公司的红人了！"

"这是我早料到的！"他的朋友笑着说，"当初老板不重视你，是因为你的能力不足，却又不努力学习；而后你痛下苦功，能力不断提高，老板当然会对你刮目相看。"

不要只知道抱怨老板，却不反省自己。如果我们不是仅仅把工作当成一份获得薪水的职业，而是把工作当成是用生命去做的事情，自动自发，全力以赴，我们就可能获得自己所期望的成功。成功者和失败者的分水岭，就在于成功者无论在做什么都力求达到最佳境地，丝毫不会放松。

成功犹太人认为许多年轻人之所以失败，就是败在做事轻率这一点上，这些人对于自己所做的工作从来不会做到尽善尽美。

有一段时间，犹太人企业家查尔斯面临着一种最为尴尬的情况：他的公司在财务上发生了一些问题。更糟糕的是，这件事被在外面负责推销的销售人员知道了，并因此失去了工作热情，导致销售量急剧下跌。

为此，销售部门不得不召集全体销售员开了一次大会，在各地的销售员都被召来参加了这次会议。主持这次会议的查尔斯，首先请手下最佳的几位销售员站起来，要他们解释销售量为什么会下跌。这些销售员在被唤到名字后，一一站起来，每个人都有一段最令人震惊的悲惨故事要向大家倾诉：商业不景气、资金缺乏，人们都希望等到总统大选揭晓之后再买东西等等。

当第五个销售员开始列举使他无法达到平常销售配额的种种困难因素时，查尔斯先生突然跳到一张桌子上，高举双手，要求大家肃静，然后说道："停止，我命令大会暂停十分钟，让我把我的皮鞋擦亮！"然后，查尔斯命令坐在附近的一名黑人小工友把他的擦鞋工具箱拿来，并要这名工友替他把鞋擦亮，而他就站在桌上不动。在场的销售员都惊呆了，他们有些人认为查尔斯先生突然发疯了，并且开始窃窃私语，会场的秩序变得无法维持了。正在这同时，那位黑人小工友先擦亮了第一只鞋子，然后又擦另一只鞋子，他不慌不忙地擦着，表现出一流的擦鞋技巧。

皮鞋擦完之后，查尔斯先生给了那位黑人小工友一毛钱，然后继续开始发表他的演说。"我希望你们每个人，"他说，"好好看看这个黑人小工友。他拥有在我们的整个工厂及办公室内擦皮鞋的特权。他的前任是位白人小男孩，年龄比他大得多，尽管公司每周补贴他五元的薪水，而且工厂里有数千名员工，但他仍然无法从这个公司赚取足以维持自己生活的费用。"

停顿了一下，查尔斯接着说："这位黑人小男孩不仅可以赚到相当不错的收入，不需要公司补贴薪水，而且每周还可存下一点儿钱来。而他和他前任的工作环境完全相同，也在同一家工厂内，工作的对象也完全相同。我现在问你们一个问题，那个白人小男孩拉不到更多的生意，是谁的错？是他的错，还是他的顾客的错？"

那些销售员不约而同大声回答说："当然了，是那个小男孩的错。"

"正是如此。"查尔斯回答说，"现在我要告诉你们，你们现在推销的环境和一年前完全相同：同样的地区、同样的对象以及同样的商业条件。但是，你们的销售成绩却比不上一年前。这是谁的错？是你们的错？还是顾客的错？"

同样又传来如雷鸣般的回答："当然，是我们的错。"

"我很高兴，你们能坦率承认是自己的错。"查尔斯继续说，"我现在要告诉你们，你们的错误在于，你们听到了有关本公司财务发生困难的谣言，这影响了你们的工作热忱，因此你们就不像以前那样努力了。只要你们回到自己的销售地区，并保证在以后30天内每人签下5单买卖，那么本公司就不会再发生什么危机了。以后再卖出的，都是净赚的。你们愿意这样做吗？"当然，所有的人都说愿意。这些工作多年的销售员，缺少的不是工作经验或能力，而是对公司状况的信心。

一个实力强大的公司，忽然财务困难，甚至导致几千人面临失业的危险，这些都吞噬了他们乐观向上的精神，当然也不再有什么工作的热情了。然而，他们却没有想到，这种悲观的态度、消极的做法，却把自己和公司推上了绝路。查尔斯正是看到了这一点，并且巧妙地运用一个惊人之举：站在会议厅的办公桌上擦皮鞋，引出了擦鞋小工友的故事，以此一针见血地指出了销售成绩下降的根本原因，并借此机会破除了弥漫在公司里的悲观情绪，为销售员注入了生机和活力。效果不难想象，公司又取得了优异的销售成绩，安然地渡过了难关。

你工作的质量往往会决定你生活的质量。在企业里随处可见这样的人，他们的目标只是想过一天算一天，他们不断抱怨自己的环境，就像是一块浮木，在人生之海上随波逐流。能找到怎样的工作，便担任怎样的职务，而且做事情能省力就省力。他们最高兴的是发薪日以及5点钟下班的时候。他们混过一天，回到家，一边喝酒一边看电视。难道这就是一切吗？犹太人认为在工作中应该严格要求自己，能做到最好，就不能允许自己只做到次好；能完成100%，就不能只完成99%。不论你的工资是高还是低，你都应该保持这种工作作风。每个人都应该把自己看成是一名杰出的艺术家，而不是一个平庸的工匠，应该永远带着热情和信心去工作，应该全力以赴，不找任何借口。得过且过的人，在任何一个组织都很难升到中层职位以上。

我们常常喜欢从外部环境来为自己寻找理由和借口，不是抱怨职位、待遇、工作的环境，就是抱怨同事、上司与老板，而很少问问自己：我努力了吗？我真的对得起这份工作吗？努力工作的人，工作会给予他意想不到的奖赏。

不管是你的工作与你的预期有多么大的差距，或者是你的工作有多么无聊、单调和乏味，我们能做的只能是努力工作。这一点对于刚走向社会的年轻人来说尤为重要。如果的确是没什么意义的工作，尽管无聊，也不可一味抱怨，请想些把工作变得更有趣的方法。一件工作是否无聊或有趣，是由你想去怎么完成而决定的。

犹太人认为对工作永远保持乐观的态度，这也是每个人应具有的人生态度。著名犹太主持人弗兰克先生的经历能给我们带来有益的启示。

弗兰克原本是电台记者，十几年过去了，一直没有发达的机会，职位和薪水也不是很理想。弗兰克自己觉得，尽管努力工作了，但公司却总是给予他最低的评价。生气的弗兰克经过一番考虑后，很想递出辞呈一走了之。在做出最后决定之前，他向朋友征求意见。

朋友告诉他说："造成现在这种情况，你思考过是什么原因吗？你尝试过了解其他工作吗？喜爱你的工作吗？你是否真正地努力工作过？如果仅仅是对现在工作或职位、薪水感到不满而辞去工作，你也不会有更好的选择。稍微忍耐一点儿，转变你的工作态度，试着从现在的工作中找到价值和乐趣，也许你会有意外的发现和收获。当你真正地努力过了，到那时再考虑辞职也不晚。"

弗兰克听从了朋友的建议，他重新审视了过去的工作经历，并试着多一些乐观的想法，于是找到了以前绝对无法体会的"乐趣"，了解到他的工作性质是可以认识很多人，也能交到很多的朋友。自那之后，弗兰克开始广交朋友，于是不知不觉中，对公司的不平、不满的情绪消失了。不仅如此，数年后的弗兰克在公司内得到的评价是——"擅长建立人际关系的弗兰克。"

很快，弗兰克不但获得了提升，他本人也成为了美国著名的节目主持人。

琳达大学毕业后，进入了向往以久的报社当记者。虽然说是记者，却没有被指派去担任采访等工作，而是每天做一些整理别人的采访录音带之类的小事情。

做这样无聊的工作是她以前所没有料到的，而日益不满的她，甚至萌生出辞职的念头。有个朋友给了她这样的建议："你是幸运的，你正在接近你最喜欢的工作。如果你觉得现在的工作无聊的话，那只是你的借口，说明你并没有努力工作。你可以试着学习如何快速听写录音带，试着成为快速记录的高手，将来一定会派上用场的。因为听写一个小时的录音带，往往要耗掉3～5倍的时间，但如果精通速记的话，就只要花费和录音带相同的时间就可以完成了，不但合理而且省时。"

于是，琳达每个周末都去文化学院学习速记。她精通了速记后，变得能够自如进行录音带的速记工作。6年以后，她以"录音速记高手"的身份闻名各界，因其速记的"更快速、更便宜、更准确"，即使在经济不景气的时候，工作也从没间断过。

下面的故事更值得推荐给每一位正在工作的人。

凯兹和欧文同时受雇于一家店铺，拿着同样的薪水。可是一段时间后，欧文青云直上，而凯兹却仍在原地踏步。

凯兹很不满意老板的不公正待遇。终于有一天，他到老板那儿发牢骚了。老板一边耐心地听着他的抱怨，一边在心里盘算着怎样向他解释清楚他和欧文之间的差别。

"凯兹，"老板说话了，"您去集市一趟，看看今天早上有什么卖的东西。"

凯兹从集市上回来向老板汇报说，今早集市上只有一个农民拉了一车土豆在卖。

"有多少?"老板问。

凯兹赶快戴上帽子又跑到集市上，然后回来告诉老板说一共有40袋土豆。

"价格多少?"

凯兹第三次跑到集市上问来了价格。

"好吧，"老板对他说，"现在你坐在椅子上别说话，看看别人怎么说。"

欧文很快就从集市上回来了，向老板汇报说，到现在为止只有一个农民在卖土豆，一共40袋，价格是多少;土豆质量不错，他带回来一个让老板看看。这个农民一个钟头以后还会运来几箱西红柿，据他看价格非常公道。昨天他们铺子的西红柿卖得很快，库存已经不多了。他想这么便宜的西红柿老板肯定会要进一些的，所以他不仅带回一个西红柿做样品，而且把那个农民也带来了，他现在正在外面等回话呢。

此时老板转向凯兹，说："现在你知道为什么欧文的薪水比你高了吧？"

因为态度的不同，同样的工作会干出不一样的效果；而干同样工作的人，也会有不同的体验和收获。

艾伦大学毕业后分到英国大使馆做接线员。做一个小小的接线员，是很多人觉着很没出息的工作，艾伦却在这个普通的工作上做出了成绩。他将使馆所有人的名字、电话、工作范围，甚至他们家属的名字都背得滚瓜烂熟。有些电话打进来，有事不知道该找谁，他就会多问问，尽量帮他准确地找到人。慢慢地，使馆人员有事要外出，并不是告诉他们的翻译，而是给他打电话，告诉他会有谁来电话，请转告哪些事，有很多公事、私事也委托他通知，艾伦逐渐当上了大使馆全面负责的留言中心秘书。

有一天，大使竟然跑到电话间，笑眯眯地表扬他。这是破天荒的事，结果没多久，他就因工做出色而被破格调去给英国某大报记者处做翻译。

该报首席记者是个名气很大的老太太，得过战地勋章、被授过勋爵，本事大，脾气也大。她把前任翻译赶跑后，刚开始也不要艾伦，后来才勉强同意一试。一年后，工做出色的艾伦被破格升调到外交部，他干得同样出色，之后又获外交部嘉奖……

对努力工作的人，工作会给予他意想不到的奖赏。做的总是比应该做的更多，你就会出人头地，这是成功的犹太人与穷其一生只能服从别人的人们之间的全部差距。

第十节　机遇来到时迅速出手

生命巨流中的黄金时刻转瞬即逝，除了砂砾之外我们别无所见。天使前来探访，我们却当面不识，失之交臂。

成功的犹太人告诉我们，机遇与我们的事业休戚相关，机遇是一个美丽而且性情古怪的天使。她倏尔降临在你身边，如果你稍有不慎，她又将翩然而去。不管你怎样扼腕叹息，她却从此杳无音信，不再复返了。

在商业活动中，时机的把握甚至完全可以决定你是否有所建树。抓住每一个致富的机会，哪怕那种机会只有万分之一。

20 世纪的犹太人也有一句俗谚："通往失败的路上，处处是错失了的机会。坐待幸运从前门进来的人，往往忽略了从后窗进入的机会。"

你曾在爽朗的秋天在小溪旁散过步吗？溪流上有很多随波逐流的落叶。有的总匆匆而过，很快就看不见了。靠近河岸的落叶，却慢慢地飘荡着；有的被卷入旋涡，而有的回到静水处，动也不动。

人生就像流水，有的在一个地方打转转，有的乘着急流往下游奔驰。你乘着这道流水，也许就在岸边悠哉游哉，好几年才移动那么一点点儿，甚至完全静止不动。随波逐流的落叶，只有听天由命，是无可奈何的。它的前途，完全由风向与流水片面决定。然而，你却可以自己决定前途，不必老待在静止不动的地方。你可以向流水中央游去，乘着急流，去寻找大的新的机会，你所需要的，就是用自己的力量向着急流游去。

看似简单，实行却难。诚然，急流处似乎一切都很好。然而，你是不是能够游到中心处？那就没有一定的保障了。因此你必将有前途渺茫之感。怎么办呢？抑或偏要到这安全的狭小天地呢？

不入虎穴，焉得虎子？

这个游不游的问题，是每一个人在一生中总会碰到的。这时候，如果有自信心的人，必将挺身接受考验，毅然跳进未知的世界中，向中心处游去。他们知道，只要肯冒险，必定可学到新的经验。懦弱的人、怕变化的人，只好躲在原来的安全地方，眼巴巴地望着别人乘着急流往前直奔。

而百货业的巨子华尔顿就是一个敢于冒险、善于冒险，最终乘着急流欢快地往下游驰去的人。他的经验之谈极其简单："不放弃任何一个哪怕只有万分之一可能的机会。"

有不少聪明人对此是不屑一顾的，其理由是：第一，希望微小的机会，实现的可能性不大；第二，如果去追求只有万分之一的机会，倒不如买一张奖券碰碰运气；第三，根据以上两点，只有傻瓜才会相信万分之一的机会。

但有的人的看法却不同。

有一次，华尔顿要乘火车去纽约，但事先没有订妥车票，这时恰值圣诞前夕，到纽约去度假的人很多，因此火车票很难购到。他的夫人打电话去火车站询问：是否还可以买到这一次的车票？车站的答复是：全部车票都已售光。不过，假如不怕麻烦的话，可以带着行李到车站碰碰运气，看是否有人临时退票。车站反复强调了一句，这种机会或许只有万分之一。

他欣然提了行李赶到车站去，就如同已经买到了车票一样。夫人关怀备至地问道："华尔顿，要是你到了车站买不到车票怎么办呢？"

他不以为然地答道： "那没有关系，我就好比拿着行李去散了一趟步。"

他到了车站，等了许久，退票的人仍然没有出现，乘客们都川流不息地向月台涌去了。但他没有像别人那样急于往回走，而是耐心地等待着。大约距开车时间还有 5 分钟的时候，一个女人匆忙地赶来退票。因为她的女儿病得很严重，她被迫改坐以后的车次。

他买下那张车票，搭上了去纽约的火车。到了纽约，他在酒店里洗过澡，躺在床上给他太太打了一个长途电话。在电话里，他轻松地说："亲爱的，我抓住那只有万分之一的机会了，因为我相信一个不怕吃亏的笨蛋才是真正的聪明儿。"

有一次，地方经济萧条，不少工厂和商店纷纷倒闭，被迫贱价抛售自己堆积如山的存货，价钱低到 1 美金可以买到 50 双袜子了。

那时，华尔顿还是一家织造厂的小技师。他马上把自己积蓄的钱用于收购低价货物，人们见到他这股傻劲儿，都公然嘲笑他是个蠢材！华尔顿对别人的嘲笑漠然置之，依旧收购各工厂和抛售的货物，并租了一个很大的货仓来储货。

他妻子劝说他，不要把这些别人廉价抛售的东西购入，因为他们历年积蓄下来的钱数量有限，而且是准备用于子女教养费的。如果此举血本无归，那么后果便不堪设想。

对于妻子忧心忡忡的劝告，华尔顿笑过后又安慰她道："两个月以后，我们就可以靠这些廉价货物发大财。"

华尔顿的话似乎兑现不了。过了10多天后，那些工厂贱价抛售也找不到买主了，便把所有存货用车运走烧掉，以此稳定市场上的物价。太太看到别人已经在焚烧货物，不由得焦急万分，抱怨起华尔顿来。对于妻子的抱怨，华尔顿一言不发。

终于，美国政府采取了紧急行动，稳定了地方的物价，并且大力支持那里的厂商复业。这时地方上因焚烧的货物过多存货欠缺，物价一天天飞涨。华尔顿马上把自己库存的大量货物抛售出去：一来赚了一大笔钱，二来使市场物价得以稳定，不致暴涨不断。

在他决定抛售货物时，他妻子又劝告他暂时不忙把货物出售，因为物价还在一天一天飞涨。他平静地说："是抛售的时候了，再拖延一段时间，就会后悔莫及。"果然，华尔顿的存货刚刚售完，物价便跌了下来。他的妻子对他的远见钦佩不已。

后来，华尔顿用这笔赚来的钱开设了6家百货商店，业务也十分发达。如今，华尔顿已是举足轻重的商业巨子了，他在一封给青年人的公开信中诚恳地说道："亲爱的朋友，我认为你们应该重视那万分之一的机会，因为它将给你带来意想不到的成功。有人说，这种做法是傻子行径，比买奖券的希望还渺茫。这种观点是有失偏颇的，因为开奖券是由别人主持，丝毫不由你的主观努力；但这种万分之一的机会，却完全是靠你自己的主观努力去完成的。"

不过同时你们也得注意，要想把握这万分之一的机会，必须具备一些必须的条件。

1. 目光长远。鼠目寸光是不行的，不能看见树叶，就忽略了整片森林。

2. 必须锲而不舍。没有持之以恒的毅力和百折不挠的信心是无济于事的。

假如这些条件你都具备了，那么有一天你将成为百万富翁，只要你去付诸行动。

要在商业活动中有所作为，仅靠一味地盲目蛮干是收效甚微的。投机，看准时机并把握它，将它变成现实的财富，这才是成功企业家的明智选择。

第十一节　凡事积极主动出击

犹太人的勤奋还体现在他们凡事都主动出击上。在职场上，是什么样的特质能使犹太员工创造出 10 倍于普通员工的成绩呢？著名的贝尔实验室和 3M 公司经过近 10 年的研究，终于发现了一条令人吃惊的结论：要像犹太人那样成为一名优秀员工，你无须圆滑的社交技巧，只需改进你的工作策略，你就能成为一名优秀的员工，发挥出巨大的潜能。

在需要改进的工作策略中，"主动性"最能体现出犹太员工与普通员工的差异。贝尔实验室的研究告诉我们：任何一个具有专业技能、有竞争力的犹太新雇员，都会在最初的 6 至 12 个月证明自己的主动性，否则，就意味着和普通员工毫无区别。所有公司不得不开始裁员时，首选的都是那些缺乏主动性的员工。

职场上，员工听命行事的时代已经远去了。如果想在职业生涯中不断追求成长与卓越，一定要凡事主动出击，像犹太人那样做个优秀的员工。

1. 主动工作

每个老板都希望自己的员工能主动工作，带着思考工作。对于发个指令、撅动按钮才会动一动的"电脑"员工，没有人会欣赏，更没有老板愿意接受。职场中，这类只知机械完成工作的"应声虫"，老板会毫不犹豫地剔除。

对于老板而言，只有那些能准确掌握自己的指令并主动加上本身的智慧和才干，把指令内容做得比预期还要好的人，才是他们真正要找的人。犹太人在这方面做的就很好。

犹太员工从不认为老板的指令"神圣不可侵犯"。当他们接到一项明确的任务后，如果在老板的指令之外，有另外一条更好的途径可走，他们会主动请示老板，积极改进。当其他员工像"瞌睡虫"一样盲目服从老板时，只要他们确实认为授权方向不对，就会运用他们的推理和说服力，晓之以理，动之以情，阐述自己的看法，绝不人云亦云。

一般而言，这类做法会给老板"侵略性"之感。但聪明的老板绝不会因此将它们拒之"门"外，仍然会将它们纳入所需之列。因为老板们完全相信：即使工作未按自己所设想的进行，但一定正被按一种更好的方法完成。

2. 主动奉献

每个老板都有被公司事务缠得焦头烂额的时候，在这个时候，作为员工应该怎么办呢？

在老板的工作日程表上，常会出现一些毫无新意的工作。由于这些工作毫无表现可言，所有人都不想做。

但是工作总是要有人来做的。这时，犹太员工就会挺身而出，主动请愿甘愿做"最傻"的工作，结果往往会得到老板的信任。

"琐事中孕育伟大的种子。"事实上，这类工作往往比那些表面看起来华丽动人的工作更有争取的价值，它更能展露一个人的才华、勇气和积极热情的心。对于肯做肯干、不斤斤计较，懂得不让浅显和琐碎的问题烦扰老板的员工，老板往往印象深刻。因为他可以依赖。

特别是在老板工作触礁、迫切需要帮助的时候，如果你能挺身而出，危难时刻施以援手，一肩挑起，一旦他的难题获得解决，你在老板心目中的地位就会更为重要。

3. 主动犯错

"工作过分完美反而不美。"这句话乍听荒诞至极，其实大有文章。

假如刻意逃避错误，总想把工作做得完美，这说明很可能在按常规做事，墨守成规，缺乏新的创意。在情势瞬息万变、竞争激烈的现代社会，做事过于保守的员工绝非老板所需。对老板而言，这类员工充其量只能作为"垫底"的，让老板放心，但绝不会令老板欣赏。

所以说，当"完美"遮住犹太员工的才华时，他们会犯一些开拓过程中不可避免的错误，但这是值得的。因为他们知道不能太执著于"质"的方面的完善，接受和尝试用新的想法和方法相配合，并改变自己的工作方式，让工作变得更加灵活，哪怕失败也不要紧。这十分有助于老板发现他们的特殊之处，从而更加欣赏他们，认为"此人可造也"。因为具有"犯错"精神的犹太员工，会使老板意识到，他们可能为他的公司带来不可预知的利益。值得一提的是，犹太员工在"刻意犯错"时，他们有很大的把握能及时扭转败局。如果你没有足够的把握，千万不要效仿他们，否则你便真的失败了。

4. 主动负责

现在，在企业里，老板越来越需要那些敢做敢当、勇于承担责任的员工。因为，在现代社会里，责任感是很重要的，不论对于家庭、公司、社交圈子，都是如此。它意味着专注和忠诚。

"我警告我们公司的人，"某位犹太企业家说，"如果有谁说'那不是我的错，那是他（其他的同事）的责任'，被我听到的话，我就开除他。因为说这话的人显然对我们公司没有足够兴趣——如果你愿意，站在那儿，眼睁睁地看着一个醉鬼坐进车子里去开车，或任何一个没有穿救生衣、只有两岁大的小孩子单独在码头边上玩耍——好吧！可是我不容许你这样做的，你必须跑过去保护那两岁的小孩子才行。"

"同样地，不论是不是你的责任，只要关系到公司的利益，你都应该毫不犹豫地加以维护。因为，如果一个员工想要得到提升，任何一件事都是他的责任。如果你想使老板相信你是个可造之材，最好、最快的方法，莫过于积极寻找并抓牢促进公司利益的机会。哪怕不关你的责任，你也要这么做。"

由此可见，老板心目中的员工，个个都应是负责人。只有主动对自己的行为负责、对公司和老板负责、对客户负责的人，才是老板心目中最好的员工。而犹太员工就能很好地把握这一点，主动地把责任承担在自己身上，这让老板觉得把什么工作交给他都很放心，从而赢得了老板的信任。

5. 主动进取

微软招聘时，颇为青睐一种"聪明人"。这种"聪明人"，并非在招聘时就已是某一方面的专家，而是一个积极进取的"学习快手"，一个会在短时间内主动学习更多的有关工作范围知识的人，一个不单纯依赖公司培训主动提高自身技能的人。

而犹太员工正是属于"主动进取"型的员工，这正是老板们的共同心声。具有这种精神的员工，是企业进步不可或缺的支柱。

今天的社会，是一个高度竞争、充满机会与挑战的社会。受大环境的影响，企业的环境也总是处于困难和竞争之中。在这种残酷的环境中，每个公司必须时刻以增长为目标才能生存。要达到这个目标，公司员工必须与公司制订的长期计划保持步调一致，而真正能做到"一致"的，只有主动进取的员工。

比如，任何时候，犹太员工都不会满足现有的知识，他们认为一味"低头拉车"是一种不良思想，会阻碍他们"百尺竿头，更进一步"。一个停滞不前的员工，自然不会为老板所需。但是，若在"拉车"的同时，懂得"抬头看路"，把眼光放在远处，自我鞭策，自我栽培，自我锤炼，主动进取，积极向远方迈进，老板就会从内心欣赏你、认同你、接纳你。

总而言之，当今社会，是一个"攻"的世界，只重"守"的人是很难脱颖而出的。犹太人没有天生比别人幸运，他们只是不厌其烦、时刻鼓励自己"积极主动"起来，因而很快就"金榜题名"，成为一名老板真正所需的人。

犹太人成功的原因之一就是一步步积累，从不满足。他们时刻在提醒自己：如果你想比别人更出色，就应该时刻警告自己不要躺在安逸的床上睡懒觉，让自己每天都站在别人无法企及的位置上，这样机会很快会垂青于你。

如果你想取得像犹太人今天这样的成就，办法只有一个，那就是比犹太人更积极主动地工作。这就是为什么犹太人会有那么多的成功人士的原因。与此恰恰相反，很多人认为，公司是老板的，我只是替别人工作，工作得再多，再出色，得好处的还是老板，于我何益？存有这种想法的人，很容易成为"按钮"式的员工，天天按部就班地工作，缺乏活力，有的甚至趁老板不在没完没了地打私人电话或无所事事地遐想。这种想法和做法，无异于在浪费自己的生命和自毁前程。

一个成功的犹太商人在应邀对某大学毕业生发表演讲的时候，提出以下的建议："不管你在哪里工作，都别把自己当成员工——应该把公司看做自己开的一样。"事业生涯除了自己之外，全天下没有人可以掌控，这是你自己的事业。你每天都必须和好几百万人竞争，不断提升自己的价值，精进自己的竞争优势以及学习新知识和适应环境；并且从转换中以及产业当中学得新的事物——虚心求教，这样你才不会成为某一次失业统计数据里头的一分子。而且千万要记住：从星期一开始就要启动这样的程序。

怎样才能够把自己当做公司老板的想法表现于行动呢？那就是要比老板更积极主动地工作，对自己所作所为的结果负起责任，并且持续不断地寻找解决问题的办法。照这样坚持下去，你的表现便能达到崭新的境界，为此你必须全力以赴。

不要认为老板整天只是打打电话、喝喝咖啡而已。实际上，他们只要清醒着，头脑中就会思考着公司的运行方向。犹太员工认为："一天十几个小时的工作时间并不少见，所以不要吝惜自己的私人时间。一到下班时间就率先冲出去，这样的员工是不会得到老板喜欢的。即使你的付出得不到什么回报，也不要斤斤计较。除了自己分内的工作之外，尽量找机会为公司做出更大的贡献，让公司觉得你物超所值。比如：下班之后还继续在工作岗位上努力，尽力寻找机会增加自己的价值，尽量彰显自己的重要性。使自己不在工作岗位上的时候，公司的运作显得很难进行。"

犹太人认为，任何工作都存在改进的可能，抢先在老板提出问题之前，已经把答案奉上的行动是最深得老板之心的，因为只有这样的职员才真正能减轻老板的精神负担。工作交到老板手上后，他就不用再为此占用大脑空间，可以腾出来思考别的事情了。

为此，要成为老板的心腹，即使不能每一次都比老板反应得快，但最低限度要有一半以上的次数不要让他比下去。老板在知道你不是他的对手时，就很自然地会对你信任起来，此所谓"识英雄者重英雄"，再棒的老板都是需要有人才在身边的。

事实上，能够做到这一点的人并不多。也许可以说，能长期有本事跟老板在工作上竞赛，而且有本事把对方击败的，也差不多可以够得上资格当老板了。从这就不难看出犹太人之所以成功的原因了。

犹太人认为聪明的员工具备了主动性，他就能采取直接的、重要的行动为公司获得收益和取得市场的成功。犹太人做事的原则是，凡事要积极主动，该做的事马上去做。做到这一点，不管在哪家公司上班、担任什么职务，他们都能发挥自己的影响力，替自己创造机会。

JIECHUYOUTAISHANGREN

第 三 章
Chapter3

犹太人信奉勤奋是成功的基石

　　犹太人的成功,靠的不仅仅是运气和技巧,无论在任何地方、任何领域,勤奋永远都是成功的基石。犹太人世世代代告诉自己的子孙:勤劳就是成功的资本。无数的犹太人正是靠着祖辈的遗训,勤奋劳作,获得了骄人的成就。

第一节 克服惰性是成功的前提

犹太人常把懒惰分为两种看待，一是身体懒惰，二是大脑懒惰。他们认为身体懒惰的人光想不干，大脑懒惰的人光干不想。身体懒惰的人每次想的都是不同的问题，说不准常常还会想出些新鲜的思想和念头，但什么都不干；大脑懒惰的人一辈子干的都是同样的工作，但从来不考虑去改变什么。这两种懒惰一般很少出现在一个人身上，因为身体和大脑同时懒惰，结局只有失败。

懒惰往往是人们的一种劣习。有些人一离开办公室就把工作抛之脑后，当落后于他人时，也很少在办公室待到很晚，或很少把工作带回家，或很少在周末去办公室。甚至宁愿坐下来闲谈而不去阅读那本他知道该读的书。要知道，用坚决的行动拆除"懒惰"是走向勤奋所迈出的第一步。要知道，许多有成就的人都是用勤奋造就自己的。

作为以色列网络发展的见证者和该网络公司的创始人杰尔，持有公司58.5％的股份，当前市值约合人民币76亿元。被称为"坐电梯上升的以色列首富"杰尔，是怎样看待懒惰的呢？他说：懒惰，是没有饭吃的。

犹太人经常激励自己要勇于进取，怀抱理想，不言放弃。一个人想要实现自己的目标，除了勤奋之外，就是要积极进取和创新。从创业到现在，犹太人杰尔每天都在关心新的技术，密切跟踪 Internet 新的发展。每天工作 16 个小时以上，其中有 10 个小时是在网上，他的邮箱有数十个，每天都要收到上百封电子邮件。

他认为，虽然每个人的天赋有差别，但作为一个年轻人首先要有理想和目标。他本人就在技术方面爱动脑筋，有一点儿聪明之处，但如果没有积极进取，没有在技术方面不停的摸索，也不会有熟能生巧的本领和一些创新。尤其是年轻人，无论工作单位怎么变动，重要的是要怀抱理想，而且绝不放弃努力。

犹太人一直都要求自己的晚辈要克服惰性。惰性，按照通常的理解，是指那种不想改变生活和工作习惯的倾向。很显然，它是与改革格格不入的，是改革发展的一种习惯性阻力。因此，改革是否能成功，在一定程度上要看能否根除人们的惰性。

惰性的表现形式是多种多样的，包括极端的懒散状态以及轻微的犹豫不决。谁都知道，勤奋的劳动，可以收获丰硕的果实。但相当一部分人，宁可收获少一些，也不愿付出更多的劳动。现在，绝大多数的中国人深信，改革是振兴中国经济的唯一出路。但因改革要付出一定的代价，有些人还是宁愿受穷，也不去大胆探索，投入改革。

成功的犹太人认为惰性是一事无成的重要原因。世上没有哪个人生下来就该贫穷、潦倒。在机会均等的情况下，一个人能否有所作为，主要就看你能否克服惰性。惰性，使人的才华被埋没，使人的潜能被扼杀，使人的一切希望都化为泡影。一个人如果为惰性所左右，那么他除了躺在草坪上做一些"黄粱美梦"以外，很难再有什么别的作为了。黑格尔说过："最大的天才尽管朝朝暮暮躺在青草地上，让微风吹来，仰望着天空，温柔的灵感也始终不光顾他。"天分高的人如果懒惰成性，不努力发展他的才智，则其成就也不会很大。

成功的犹太人会不断给自己订立一些目标。比如你想存钱为自己买一片果园，那么你先要把存钱的方法找到。所谓存钱，当然一方面是开源，一方面是节流。开源的方法是工作，节流的方法是多勤劳，少游荡。这个小目标确立之后，你会开始觉得早晨一定要早起，才可以免得把时间浪费在床上，而利用这个时间，你可以去送报纸、送牛奶，或自己取代家里工人的职务去整理庭院。

于是，你觉得早起有了意义。以前，你会觉得早起也没有事，或不知道从何着手去做事。而当你有了目标之后，你在起身之前，就已经知道起来之后该忙些什么，你就会很顺利地把自己从床上拉起来，去做事了。

同样的道理。如果想在学问上有点儿成就，那么，你达到这个目的的办法，只有用功读书。于是，你就可以开始找一些你应该读的书放在桌上，排出次序，一本本地去读，这样你自然就愿意尽量利用时间去读，去记，去写。而不会只在心里着急，却不知道该做些什么才是。

犹太人认为建立目标是克服惰性的有效措施。在实际行动中除了需要建立目标之外，还要设法给自己找一点儿可以鼓励自己的力量。因为成功的路途是很漫长的，在这漫长的途中，如果缺少鼓励，就不容易把兴趣长远地维持下去。而鼓励的力量，也要看你所要追求的是什么而定。你想存钱的话，自然是银行的存折最能使你得到安慰和鼓励。如是其他，那么，像互相勉励的朋友，自己工作的成绩，师长的奖励，等等。要留神给自己安排一点儿这一类的机会。

明确的目标和适当的鼓励，可以使人进取得快一些，顺利些。

犹太人经常这样说："人生很短，没有多少时间可以允许我们浪费！"

西哲也曾说："要活得好像明天就要死去一样。"

这话真的有着不凡的催逼的力量，谁也不知道哪一天是自己的生命终点站。多数人在二三十岁的时候，都还在那里慢慢腾腾地生活，不慌不忙。而一向认真生活的犹太人，常会相信，只有自己可以掌握的这短暂的现在，才是靠得住的寿命。因此他们尽量地利用他每一分、每一秒的时间去推动自己的发展。

生命不浪费，成功的机会就多了。

犹太人认为惰性是人的本性，同时也能导致一个人一事无成。客观地讲，人人都有惰性，但是惰性强的人以"与世无争"为理由消极地对待生活，尽管有许多嫉妒和怨气，但是因为惰性的关系也就自认倒霉，被亲友们视为没有出息，默默无闻过日子。更多的人对精神信仰有惰性，这些人以"务实"和"讲究现实"为理由，把追求物质欲望和生活福利作为人生奋斗的目的，甘当信仰落后的人群。这些人经常说："我不去做坏事，不害人，这就是我的信仰。"

不论什么人，市井小民也好，富翁统帅也罢，心里都很清楚自己的弱点。例如命运捉摸不定、死期不知何时、世界末日、后世里如何交代一生亏空，他们只想避而不思，有人编造了一句自慰的话"信则有，不信则无"，这是最典型的自欺。

人的惰性是一种可怕的精神腐蚀剂，使人整天无精打采，生活消极颓废，使人性低落到不如动物的层次。世界各种文明都有许多鼓励人们上进的警句和格言，如努力奋斗、积极进取、刻苦学习、勤俭持家等等。这些话都是提醒人们不要做惰性的奴隶，不要在生活中成为一个失败者，这是生活的考验。

犹太民族是一个勤快的民族，他们一向认为懒惰是一种心理上的厌倦情绪。而懒惰的表现形式多种多样，包括极端的懒散状态和轻微的犹豫不决。生气、羞怯、嫉妒、嫌恶等都会引起懒惰，使人无法按照自己的愿望进行活动。懒惰的几种常见表现是：

1. 不能愉快地与他人交谈，尽管你很希望这样做。

2. 不能从事自己喜爱做的事，不爱从事活动，心情也总是不愉快。

3. 整天苦思冥想，而对周围漠不关心。

4. 由于焦虑而不能入睡，睡眠不好。

5. 日常起居极无秩序，无要求，不讲卫生。

6. 做事不能专心。

7. 不能主动地思考问题。

面对惰性行为，有的人浑浑噩噩，意识不到这是懒惰；有的人寄希望于明日，总是幻想美好的未来；而更多的人虽极想克服这种行为，但往往不知道如何下手，因而得过且过，日复一日。

犹太人认为要从细节上注意克服惰性，那么该如何克服呢？

1. 要学会微笑。当你不再用冷漠、生气的面孔与亲人交谈时，你会发现他们其实都很喜欢你、重视你。

2. 做一些难度很小的事或是你最爱干的事，也可以做些你想了很久的事。不要只看结果如何，只要这段时间过得充实就该愉快。

3. 要保持乐观的情绪，不要动不动就生气。遇到挫折时，生气是无能的表现。正确的做法应该是冷静地查找问题出在哪里，或是自我解脱，或是与别人商量，哪怕争论一番对扫除障碍也都有益处。这个过程带来的喜悦能使你更加好学。

4. 学会肯定自己，勇敢地把不足变为勤奋的动力。学习、劳动时都要全身心投入，争取最满意的结果。无论结果如何，都要看到自己努力的一面。如果改变方法也不能很好地完成，说明这是技术不熟，或是还需要完善其中某些方面的学习。你的扎实的学习最终会让你成功的。

这样努力一段时间，你将发现自己很少会因做了某件事而感到遗憾。你还将发现，以坚强的毅力、乐观的情绪，脚踏实地地实践着由易到难不断更换目标，是我们每一个人都可以做到的。

克服懒惰，正如克服任何一种坏毛病一样，是件很困难的事情。但是只要你决心与懒惰分手，在实际的生活学习中持之以恒，灿烂的未来一定会来到。

成功的犹太人认为要成才，便要克服惰性，走一条踏踏实实的奋斗之路。同时这也是许多渴望成才者都明白的。但是，令人苦恼的是，成功还需要机遇。机遇却不是常常降临，它像凤毛麟角，稀罕至极。翻开人类奋斗的史册，我们可以看到，有的人因为抓住了机遇而"柳暗花明又一村"，正如摘取到成功的桂冠；有的人因为与机遇擦肩而过，还在"山重水复疑无路"，甚至为错过机遇抱憾终生。机遇对于成功者来说是多么宝贵啊！可是，怎样才能抓住机遇呢？

如果说，在漫漫的人生旅途中，一个人从未与机遇碰过面，那是非常罕见的。也许你的一生机遇只会降临一次，也许它会无数次地光顾你。机遇是属于每一个人的。但是，你若不能及时地抓住它，它就会转瞬即逝。所以，抓住机遇也是一种能力，它会帮助你在苦苦跋涉中来一次飞跃，让你看到成功女神的微笑。

在犹太商人看来。机会是无比重要的，把握住了机会，也就把握住了财富。有些人常常感叹自己时运不佳，总是抓不住机会，更多的人则在空空的等待中虚耗生命。而成功人士则有自己的一套对于机会的看法，这也是他们能够迅速积累财富的原因所在。成功的犹太人常说："幸运之神会光顾世界上每一个人，但如果她发现这个人并没有准备好要迎接她时，她就会从大门里走进来，然后从窗子里飞出去。"显然，只要时刻准备注意观察，我们的周围到处存在机会；只要我们事先做好准备，就可能把机会变成我们的机遇；只要我们勇敢地伸出我们的手，永远都会有伟大的事业等待着我们去开创。成功人士时刻准备着迎接机会的到来，同时在发现机会的同时还善于利用机会、把握机会，因此他们能够取得巨额的财富。犹太人认为勤奋不等于蛮干，勤奋也是一种艺术，它与以下诸因素是分不开的。

1. 创新求变

传统是长久以来为大家所接受的信念和做事方式。犹太人认为传统使人潜移默化，令人墨守成规，不知道改变的需要。直到传统与现实严重脱节，到了不改变不行的时候，人们才意识到已被传统束缚得太多，此时再要想去改变传统，须付出极高的代价。同时，传统还对人构成强大的压力，令人不敢轻易改变它。但是，就是因为受到传统的太多压力，人们才很难有创新精神。创新求变是一个民族求得生存的根本条件之一。在商场上也只有创新求变，才能和竞争对手在产品上有差异。而这个差异就是自己的竞争优势，它继而会为自己带来滚滚财源。

2. 战胜困难

犹太人认为困难往往是成功的同胞兄弟。正如赤手空拳去建立自己的王国，你要招揽人才、建立军队、寻觅领土、确立制度、开发经济、治理人民，每一项工作都潜伏着许多困难，需要你去克服。不管你的王国是建立在哪种行业上，情形都是一样的。当你的王国越大时，你的困难就越多。如果你没有能够克服这些困难，便会招致失败。即使这项困难克服了，还会有另外的困难出现。总之，在你面前，经常埋伏着失败的阴影。现实生活中，很多胆怯的人，一想到要面对重重困难，想到失败的可怕，便停下脚步不敢往前走。成功人士最恨懦弱，他们认为不经历困难，是很难取得成就的。在他们看来，困难是前进途中的一个小陷阱，是财富旁边的一个小刺，越过它就到了财富身边。

3. 敢于冒险

成功犹太人认为创造机会需要冒险。风险来自困难、失败的可能，也来自不明朗的前景。创造机会就要面对不明朗的前景。机会出现时，只是脑海里的一个意念，要把意念变为现实，需要做出投资，付出时间、精力、金钱等。投资未必就一定会获得回报；付出努力，也不见得一定能得到预期的成果。在构思意念时可能出错，在实践的各个阶段，都可能判断错误，一番努力之后最后只换得一个教训，除此之外什么也得不到。虽然面对很多不确定的因素和不明朗的前景，但在慎重考虑和分析后，成功人士还是会更多地倾向于去实现这个目的，去进行冒险的。

4. 超越现状

什么人最怕冒险？就是那些安于现状的人。满足于现状并不是一件坏事，多少人在一家机构里工作10年、20年、30年以至退休，按部就班地升级、结婚生子。一家生活安定，这本身已是很多人梦寐以求的生活。只要维持现状，一切都在自己的计划之中，你会感到安全满足。但成功的犹太人讨厌满足现状，因为在他们的意识里，满足现状的人是不欢迎机会的。机会代表着变动、风险、困难和失败的可能，这些都和他们的愿望背道而驰。正是由于他们的不安于现状，他们在努力地寻找机会改变，所以好的机会往往就降临在他们身边，财富也就陪伴着他们。

犹太人把故步自封看做是进步的天敌。有些人经常认为自己是最好的，现在所做的再没有改善的必要。这是骄傲。骄傲令你看不清形势，令你不思改进，也抗拒改进。成功的犹太人都非常地爱好学习，自身也不喜欢故步自封，他们在一生中不停地进步和吸取更多的知识。

许多人一生都在学习，读了大学读研究生，读了研究生再读博士，这些人知识水平和专业素质确实很高，但是一生没有机会，没有一个发挥水平的机会。其实机会也很公平，人人都会遇到很多机会，但是许多人错过机会，没有抓住机会。就拿数数来说，一般人只会顺着数数，从1数到10。如果其中4和8暂时没有，他们就数不下去，只会等待，等出现4再数5，出现8再数9，最后结果是数10。只有少数人会跳跃数数，在没有4和8的情况下，继续数到9，等4和8出现后再加进去，结果是10。这种思维方式的人很少，多数人会等待条件都具备以后再去做某件事情，去争取机会，这样往往会失去机会。因为机会不会等你，机会往往一闪而过，许多人就错过了机会。

犹太人特别善于寻找机会并抓住机会。除了那些错过机会的人以外，还有两种人：一种是等待并且能够抓住机会的人；还有一种就是找机会、抢机会、创造机会的人。前一种人也是高手，他们懂得机会，善于等待机会，以静制动。在动物世界中，就是狼和老鹰，这种动物不会冲冲杀杀，它们在高处观望，等待机会。另外一种人也就是犹太人，是找机会、抢机会、创造机会的人，他们的机会往往比前一种人多，但是也可能错过好机会，同时付出的代价也很大。

权衡利弊，因人而言。如果你一直很幸运，也可以做等待机会者，但是不能出现失误，否则就成为第一种人，因为机会不会很多。你要想清楚，机会来了，你会不会因为那天身体不好、情绪不好、其他不好等等，或者因为面子、环境等原因错过机会？因为人的机会不是很多，特别是大机会。否则，你还是用你自己的勤劳去找机会，用你的勇气去抢机会，用你的智慧去创造机会。其实在人的一生中，应该多向犹太人学习，对一些大的事情、大的问题应该做找机会、抢机会、创造机会的人，特别是关键时刻。其他事情可以做等机会者，如做生意、买卖股票等等，这种机会很多，不用天天去找机会。但是在选择你的工作岗位、选择你的配偶、选择你的生活环境等大事情上，应该做一个找机会、抢机会、创造机会的人，因为这三件事都可能改变你的一生和命运。

机会不可能总是给你一个人，所谓"风水轮流转"是有道理的。炒股票是这样，打牌也是这样，人的机会也是这样。高手会运用这个道理，牌运不好的时候就压小钱，牌运转好的时候就压大钱。好运来时会连续一段时间，人的机会也是这样，机会来的时候会连续一段时间。这个时候你应该用足机会，不能休息浪费，这就是抓住的道理。

有一个女孩，还在读大三的时候就决定考研，是一家著名高校的传播专业。她听了课，上了辅导班，准备得相当充分。可是人算不如天算，考研前几天，突然发高烧，昏沉沉地去了考场。她知道，等成绩几乎是绝望，事实也是如此。

从参加第一场大规模的招聘会开始，她就明白自己没有回头路了。递了七八份简历后，有两家有回应：一家高新技术企业和一家物业公司。前一家初次面试顺利，第二次面试时，别人问："你的人生观、价值观是什么？"她懵了。因为从来没考虑过，所以她答得结结巴巴。第一家的面试，就这么砸了，而那家物业公司也因专业不甚对口而告吹。

可是这个女孩非常地有毅力，一有空就在招聘网站上查感兴趣的公司，把简历给他们发过去，然后再打电话过去要求亲自送书面简历，以加深印象。用她的话说，这实际上又给自己赢得了一次面试机会。可惜，多数公司冷冷地拒绝了拜访，只有一家公司经不住她的软磨硬泡，同意她去。谈到一半，面试人员突然问："你的校长是谁？"她不假思索脱口而出。又问："副校长是谁？"她犹犹豫豫答了一个。"还有谁？"天，那么多副校长，怎么会全知道！她晕头转向。还有更古怪的问题在后面："你的发型怎么回事？"为了面试，她曾特地咬牙花了200多元做了一个"职业"发型。人家这样问，她答得啰啰唆唆：以前怎样，现在怎样，怎么会这样……答到一半就被打断了。事后她万分后悔，说一句"理发师的败笔"不就得了，人家大概是想看自己的概括能力。最后一个问题看似常规：

"为什么选择我们公司?"她答:"听同学说的,因为有名。"面试人员笑了:"错。我们公司刚成立,没有名气。如果你说实话,我对你的印象可能会好点儿。"言下之意,不言自明。她的汗涔涔而下,她几乎没了知觉。

走出公司,坐上公车,她悲极反笑。不过,面试人员的毫不讳言也使她学到了很多东西,知道今后该怎么准备面试。因此至今想起来那次面试,她还是十分感激的。

后来这个女孩吸取教训,每次都做好准备,终于顺利通过面试,进了一家比较有实力的公司。

可见,只要克服自己的惰性,勤奋一些,时刻做好准备,机会总会有的。

第二节　保持锲而不舍的奋斗精神

勤奋是犹太人的传统美德。犹太人往往在他们的孩子很小的时候就告诉他们"勤能补拙"、"勤奋可以创造一切"的道理,给他们讲无数个有关勤劳实干取得成功的故事,可见犹太人是多么地重视勤奋。

可在现实生活中,多数人并未从中受到启发,依旧在工作中偷懒,依旧好逸恶劳。经常这样为自己开脱:现在时代已经变了,勤奋已不再是在职场中乃至商战中成功的法宝了,我们需要享受生活并等待机会。

是的,如今这个时代的确与以前不同了,但并不像一些人所想象的那样——勤奋越来越不重要了,而是恰恰相反,要想在职场中获得成功,勤奋是必不可少的一种美德。

犹太人始终认为机会女神只钟情于埋头苦干的人。要想做事成功,没有一番吃苦耐劳的精神是不可想象的。正如俗语所说:"自在不成人,成人不自在。不受苦中苦,难为人上人。"

如果不能用"勤"字来努力，如果吃不了勤奋过程中的苦，怎么能够出人头地，获得圆满的人生呢？古今中外，凡有建树者，在其历史的每一页上，无不用辛勤的汗水写着一个闪光的"勤"字。犹太人也有句俗语，叫做"一勤天下无难事"。

在犹太民族流传着这样一个故事：传说以前有个特别爱学习的小孩，可是反应却相当迟钝，读书的时候，每次只读50字，一篇小文章也要读一二百遍才能读熟。可是他不懒不怠、勤学苦练，别人读一遍，他就读三四遍。天长日久，他的知识与日俱增，后来他终于"无书不通"，成了一个博学多识的人。

这说明，即使有些天资较差、反应比较迟钝的人，只要有勤奋好学的精神，同样也可以做成大事，获得成功。犹太民族世世代代都有这种勤奋的精神，他们认为勤奋是点燃智慧的火种，是成就事业的基石。一个人知识的多寡，关键在于勤奋的程度如何。

犹太人相信这样一句话：勤奋是走向成功所必备的美德。在这个讲究享乐的时代，默默无闻和勤奋是宝贵的。这不仅对于老板们来说是宝贵的，更重要的是对个人成长的巨大推动作用。许多人所掌握的知识也很多，但却不能勤勤恳恳、扎扎实实地工作，把自己的才能、潜力发挥出来。有太多的职业人士所缺乏的就是这种事业至上、勤奋努力的精神。

成功犹太人认为职场人士要想把自己变成一个勤奋的人，就需要从以下几个方面努力。

首先，牢记自己的梦想。只有给自己一个奋斗的理由，才能坚定信心，锲而不舍。有太多的人只为工作而工作或只为薪水而工作，所以他们往往会把工作当成一项讨厌的责任或者是惩罚，这种思想注定了他们只会偷懒和拖拉。而如果能把它当成是实现梦想的阶梯，每上一个阶梯，就会离梦想更近一点儿。如果你在公司加班时接到朋友的电话："你在干什么？到动物园来吧，这里有一支非洲著名的马戏团的动物表演，特有意思！"你会有何反应呢？一开始你会抱怨他打扰了你，接着你开始可怜自己——

别人玩得那么开心，而我却只能对着电脑敲击这些无聊的字符。但如果这时你提醒自己留在这里的原因——把这个方案弄好并交给上司，就有90%的几率会成为策划部的主管。一想到自己的职位将升到"部长"或"经理"，是不是很快就会沉浸到工作中去了呢？

其次，学会用心工作。很多老资格的公司职员习惯于只用手工作，因为这些工作他们已经很熟悉了，闭着眼睛都能做好。然而只用手工作会使人们把10年当做一天来过，10年过后，他们只掌握了一种工作方法。也就是说，10年来他们在自己的工作上没有任何进步。这对于人才竞争日益激烈的现代人来说，无疑是一个十分糟糕的消息。勤奋工作不仅是要尽善尽美地完成工作，还必须用你的眼睛去发现问题，用你的耳朵去倾听建议，用你的大脑去思考、去学习，把10年真正当做10年来过，那么10年之后你所具备的才能还愁不被老板所赏识吗？其实根本用不了10年，3年、5年你可能就被提拔和重用了。

聪明的犹太人认为勤奋工作并不是要机械地工作，而是用心在工作中学习知识，总结经验。在上班时间不能完成工作而加班加点，那不是勤奋，而是不具备在规定时间里完成工作的能力，是低效率的表现。

再次，自己奖励自己。犹太人认为勤奋总与"苦"和"累"联系在一起，如果长期处于苦和累的环境中，可能会厌倦，甚至放弃。所以，适时地奖励一下自己是非常重要的。当掌握了一种好的处理工作的方法，或工作效率有所提高之后，不妨去看一场向往已久的演出，或者只是为自己准备一顿丰盛的晚餐。这样的奖励，往往会刺激你更加努力地工作。

犹太人是这样进行总结的，勤奋并不是要你一刻不停地干，把自己弄得精疲力尽只会导致低效率。所以工作累了的时候，不妨花上几分钟的时间放松一下，给自己紧张的大脑"换换档"。

最后，成功之后还要继续努力。犹太人的另一个观点是：勤奋通向成功，而成功很可能会成为勤奋的坟墓。有一项调查表明，诺贝尔奖的获得者获奖之后的成就、论文篇数等远不及其获奖前的一半。成功之后就不再努力的例子并不鲜见。很多人在凭借着勤奋努力终于被上司所提拔和重用之后，就觉得应该放松一下了——为自己前段时间那么辛苦的工作补偿一下，结果又回到原来的那种好逸恶劳、不求上进的生活状态中去了。

犹太人中流行一句名言："人生有两出悲剧，一是万念俱灰，二是踌躇满志。"这两种悲剧，都会导致勤奋努力的中止。在取得了一个小目标的成功之后，要重申自己的大目标，告诉自己还有更加美好的前途在等着自己，使自己重新振作，继续勤奋，永不满足。

犹太人时时告诫自己，在职场中永立不倒的英雄所凭借的绝不是安逸中的空想，而是跟跄中的执著，重压下的勇敢，逆境中的自信，艰苦中的勤勉和奋发，是在任何环境中的扎实的工作和锲而不舍的求知精神。这是他们成功的秘诀，也是所有想成功的人必须具备的崇高美德。

犹太人认为，谁能珍惜点滴时间，就像一颗颗种子不断地从大地母亲那儿吸取营养那样，惜分惜秒，点滴积累，谁就能成就大业，铸造辉煌。

人生的许多财富，都是平凡的人们经过自己的不断努力而取得的。周而复始的日常生活，尽管有种种牵累、困难和应尽的职责、义务，但它仍能使人们获得种种最美好的人生经验。对那些执著地开辟新路的人而言，生活总会给他提供足够的努力机会和不断进步的空间。人类的幸福就在于沿着已有的道路不断开拓进取，永不停息。那些最能持之以恒、忘我工作的人，往往是会成功的。

人们总是责怪命运的盲目性，其实命运本身还不如人那么具有盲目性。犹太人认为，天道酬勤，财富总会流向那些勤勤恳恳工作的人手中，正如优秀航海家驾驭大风大浪一样。对人类历史的研究表明，在获得巨大财富的过程中，一些最普通的品格，如公共意识、注意力、专心致志、持之以恒等等，往往起着很大的作用。即使是盖世天才也不能轻视这些品质的巨大作用，一般的人就更不用说了。事实上，正是那些真正的天才相信常人的智慧与毅力的作用，而不相信什么天才。甚至有人把天才定义为公共意识升华的结果。犹太人科学家弗斯特认为，天才就是点燃自己的智慧之火；天才就是永远勤劳。

犹太人还把勤奋看做是一大美德，他们鄙视懒惰的人。

许多犹太百万富豪能拥有如此巨额的财富，是与他们的辛苦实干分不开的。他们的每一份收获，都凝聚着他们的努力与汗水。

犹太富豪从来不拖延，也不会等到"有朝一日"再去行动，而是今天就动手去干。他们忙忙碌碌尽其所能干了一天之后，第二天又接着去干，不断地努力、失败，直至成功。

犹太人中流传一句名言："今天能做的事情，不要拖到明天。"他们一遇到问题就马上动手去解决。他们不花费时间去发愁，因为发愁不能解决问题，只会不断地增加忧虑。当成功者开始集中力量行动时，立刻就兴致勃勃、干劲儿十足地去寻找解决问题的办法。你遇见过那种喜欢说"假若……我已经……"的人吗？有些人总是喋喋不休地大谈特谈他以前错过了什么云山雾雨的成功机会；或者正在"打算"将来干什么渺渺茫茫的事业。聪明的犹太人从来都不会这么做。

失败者总是考虑他的那些"假若如何如何"，所以总是因故拖延，总是顺利不起来。总是谈论自己"可能已经办成什么事情"的人，不是进取者，也不是富翁，而只是空谈家。"实干家"是这么说的："假如说我的成功是在一夜之间得来的，那么，这一夜乃是无比漫长的历程。"

不要等待"时来运转"，也不要由于等不到而觉得恼火和委屈，要从小事做起！要用行动争取胜利。从现在起，不要再说自己"倒霉"了。只要专心一致去做好你现在所做的工作，坚持下去直到把事情做好，"机会"就会来到。怨天尤人不会改变你的命运，也不可能让你拥有财富，只会耽误你的光阴，使你没有时间去取得财富。如果你想要"赶上好时间、好地方"，就去找一项你能够拼上一拼的工作，然后努力去干。幸运不是偶然的，只要勤奋工作，就会把财富女神召唤来。

犹太人相信是劳动创造了一切，他们把劳动当做财富之源。

每个创业成功的犹太人，背后都蕴藏着一个故事，这些故事都演绎了这样一个哲理：辛勤耕耘，必有收获。犹太商人巴菲特认为，培养良好的习惯是很关键的一环。一旦养成了一种不畏劳苦、敢于拼搏、锲而不舍、坚持到底的劳动品性，则无论我们干什么事，都能在竞争中立于不败之地。

犹太人常说"勤能补拙是良训"，讲的也就是这个道理。

有位以辩才出名的犹太人正是由于养成了反复训练、不断实践这种看似平凡、实则伟大的品格，才成了参议院中杰出、辉煌的人物。当他还是一个小孩的时候，父亲就让他站在桌子边练习即席背诵、即席作诗。首先他父亲让他尽可能背诵一些周日训诫。当然，起先并无多大进展，但天长日久，滴水穿石，最后他能逐字逐句地背诵全部训诫内容。所以，后来在议会中，他才能以其无与伦比的演讲艺术一一驳倒他的论敌。但几乎没有人能猜测到，他在论辩中表现出来的惊人的记忆力，正是他父亲以前严格训练他的结果。

在一些最简单的事情上，反复不已的磨炼确实会产生惊人的结果。拉小提琴入门容易，但要达到炉火纯青的地步却需要花费多少辛劳的反复练习啊！有一个年轻人曾问一名犹太人音乐家玛笛尔学拉小提琴要多长时间，玛笛尔回答道："每天 12 个小时，连续坚持 12 年。"

俗话说："勤奋是金。"一个芭蕾舞蹈演员要练就一身绝技，不知道要流下多少汗水、饱尝多少苦头，一招一式都要花费难以想象的劳动。有一名著名的犹太人芭蕾舞演员，在准备她的夜晚演出之前，往往得接受她父亲两个小时的严训。歇息时真是筋疲力尽，她想躺下，但又不能脱下衣服，只能用海绵擦洗一下，借以恢复精力。舞台上那灵巧如燕的舞步，往往令人心旷神怡，但这又来得何其艰难，台上一分钟，台下十年功。

一点点进步都是来之不易的，任何巨大的财富都不可能唾手可得。千里之行，始于足下。不积跬步，无以至千里；不积小流，无以成江海。

一位著名的犹太商人说道："耐心和毅力就是成功的秘密。没有播种就没有收获；光播种，而不善于耐心地、满怀希望地耕耘，也不会有好的收获。"

犹太人有一句格言："时间和耐心能把桑叶变成云霞般的彩锦。"

第三节　机会来自于踏实苦干

在人才竞争日益激烈的职场中，怎样才能获得成功的机会呢？是依靠对工作的抱怨、不满、拖拉和偷懒吗？如果你始终把工作当做一种惩罚，那么你永远都休想获得成功的机会，甚至你可能连目前这份你认为大材小用、埋没了你的才华的工作都保不住。在犹太人看来，机会都是为那些勤奋的人准备的。

要想在这个人才辈出的时代走出一条完美的职业轨迹，唯有依靠勤奋的美德来认真地对待自己的工作，在工作中不断进取。

犹太人华勒是某一建筑工程公司的执行副总，几年前他是作为一名送水工被这支建筑队招聘进来的。华勒并不像其他的送水工那样把水桶搬进来之后就一面抱怨工资太少一面躲在墙角抽烟，他给每一个工人的水壶倒满水，并在工人休息时缠着他们讲解关于建筑的各项工作。很快，这个勤奋好学的人引起了建筑队长的注意。两周后，华勒当上了计时员。当上计时员的华勒依然勤勤恳恳地工作，他总是早上第一个来，晚上最后一个离开。由于他对所有的建筑工作比如打地基、垒砖、刷泥浆等非常熟悉，当建筑队的负责人不在时，工人们总喜欢问他。一次，负责人看到华勒把旧的红色法兰绒撕开包在日光灯上，以解决施工时没有足够的红灯来照明的困难，负责人决定让这个勤恳又能干的年轻人做自己的助理。后来他就成了公司的副总，但他依然特别专注于工作，从不说闲话，也从不参加到任何纷争中去。他鼓励大家学习和运用新知识，还常常拟计划、画草图，向大家提出各种好的建议。只要给他时间，他可以把客户希望他做的所有的事做好。

犹太人华勒并没有什么惊世骇俗的才华，他只是一个穷苦的孩子，一个普普通通的送水工，但是凭着勤奋工作的美德，他幸运地被赏识，并一步一步地成长。没有什么比这样的故事更让人的心灵震颤的了，也没有什么比它更能洗涤我们被享乐和功利污染的心灵的了。它不是发生在20世纪二三十年代，也不是距我们四五十年，它就发生在这个充满了机遇和挑战的竞争时代。它告诉我们，要想在这个时代脱颖而出，你就必须付出比以往任何时代更多的勤奋和努力，拥有积极进取、奋发向上的心，否则你只能由平凡转为平庸，最后变成一个毫无价值和没有出路的人。

所以，不管你现在所从事的是怎样一种工作，不管你是一个水泥工人，还是一个精英，只要你勤勤恳恳地努力工作，你就是成功的，就是令老板认可的。

犹太人认为唯有勤奋者才能在无垠的知识海洋里猎取到真才实学，才能不断地在知识领域获得知识的酬报，使自己变得聪明起来。卡莱尔说过，"天才就是无止境刻苦勤奋的能力"。只要我们不怠于勤，善求于勤，就一定能在艰苦的劳动中取得事业上的伟大成就，得到完满的事业。

有一个著名的犹太化学家，小学时因成绩不好被人看成"没有出息的学生"，但他靠了一股子钻劲儿，在字典中选择"三个词——意志、工作、等待"，作为他努力的准则，终于他成为了伟大的化学家。

至于被称为"超人"的基辛格，原是一个被纳粹迫害的犹太难民，因念不起高中，曾在牙刷工厂勤工俭学，还当过二等兵。后来靠他努力奋斗，终于成为哈佛大学的名教授，并当上了国务卿，还获得了诺贝尔和平奖。

他们获得了成功，是因为他们有实力，但是他们的实力是从努力中得出来的。谁都知道，机会是重要的，是成功的必不可少的因素。也就是说，没有机会，纵然才华横溢的人，也未必能成功。然而，没有实力，即使一个个好的机会出现在你的身边，也未必能抓住机会。

因此得出这样的结论：实力是内因，机会是外因；实力是主要的，机会是次要的。每一个想获得事业上成功的人，首先应下工夫提高自己的实力。有了实力，一旦遇上机会，最后总能成功。即使错过了这个机会，还会有另外一个机会。如果自己没有实力，又不愿勤奋些，去努力，光想什么时候机会自动地"闯"到自己的身边，到头来只能是两手空空！

第四节　成功从勤做小事开始

　　成功的犹太人认为，好的习惯，好的品质，要靠日积月累形成。成功的辉煌，来自于平常的学习和训练。切莫轻视小节和小事，因为什么东西都有一个由量变到质变的过程。要善于从小事做起，把它们一件件做好，这才能做成大事。

　　犹太人同时也特别相信伏尔泰的这句话：使人疲惫的不是远处的高山，而是鞋子里的一粒沙子。

　　在人生的道路上，我们很有必要随时倒出鞋子里的那粒沙子。生活中，将你击垮的不是那些巨大的挑战，而是一些非常琐碎的小事。不少人都有着这样的体验：当灾难突然降临时，人们常会因为恐惧、紧张、本能产生一种巨大的抗争力量。然而，当困扰你的是一些鸡毛蒜皮的小事时，你可能就会束手无策，因为它们是生活的细枝末节，很微不足道。然而，正是这些看似微不足道的小事，却能无休止地消耗人的精力。

　　成功的犹太人认为，一个人要想建功立业，也需要从一件件平平常常、实实在在的小事做起。正所谓"千里之行，始于足下"。那种视"善小而不为"，认为做善小之事属于"表面化"与"低层次"的人，是属于眼高手低的人。犹太人经常教育他们的孩子，要想做一个有志有为的年轻人，必须自觉地从身边的"举手之劳"做起，即使做一件很微小的好事也比视"善小而不为"的人强，因为"天下难事必作于易，天下大事必作于细"。

美国标准石油公司曾经有一位小职员叫布朗。他在出差住旅馆的时候，总是在自己签名的下方，写上"每桶4美元的标准石油"字样。在书信及收据上也不例外，签了名，就一定写上那几个字。他因此被同事叫做"每桶4美元先生"，而他的真名倒没有人叫了。

公司董事长洛克菲勒知道这件事后说："竟有职员如此努力宣扬公司的声誉，我要见见他。"于是邀请布朗共进晚餐。

后来，洛克菲勒卸任，布朗成了第二任董事长。在签名的时候署上"每桶4美元的标准石油"，这算不算小事？严格说来，这件小事还不在布朗的工作范围之内。但布朗做了，并坚持把这件小事做到了极致。在那些嘲笑他的人中，肯定有不少人才华、能力在他之上，可是最后，只有他成了董事长。

还有一些人因为事小而不愿去做，或抱有一种轻视的态度。有这么一个故事，据说，在开学第一天，苏格拉底对他的学生们说："今天咱们只做一件事，每个人尽量把胳臂往前甩，然后再往后甩。"说着，他做了一遍示范。

"从今天开始，每天做300下，大家能做到吗？"学生们都笑了，这么简单的事，谁做不到？可是一年之后，苏格拉底再问的时候，全班却只有一个学生坚持下来。这个人就是后来的大哲学家柏拉图。

"这么简单的事，谁做不到？"这正是许多人的心态。但是，请看看吧，那些成功的犹太人，他们与我们都做着同样简单的小事，唯一的区别就是，他们从不认为他们所做的事是简单的小事。

一个人的成功，有时纯属偶然。可是，谁又敢说，那不是一种必然呢？

皮亚是犹太银行大王，每当他向年轻人回忆过去时，他的经历常会令闻者沉思起敬。人们在羡慕他的机遇的同时，也感受到了一个银行家身上散发出来的特有精神。

还在读书期间，皮亚就有志于在银行界谋事。一开始，他就去一家最好的银行求职。一个毛头小子的到来，对这家银行的官员来说并不起眼，皮亚的求职接二连三地碰壁。后来，他去了其他银行，结果也很令人沮丧。但皮亚要在银行里谋职的决心一点儿也没有受到影响，他一如既往地向银行求职。有一天，皮亚再一次来到那家最好的银行，"胆大妄为"地直接找到了董事长，希望董事长能雇用他。然而，他与董事长一见面，就被拒绝了。对皮亚来说，这已是第52次遭到拒绝了。当皮亚失魂落魄地走出银行时，看见银行大门前的地面上有一根大头针，他弯腰把它捡了起来，以免伤到他人。

回到家里，皮亚仰卧在床上，望着天花板发愣，心想命运对他为何如此不公平，连让他试一试的机会都不给。在伤心中，他睡着了。第二天，皮亚又准备出门求职。在关门的一刹那，他看见信箱里有一封信，拆开一看，皮亚欣喜若狂，甚至有些怀疑是否在做梦——他手里的那张纸是录用通知单。

原来，就在昨天皮亚蹲下身子去拾大头针时，被董事长看见了。董事长认为心思如此缜密的人，很适合当银行职员，所以就改变主意决定录取他。皮亚是一粒沙、一根针也不会粗心大意的人，因此才能在银行界平步青云，终于到了功成名就的一天。

于细处可见不凡，于瞬间可见永恒，于滴水可见太阳，于小草可见春天。上面说的都是一些"举手之劳"的事情，但不一定所有的人都愿意"举手"，或者有人偶尔为之却不能持之以恒。可见，"举手之劳"中足以折射出人的崇高与尊贵。难怪古人云"勿以善小而不为"。

成功的犹太人常常说，一个人一生只要干好一件事情就可以了。

要专心做一件事。由于人的时间、精力、脑力有限，老天对每一个人的时间是公平的，一天24小时大家都一样。所以当你在一生或一段时间内选择一两个目标时，就应该把所有的时间、精力、脑力用在这方面。社会上有一些专才或专家，他们连一般的生活常识也不清楚，但他们对某些专业方面比一般人都在行。这就是因为他节约了其他付出的时间，专心做一两件事，他们在这一两个方面花的时间比其他人多得多，所以成功了，在这方面有了比人家更多的回报，这也是一种捷径。当你在谈论或和他讲一些与他无关的话题的时候，他的脸上没有一点儿反应，也不接一句话，好像根本没有听见，这种人很知道节约时间、精力和脑力。少与他人讨论没有意义的事情也是一种节约，这种人能够成为成功者。所以最好的方法就是在一阶段专心做一件事，其他不重要的事情放一放，完成以后再设定一个新目标。

很多时候，很多事情，都是说起来容易做起来难。不同的人，有着不同的人生轨迹，有着不同的人生追求，千万不要和别人攀比，永远要坚定自己的信念。犹太人在他们的事业道路上经常提醒自己，要牢牢把握住自己的人生大目标，扎扎实实，一步一个脚印地走下去。

在以色列的一个小镇上，有一位年轻的犹太人。他是一个单位的看门人，也许是因为工作太轻闲，为了打发时间，他经常看一些历史方面的书籍，作为自己的业余爱好。就这样，他看门60多年了，历史方面的书籍他竟然也看了60年。功夫不负有心人，凭着自己的这份毅力，他终于把历史研究到了很深的境界。此后，他声名远播，只有初中文化的他，被授予院士头衔，成为了世界上著名的历史学家。

这位犹太人成功的例子，给世人带来了这样一条闪光的人生理念：一生干好一件事。宇宙无限，人生有限，每个人都应当把有限的时间、有限的精力集中起来，做一件应当做、可能做好的实实在在的事情。一个目标确定以后，必须凝聚自己的全部心力、体力，心无旁骛，坚守初衷，直到成功。

人脑不少于140亿个脑细胞，即使是成功的犹太人也是这样，他们大脑潜力的开发还不足10％。可见，一个人一生干好一件事并不难，关键是能否有坚持到底的毅力。有的人只图眼前，不计长远，风来随风，雨来随雨，今天干这，明天干那，见到什么都被吸引过去凑一凑热闹。结果，常常到头来只落得两手空空，一事无成。

一生只追求做好一件事情，是做人的一种方式，一种风格，或者说，是一种活法。让我们找准自己的人生坐标，坚持不懈地干好自己该干也能干好的一件事。这辈子也就算没白活了。

我们常人也一样，贵在坚持，贵在勤奋，也许看似小事，只要坚持做好，也可能成为惊人的成就。

一个不勤奋或不够勤奋的民族，不仅难以发展，而且不可能发达起来。只有非常勤奋的民族，才能较好地发展及保持长久的繁荣。在民族发达的时候，仍然需要勤奋，因为一松懈就可能立刻落后。在民族落后的时期，更需要勤奋。如果落后而不勤奋，民族就不可能发达起来。

犹太民族的成功主要是靠勤奋的民族精神，在发达之后，他们更体会到勤奋的长远作用，因而依然保持勤奋。相反，许多落后民族之所以会落后，主要是长期懒惰造成的恶果，在落后之后，这些民族也往往看不到勤奋的长远意义，因而仍然不那么勤奋。而犹太民族却能体会勤奋的意义，因而更乐于选择勤奋；而懒惰的人通常是因为不知道勤奋的长远作用而懒惰，也由于长期体会不到勤奋的作用而更愿意选择懒惰。

犹太人都能认识到如果不努力奋斗，民族就难以生存及发展，这种意识促使他们异常努力，对于整个民族的发展、发达起了很大的作用。而有的民族比较懒惰，面对竞争万分激烈的 21 世纪，民族的生存、发展将会面临更大的挑战，勤奋的精神似乎正在退化，怕苦怕累、贪图安逸、无所事事、无所作为的现象随处可见，如果长此下去，难保再度受挨打的悲剧不会发生。

犹太人认为，勤奋有利于个人的发展。

一、有利于成才及发展事业。犹太人在经常投入一些时间和精力去改善方法的前提下，更多的还注意投入足够的时间和精力用于学习，他们认为只有这样才可以成才；只有投入足够的时间和精力发展事业，通常才可以有所作为。如果不注意投入较多的时间和精力改善方法，导致方法不对或方法偏差，那么，无论怎样努力，效果都是不理想的。大多数成功的犹太人起初的素质并不高，只有一颗宝贵的勤奋之心，经过长期的努力，不仅弥补了原来的缺点和不足，而且成为高级人才及成就大功。即使再聪明，懒惰也可能使他慢慢地变得愚蠢无知。

二、勤奋有利于享受生活。犹太人同时也能认识到勤奋对于创造美好生活的重要性。他们认为长期的勤奋可以使得个人成才、有所作为之后，将可享受美好的生活。同时，勤奋也能给人带来快乐，一时或许不多，但长期积累，一生的勤奋将可获得无数的欢乐。如果不勤奋而导致不成才或无所作为，就难以享受美好的生活。

三、勤奋有助于健康长寿。犹太人在他们创业的过程中时时提醒自己：懒惰使人消沉、贫穷、落后。虽然较少劳累，但生活空虚，难以快乐，一时对心身健康的损害或许不大，长期积累对心身健康的损害是很大的。实践证明，懒惰的人很少有健康长寿的，也很少快乐且成功的。犹太人不但在事业上注重勤奋，在生活中同样十分注意勤奋。他们认为适度的勤奋让人的心身得到锻炼，既使人充实、进步，又让人活跃、快乐、健康，有利于事业发展而又有益于健康。只有勤奋，才会长远地影响心身健康及事业发展。

第五节　保持不断进取的精神

聪明的犹太人认为，勤奋创造财富，勤奋赢得竞争，勤奋是最让人敬佩的品德。那什么才算是勤奋呢？有挥汗如雨的劳动者；有衣带渐宽终不悔的钻研者；有严于律己、善于与人相处的组织者；有善于观察、发现机遇的创造者。他们都是勤奋的人。细细揣摩，他们的勤奋又有所不同。

严于律己、善于总结的组织者，勤奋在心灵深处，多数成为组织内部的管理者和领导者；善于观察、发现机遇的创造者，勤奋在于对知识的升华和运用，多数成为财富的创造者；衣带渐宽终不悔的钻研者，勤奋在智力，多数成就在科学研究领域，并获得荣誉和尊敬；而挥汗如雨的劳动者，勤奋在体力，虽然他们是财富的直接创造者，但他们占有的财富却很少，社会尊重他们，并依赖他们的存在而存在。

但凡伟大的人，无不或多或少地具有一种名叫"勤奋"的天赋，该天赋是一切其他天赋的前提。人们的失败，往往不是智商太低或缺乏灵感，而仅仅是因为他就是勤奋不起来。

在犹太人看来，勤奋源自执著，执著来自信念。信念不等于理想，因为理想与幻想常常就是同一个内容。树立某种远大的理想，从来不能确保一个人成为伟大的人。信念除非付诸实施，不然分文不值。一个有信念的人，勤奋成了信念的最佳成就方式。为了信念而勤奋的人，才会获得成功。

勤奋是最让人敬佩的品德，但同样是勤奋，但内涵和层次却明显不同。最上者为劳心者、其次为劳智者、再次为劳力者。因此，我们要时刻检讨我们是否很勤奋，我们的勤奋属于哪种形式，最终要让我们的心灵勤奋起来。

犹太人流行"一勤天下无难事"这句话。勤，对好学上进的人来说，是一种美德。我们所说的勤，就是要人们善于珍惜时间，勤于学习，勤于思考，勤于探索，勤于实践，勤于总结。

实践证明，勤奋是点燃智慧的火把。一个人的知识多寡，关键在于勤奋的程度如何。在犹太人当中流行这样一句话：人生在勤，贵在坚持是成功的一个基础因素。

一个人事业上的成功，需三个基本条件：天资、机遇和环境、勤奋。其中，勤奋是极为重要的，它是一个人能够成功的基础因素。爱迪生说："天才是99％的血汗加上1％的灵感。"而犹太人正是用99％的血汗赢得了全世界的瞩目。

勤奋包括三个方面：勤奋地学习，勤奋地思考，勤奋地实践，并且把三者结合起来。学习是基础，思考是关键，实践是根本。勤奋，要长期勤奋，要"十年磨一剑"，要有"水滴石穿"的精神。光靠勤奋是不够的，还要靠坚持。

每个人都应该活到老，学到老。青年时期是最富活力的，是最可贵的。因此，应该从现在做起，一直坚持下去，只有如此做，才可能获得成功。

俗话说："一份耕耘，一份收获。"而犹太人同样也特别地相信这句话。

曾经有一个著名的犹太生物学家，每天早晨总是第一个来到教室；每天晚上都在教室待到很晚。图书室10点关门，回到自己的小屋后，就在煤油灯下继续读书，常常到夜里一两点钟。不仅这一位犹太人如此，其他许多成功的犹太人同样是这样。因为他们认为，勤奋可以创造成功，有天资的人要有作为是离不开勤奋的。

正因为有勤奋的学习，才使没有天资的人照样可以有所作为；但若有天资，却不注意后天的培养，不勤奋学习，也不会有什么作为。

犹太人常把"勤能补拙是良训，一分辛劳一分才"这句话作为他们的座右铭。那些自认为没有天赋的朋友不要悲观，要相信，只要付出勤奋的劳动，就一定会有收获；而那些很聪明的朋友们，也不要在夸耀声中骄傲，要明白，"一份耕耘，一份收获"，没有耕耘，是不会在丰收的季节获得硕果的。

天赋与勤奋是一个古老而又常新的话题。从古人到今人，大都承认人与人之间在天赋方面会存在一定的差别，但翻检史籍，则不难发现，一个人能否最终有所成就甚至为社会进步做出较大贡献，往往并不纯由天赋，而恰恰与一个人的勤奋努力密切相关。

古今中外，聪明伶俐的孩子总是招人喜欢，但却未必能成大器；而资质中等的子弟凭着勤奋，却大多能有所成就和建树；而如果一个人有超常的灵性又加上个人的勤奋，则"才、学、识"可得而兼备。前者往往为人们所叹息，而后者又好比天马长翅，遨游太空，世间罕有。其实论智力犹太人并不比其他人聪明多少，大多数的才智和天赋不过中等，但他们却非常成功，就是因为他们在治学治事上锲而不舍、持之以恒。他们取得的成就往往让人赞叹不止，而其自强不息的人生态度却更让人欣赏和羡慕。

一位犹太哲人说过，世界上能登上金字塔的生物有两种：一种是鹰，一种是蜗牛。不管是天资奇佳的鹰，还是资质平庸的蜗牛，能登上塔尖，极目四望，俯视万里，都离不开"勤奋"两个字。

一个人的进取和成才，环境、机遇、天赋学识等外部因素固然重要，但更重要的是依赖于自身的勤奋与努力。缺少勤奋的精神，哪怕是天资奇佳的雄鹰也只能空振羽翅望塔兴叹。有了勤奋的精神，哪怕是行动迟缓的蜗牛也能雄踞塔顶，"观千山暮雪，渺万里层云"。

犹太人同样相信"笨鸟先飞"这个道理，意思是要不落后，就要比别人勤奋，就要比别人先行动。现实生活中，有些人自恃天资聪颖，不肯"先飞"、不肯勤奋学习，而又藐视"笨鸟"，这种思想和行为是极端错误的。"笨鸟先飞"是一种不甘落后、勇于争先的表现。很多犹太名人就是发扬了"笨鸟先飞"的勤奋精神，才从一个智力平常的普通人成为伟大的人物，就是因为他们一直在用这句话来告诫自己。但是，天赋好的"灵鸟"也要先飞，否则就有变成"笨鸟"的危险。鲁迅先生说道："伟大的事业同辛勤的劳动是成正比例的，有一份劳动就有一份收获，日积月累，从少到多，奇迹就会出现。"

曾有一位刚上任的犹太人想跟董事会提出自己的改革主张时，没被接受。他深感自己的学问不够，无法说服人，于是回家刻苦攻读，常常苦读到深夜。有时实在太累了，眼睛睁不开，他就想尽各种办法继续读书。最后，终于以自己的才华征服了公司里其他的领导。

人的天资不完全一样，有的聪明一些，有的迟钝一些，但学业上能否取得成功，关键在于刻苦学习和努力实践。

在形形色色的世界里，有无数被人重复的主题。人生一世，草木一秋，在短暂的人生中，人们似乎都在寻找一种永恒，一种可以让生命充实而有意义的永恒。

犹太人认为勤奋首先应该是一种持久。他们认为人们下定了决心要去做事情的时候，首先应当有的，就是持久的精神。只有抱持这种态度的人，他的勤奋才不是"三天打鱼，两天晒网"式的，他的勤奋才能如铁杵成针、水滴石穿一样，是颇有成效的。世界上的任何事情，都不是轻而易举所能完成的，尤其是为人们所追求的目标、成就或真理，无不以巨大的代价来换取。而这代价中最为重要的就是持久的时间，是一种永不放弃、永不松懈的精神状态。

犹太人同样还把勤奋看做是一种扎实的工作态度，只有扎扎实实、脚踏实地地往前走，才算得是一种正确的生活态度。浮皮潦草、浮光掠影式地学习与工作，不论付出多少的时间，有多么勇往直前、永不低头的态度，也算不得勤奋，只能算做蛮干而已。就像一个建筑工人要盖房子一样，应该认认真真地打地基，将墙垒得严密而有秩序，而绝不是把砖头东摆一块、西摆一块，那样的房子，说不定在没盖好之前就要塌掉的，如果那工人倒霉，说不定连命也会送掉。

勤奋，是一种幸福，只有把勤奋作为一种幸福的人，才能真正地将勤奋贯穿始终。因为勤奋已经成为他们生命、生活的不可分割的一部分，成为一种生活的惯性，只有在忙碌中才充实、才幸福的惯性……

成功常常让人为之呕心沥血、屡败屡战。世界上没有随随便便的成功，侥幸得来的成功，只是昙花一现。成功是泪水和汗水浇灌的鲜花，成功是坎坷和曲折造成的奇迹，成功只青睐那些心地善良、勤奋勇敢的人；成功只与持之以恒、坚韧不拔的人为伴。追求成功，不必被那些虚荣的现象所迷惑。"临渊羡鱼，不如退而结网"，老老实实从一点一滴做起，脚踏实地地跨越理想与成功的距离。

犹太人认为成功属于向理想前进的人，成功需要付出。他们善于把挂在嘴边多余的话变为行动，把无所事事变为拼搏的乐章，把吃喝玩乐变为艰苦奋斗。他们认为世上没有一蹴而就的成功，人应该老老实实，用智慧和汗水认真把握成功旅程中的每分每秒。青春是短暂的，成功是永恒的，让我们每一天都憧憬未来，追求希望，为成功做些必要的事情。

每个人都希望自己的一生能有一个比较得意的位置，使自身的价值得到充分的体现。这就意味着你对生命的一种追求。因此你总会有意无意地对你的人生进行一种设计，希望在你的生命中的每一个阶段都能达到一个既定的目标，以实现你美好的愿望。这也是走向成功道路的一种追求。

有许多人害怕去面对时代的激变，他们总是以为自己会跟不上时代的步伐而被淘汰，他们不知道如何去面对变化的时代，也不知道采取什么样的行动。当他们看到周围的人群不断调节自己，改变自我达到适应社会发展的最佳状态时，除了焦虑、忧郁与堆积许多的不安、压力之外，一无所获。有些人常埋怨自己平凡，而不能成为一个胜利者，其实我们已经知道，"每个人的发展潜力相差并不是很大，其实犹太人成功的秘诀就是在于他们尽量地去活用时间，去发挥这些最基本的共有的天赋"。但是试想一下，若是只有安全，没有挑战和应对挑战的改变，世界将是多么地单调和没有活力。尽管我们凭着科学的力量可以将人的寿命延长至80岁、90岁，甚至更长，但是若过着失去了自立性的平淡人生，再多的时间对我们来说又有什么用呢？

犹太人对时光有着与众不同的看法，他们认为浪费和滥用人生，不如自由地做自己想做的事，主动向着目标进军，让自己的生活充满活力与激情，勇敢地接受挑战和改变自我获得成功的前提。也只有这样，我们才能描绘出一幅美丽而完美的人生图画。

人一旦有了梦想，有了目标，于是人生就变得充满意义，一切似乎都清晰明朗地摆在你的面前。什么是应当去做的，什么是不应该去做的，为什么而做，为谁而做……所有的要素都是那么明显透晰。而什么都不去做，只想靠别人，情势将根本没有改变的希望。人的一生变化，都是缘于自己的创造。机会有时潜伏在你努力的工作和学习中，有时徘徊在无人注意的境地里，你假如不用苦干的精神努力去寻找，不是失去机会，而是失去信心。

人生是属于自己的，是自己选择生活的方式。必须靠自己去开拓，积极主动去争取，使自己的人生有好转的开始。

在犹太人看来，成功是健全的人生应该具有的积极主题。

一位姑娘伸手去摘一朵盛开的玫瑰，突然，几根尖刺扎入手指，她赶快缩回手，哭丧着脸说："为什么每朵花下都有刺？"

我们在生活中也会有过相同的境遇。当我们确定好一个目标后，起步走，目标总是辉煌夺目的，但路途却是那么漫长而崎岖。有人问："为什么成功总是那么难？"

犹太人常常这样告诫自己，世上没有不费吹灰之力便可得到的成功。成功需要代价，不忍受一定的苦难，就不能获得成功。

犹太人在学习上也非常勤奋，他们认为不付出辛勤的汗水就无法成功。他们能忍受奋斗途中的艰辛，不怕被花刺刺伤，在困难面前从不退缩；从来不怕艰辛，忍受学习途中的种种困难，用汗水铺成了一条通往成功的道路。虽然他们那举起鲜花的双手已经血迹斑斑了，但他们毕竟成功了，而且还受到了全世界的尊敬。

要在学习和工作上取得成功，还要学会积累。有一个犹太小说家每研究一个科学问题，总是事先收集大量资料。他去世后，人们在他书房中发现他亲自摘抄的笔记竟达 2.5 万本。

可见，勤奋是人类创造力的源泉，是任何行业走向成功的第一步。哥白尼从小就向往"要星空跟人交朋友"；诺贝尔被炸得血流满面却兴高采烈；法布尔为了观察蚂蚁，可以在地上从早趴到晚。可见无论是犹太人还是其他的名人，都是我们学习的最好榜样。

要获得成功，需重基础，需会积累，需善思考，需有恒心，在这之中，更需付出代价。

"每朵花下都有刺"，没有一种成功不需付出代价。我们要有信心、勇气和毅力，才能到达光辉的顶点。

第六节　保持民族繁荣靠奋斗

犹太民族的勤奋的精神可以分为以下几个方面。

一、热爱工作。犹太人非常热爱他们的工作，犹太人认为不热爱劳动的人不能感受到勤奋的快乐。干活对于有些人来说是不快乐的，甚至是痛苦的，因此，像这些人不会很勤奋，即使勉强比较勤奋，工作时也体会不到多少快乐。这种人难以成才、成功，也难以享受美好的生活。

在犹太人看来，努力工作能带来收获，带来充实的感受。尽管工作中总会有些令人不愉快的东西，但只是促使人去消除所有那些不愉快的东西，并不能改变他们热爱工作的精神。任何人都离不开工作，与其带着厌倦的心态工作，倒不如快乐地去工作。很多工作摆脱不了，不干不行，只能逐步培养兴趣，让自己逐渐喜欢它，以鼓励自己努力干。

二、时刻努力。犹太人不管是在平时的学习、工作还是日常的生活中，都把勤奋努力放在第一位。

1. 努力学习。犹太人认为学生时代必须努力学习，即使参加工作后，也要挤出时间学习。在工作繁忙时，犹太人仍要抽出一些时间来学习。在工作轻松时，他们更要抓紧时间学习。即使一时得到的好处并不大，但长期积累，对于他们的成才、发展事业都非常有利。一个民族就如一个人一样，一时的努力学习或许没有什么好处，但经过长期的努力学习而"成才"后，对于发展将非常有利。

但是一些比较懒惰的人们在工作不忙的时候，常常无所事事，白白浪费时间和精力，而没有想到学习、锻炼身体。在参加工作之后，学习几乎完全废弃，即使在工作很轻松的时候，也不学习或者很少学习，导致个人素质进步不大，严重影响个人及民族的长远发展。

2.努力工作。每个犹太人在工作时不仅努力做好本职工作，还注意努力思考如何把工作做得更好。在犹太人看来，这种努力虽然一时或许不能获利，但长期积累对于个人的成才、发展都非常有利。例如，每个周末用一小时的时间思考改进工作的方法，3年就可改进160次，经过这么多次的改进之后，相信工作效率、工作效益将会大大提高。

3.努力锻炼身体。犹太人还特别地注意锻炼身体，他们认为只有好的身体才能有好的事业。对正常人来说，只要每天安排一小时锻炼身体，半年后，体质将大大提高；一年后，将很少生病，而且精力充足；持续三五年后，将拥有优良的体质。一旦拥有优良的体质，将可得到无数欢乐，对于一生的成才、发展、享受生活及健康长寿无疑是非常有利的。

4.善于集中精力。犹太人面对有必要做好的事情，能让自己集中精力去做，绝不会懒懒散散、无动于衷。犹太人能非常合理地安排学习、工作、运动、娱乐等事项所需的时间。过分重视工作而忽视了学习；过分重视学习而忽视了工作；过分重视学习、工作，而忽视了运动、娱乐，等等，都不利于个人的长远发展。在特殊时期，可以有些偏重，比如工作繁忙时，学习可放松一些，娱乐和运动可安排少一些；工作轻松时，可增加学习的时间。在特殊时期之后，要注意调整，以免影响个人的总体发展。比如工作繁忙时拼命干，积累下来的疲劳可能因一时的睡眠、娱乐和运动不足而没有及时消除，因此，要安排一段时间消除疲劳，并把放松的学习补上来。

三、拼搏乃至拼命。犹太人是出名的工作狂，他们认为拼搏有助于充分发挥个人潜能及提高竞争力。缺乏拼搏精神的人，不可能有很强的竞争力。关键时期，一般性的努力通常不能取得好的效果，只有拼搏才可能取得满意的效果。特别是在竞争的关键时刻，只有拼搏才可能取得胜利。对多数犹太人而言，平常非常地努力，遇到紧要时期他们会拼搏乃至拼命。

犹太人通常认为在其他因素同样的情况下，如果平常相对对手努力一些，就可积累一些优势，到关键时期再拼搏，容易取得胜利；反之，如果平常相对对手不够努力，就很有可能处于劣势，关键时刻即使拼搏，也难以取得胜利。有些人虽然平常相当勤奋，但因行为效率低而没有取得优势，即使关键时期能够拼搏，也难以取胜。当然，如果平常过度勤奋而影响心身健康，虽然可能积累了一些优势，但到了关键时期常不能最好地拼搏（受健康限制），因此，很容易造成反胜为败。可见，平常既要努力，以争取奠定较大的优势，又要注意身体，以保证关键时期可以拼搏。犹太人终生都努力奋斗及注意身体，从而达到了成才、成功、健康长寿、快乐生活的目的，这很值得我们借鉴。

在紧要时刻，犹太人的勤奋常表现的"先置之死地以求生"，也即拼命。拼命可充分发挥个人的潜能，是激烈竞争中最强的手段。在通常的竞争中，拼命是指不顾一时的心身健康，极度努力地干。拼命之后适当休养，通常都可以消除疲劳及恢复健康，因此，拼命完全可作为竞争的一种短期手段。许多犹太人为了在激烈的国际市场竞争中取得胜利，常常拼命干活。他们中的很多人每天通常只睡 4 至 5 个小时，工作超过 16 个小时。正是这种拼命干的精神，才使得犹太人的成绩如此地辉煌。

拼搏乃至拼命，是竞争取胜的关键之一。竞争越是激烈，高手们越努力拼搏，绝对不会畏惧或松懈，更不会想到退缩。实际上，只有这样，才可能取得胜利。试想一下，竞争激烈几乎必然迫使各个竞争者努力拼搏，如果自己不拼搏，或者稍有松懈，就很可能一下子败下阵来。在实力相当时，哪一方更加拼搏，哪一方就能取得最终的胜利。一个人、一个团体如果缺乏拼搏精神，就几乎没有什么竞争力可言。同样，一个民族如果缺乏拼搏精神乃至拼命的精神，将无法在激烈的国际竞争中取胜，而且无法发达。

对大多数成功与失败而言，成败早已在平时决定了。只有少数成败是由关键时期决定的，只有极少数成败是偶然造成的。可见，只有在平常努力奋斗，在关键时期拼搏，成功才有较好的保障。犹太人平常极度努力，在激烈的国际市场竞争中，他们往往由于平常的努力而处于优势地位，因而取得了让世人羡慕的成绩。

实践证明，客观的困难和缺陷不足并不可怕，只要努力拼搏，几乎完全可以克服。可怕的是失却了忧患意识及拼搏精神，身处逆境而不知奋起直追，那才是最为可怕的、最为可悲的。假如到了败局已定之时才奋起努力，那已经无可挽回了。只有在落后而还未败局已定之前，努力拼搏才有成功的意义。就好像下棋一样，如果败局已定，无论如何挣扎也无法摆脱失败的命运，即使短时间的挣扎会有些暂时的好转，最后也还是要失败的。

四、比其他民族更勤奋，并千方百计提高效率。犹太民族认为，一个民族要兴旺，其勤奋程度必须处于世界前列，否则，几乎不可能发达。一个民族能否走向兴旺，很重要的一点就是要看这个民族是否比其他的民族更加勤奋。对一个民族而言，一时比其他民族更勤奋或许没有什么成效，但一代人得利必将很大，代代相传下去，必可积累起巨大的优势，对于民族的长远发展非常有利。犹太人正是世世代代地把勤奋的精神贯穿了下来，为了犹太民族的兴旺，他们拥有比其他民族更勤奋的民族精神。

相对一般人勤奋一点儿，是一个人走向成功的基本条件之一。相对一般的民族勤奋一点儿，是一个民族走向富强的根本条件。任何人、任何民族都需要放松和享受生活，也需要努力奋斗。但相对而言，哪个人、哪个民族的奋斗精神强一点儿，投入于奋斗的时间和精力多一点儿，长远上就可取得优势而成功；反之，就意味着长远上的落后与失败。

在体质、思维能力等方面的素质，犹太人并不比其他民族优越；在科技、工业、经济、能源等基础上，也远远比不上世界上一些民族。但他们为什么能如此成功呢？犹太人的成功主要在于犹太人比其他民族更加勤奋，他们用于学习、工作的时间在世界发达国家和地区中几乎是最多的。

从劳动时间和休假日的国际比较来看，犹太人的年总劳动时间平均是2168个小时，美国和英国均为1947个小时，法国为1645个小时，犹太人劳动时间明显地长。

任何人都要保持平均每天五六个小时以上的睡眠，每天也要为吃饭、喝水、洗澡等基本行为花费一小时以上的时间。因此，勤奋最多不能超过平均每天 18 个小时。如果过度勤奋，而不注意休息，将会缩短寿命，使得一生所做的事情大大减少。有一句话："多活一年，可以做多很多的事情。"可见，勤奋是适度的，通常不可操劳过度。当然，有时面对重要的事情，不得不日夜加班，但过后要适当多休息，以弥补休息不足带来的损害。

放慢生活节奏并不一定就意味着降低效率，也不一定意味着影响事业发展。勤奋应与一生的成才、发展结合起来考虑。欲速则不达，长跑运动员都清楚控制速度是胜利的关键，暂时领先或落后的意义并不是很大，最重要的还是要争取长远上的胜利及经常保持胜利。任何一个民族都有过辉煌和落后，这是正常的，但是犹太族却是一个永远充满活力并能保持长期的繁荣富强的民族，是一个伟大的民族。缺乏活力或者无法保持长久繁荣的民族，称不上是优秀的民族。就如一个人，如果仅有过辉煌而不能保持辉煌，也不算是杰出人才；如果一生无所作为或作为不大，只能说是平庸无能；如果永远充满活力，那么，即使一时不成功，正常发展下去，长远上还是会成功的。

犹太人非常注重工作效率。他们认为效率高了，取得好的效果就不难，有利于激发起奋斗的热情；反之，效率过低，努力常看不到多少效果，使人不大愿意努力——付出了巨大的努力，得到的似乎不多，似乎不如空闲的好。要实现高效率，必先快速掌握高效率的方法，也就要努力学习、研究、改进提高效率的办法。因此，在工作效率低的情况下，通常应安排较多的时间学习、研究提高效率的办法，这一时或许没有多少好处，但长期如此，将十分有益。假如每天花两三个小时改进一次学习方法或工作方法，3 个月就可以改进 90 次，经过这样的改进之后，学习效率和工作效率将大大提高，对于发展非常有利。

五、带着远大的目标奋斗。犹太人非常注意给自己设定目标，他们认为只要能坚持围绕目标付出足够的努力，就都可以成功，即使不成大功，也可有所作为及过上美好的生活。有些人虽然很努力，但缺乏目标，导致力量过于分散，因而没有成功。这并不说明努力无用，而是证明：勤奋如果缺乏明确的发展目标，就难有好的效果。许多人在付出了很多努力之后，才发觉这些努力对于实现目标几乎毫无意义，非常可惜。

目标大，即使只实现了 1%，成就也是很大的；反之，目标小，即使完全实现或超额实现，成就也是不大的。尽管目标远大有时显得不太实际，但它能促人努力进取，长远上对于个人的成才、发展都非常有利。如果从小的目标就很小，通常也就不会很努力，长远上对于成才、发展都不利。勤奋是以取得好的效果为目标的，如果整天忙忙碌碌而不出成果或成果不大，就不是有效的勤奋，应该改进方法，以提高效率。

六、一边奋斗，一边享受。犹太人认为奋斗可得到大量的东西，比如金钱、别墅，有利于享受生活，而适当享受生活可以让人健康、快乐，有利于促人更加努力。他们认为如果人生只有奋斗，而没有适当的享受来调剂，那将是痛苦的。享受不仅指娱乐、吃好、住好、穿好、睡好，还包括以工作、爱情或友情为享受等。多数犹太人都以工作为享受，虽然实际用于娱乐的时间并不多，但他们享受到的快乐仍然要比普通人多得多，就如他们的成就比普通人大得多一样。

犹太人的例子告诉我们，只有事业发展好了，才能享受美好的生活，因此，每个人都必须为享受美好的生活而奋斗。可见，享受生活与努力奋斗是相辅相成的，应该保持某种程度上的平衡，不能失调，这样才能保证快乐、健康与发展；否则，很容易闹出心理病症，反而影响健康、发展及快乐生活，对人十分不利。这种平衡以各人的标准而定，但无论如何，享受与奋斗应同步进行；享受应该建立在奋斗的基础上，而不能只顾享受而不去奋斗，更不能沉溺于享受；在事业无成之前，也要适当享受。可见一个民族如果不勤奋或不够勤奋，就无法发达，也就无法享受美好的生活。犹太人为了民族长远的富强及生活快乐，艰苦奋斗，投入很多的时间用于学习、工作，以求快速发展。

就如一个人，在贫穷的时候不能贪图享受，而应该勤奋学习、工作，在成才、成功之后，才可适当享受，但也不能过度享受。假如既贫穷又贪图享受，将无法发展，也不可能在长远上享受美好的生活。

七、抢先勤奋。犹太人总是争取比别人更早付诸努力、更快发展，以建立优势。犹太人认为迫于形势的勤奋、慢于对手的勤奋或效率低的勤奋，都是被动的、缺乏竞争力的。如果一个民族在潜意识上并没有争取领先的强烈欲望，只有在落后很多时才会被迫地努力，平常总显得比较懒散。

一个人如果只有到了贫穷落后时才会努力，不仅难以成才、发展，而且不可能成就大功。而犹太人即使没有在任何压力的情况下，他们也会自觉努力，而且比普通人更早努力，也会努力奋斗，绝不会等到形势糟糕的时候才努力。任何民族或任何个人，要想发展、发达，就必须无论何时何地都勤奋，以利于发展及积蓄优势。

令人遗憾的是，许多人在平常不自觉努力，只有在处于劣势的时候或者只有贫困到无法忍受时，才会勉强努力起来。这是为什么呢？最主要的原因还在于这些人在潜意识上相当懒散、知足，根本就没有争取领先及保持领先的意识。处于劣势时激发起来的勤奋，通常是难以成功的。即使成功了，也要付出巨大的代价，并非上策。

犹太人认为从小努力相比长大后再努力，比较有优势。他们中的大多数人从小就自觉地努力，很少有人需要别人的批评才会勤奋。同样发展某项事业，先发展的一方常常可以取得抢先的优势，对于发展非常有利，而后来者很难发展。下围棋时，如果在某个局部比对手下得慢了，就会吃亏，甚至无论如何挣扎，也无法摆脱失败的命运。

成功犹太人的经验是：发展应该是主动发展，而不是被动或被迫地发展，这样才能够抢到先机及先人一步，才容易建立优势。越是被动，发展就越慢，也就越难以发展，非常不利。犹太人非常重视先机及速度：既争取抢占先机，又要快速发展。如果只是抢到了先机，但发展速度比不上他人，也会很快被他人超越而失败；如果抢不到先机，即使发展速度比他人更快，但发展还是慢了一步，很容易导致失败；如果起步比较晚，发展速度又比不上对手，就会永远落后于对方。

八、以良好的心态和情绪勤奋。犹太人认为任何不良的心态或情绪都会浪费时间和精力，一时的浪费或许不多，但长期积累，则于人非常不利。悲哀、愤怒都可能使人下定决心奋发图强，但在发展的过程中，一般不要带着浓厚的悲哀或愤怒的心理。因为这些心态虽然有一定的鞭策作用，但会浪费大量的时间和精力，并影响身心健康。

如果你想勤奋，只管集中精力学习、工作、锻炼身体好了，不要让不良的心态和情绪成为心理负担。实践证明，这样才是最有效的。一般来说，平常努力的心情是好的，不会为不良的心态和情绪浪费时间和精力，可以投入较多的精力办事，对个人成功也非常有利。处于劣势激发起来的努力，常带有一些不良心态和情绪，既浪费时间和精力，又影响身心健康，虽然也是必要的努力，但还是被动的，并非上策。最好是平常努力奠定一定的优势，并以优良的心态和情绪努力发展，以建立最强的竞争力。在处于优势的情况下，容易建立及保持良好的心态和情绪，对于发展有利。处于优势时，如果心态或情绪不良，也很容易丧失优势。可见，无论是处于优势还是劣势，都要保持良好的心态和情绪勤奋进取。

一个人的发展，要集中较多的时间和精力学习、工作，以求快速发展并逐步走向发达。在发展的过程中，要始终保持良好的心态和情绪，不可意气用事，以免为此浪费大量的时间和精力。一个意气用事的人，很容易为一些事情造成心态不佳或情绪不良，因而浪费大量的时间和精力资源，对于个人发展非常不利。

九、崇尚终生奋斗，并以奋斗为享受。犹太人对于勤奋的又一观点是：只有奋斗才能成功及过上美好的生活，懒惰通常只会带来贫困、灾难，而不能带来美好的生活，更不可能带来高级的生活。奋斗本身也是一种高级的享受，但比起一般的享受更难以享受，一旦学会享受奋斗，将可得到无数的欢乐。

犹太人认为无论是成功还是失败，奋斗是人生美丽的经历，都是光荣的。没有奋斗的人生根本不值得一提，更没有幸福可言。在犹太民族，人们崇尚奋斗，宁可奋斗而失败，也不愿无所作为度过一生。他们认为一个人从正道奋斗，即使失败了，也仍然能得到人们的尊重；而一个人如果安于贫困、无所作为，那绝对是让人看不起的。

但是现实中有些人感到发展困难，生怕奋斗所付出的大量精力得不到回报，因而放弃奋斗，甚至甘愿无所作为或贫困度过一生。这是极其错误的观念。有付出才可能有收获；没有付出，怎么会有收获呢？奋斗是人生的赌注，是一种拼搏，也是一种快乐，不去拼搏，什么都得不到；拼搏，通常都会有很好的收获；即使得不到，也要努力。在平常，既要勤奋，又要适当拼搏；在困难或处于绝境的时刻，更要拼搏，否则，别无指望。

实际上，基本的物质生活并不难实现，对于有才能的人来说，更是举手之劳。当物质生活满足以后，人类追求的是精神生活，这时奋斗便成了一种高级的享受。奋斗也能带来很多东西，有利于其他方面的享受。对成功的犹太人来说，一般的享受都得到了，只有奋斗才是永恒的享受。他们以奋斗为乐，虽然思考多，但没有损害健康的过度忧虑；虽然有时候比较操劳，但他们都经常保持轻松快乐的心境，很少有不快乐的感觉。

十、全民勤奋。任何一个民族，都有一些极其勤奋的人士，也有一些懒惰的人，只是所占的比重多少而已。而犹太族就是一个全民勤奋的民族，因为他们认为只有大多数人都勤奋，民族才能较好发展及走向发达。如果勤奋的人所占的比重不大，民族将难以发展，而且不可能发达。犹太民族是一个能普遍地勤奋起来并代代相传下去的群体，所以他们才取得了如此好的成绩。

犹太人的生活节奏非常快，大多数犹太人每天都忙碌万分，"赶快！赶快！"一个无声的命令老在驱赶着千千万万的犹太人快速行走，捷足可以先登，迟一步常常就要吃亏。犹太人走路几乎都是神色匆匆，快步疾走；就连穿高跟鞋的犹太妇女，也是一种响着高跟鞋碰地的"笃笃"声轻捷、快速走着。

犹太人的成功，主要来源于犹太人普遍勤奋的精神。这种勤奋乃至拼命干的精神，从何而来的呢？犹太人是为了团体（比如公司、政府机关）、国家的发展而工作，团体好了，国家富裕了，每个人的生活才会好。在生存竞争激烈的社会里，要是大家不卖力工作，所在的公司、单位竞争不过别人，就无法生存下去，个人的生活也就没有保障；同时，如果大家不卖力，国家就没有发展，最终对于个人也不利。出于这种共识，大多数犹太人都自觉地勤奋工作，这值得我们学习。

十一、代代勤奋。犹太人认为一代人的勤奋取得的进步或许不大，但代代相传，就可积累巨大的优势，对于民族发展十分有利。所以说犹太人的发达并不是偶然的，而是代代勤奋的结果。

每代人的勤奋不仅是为了个人的成才、发展与享受，也是为了后代的成才、发展与享受。比如自己努力学习，有了较高的文化水平，就有更多的机会教育好儿女、孙子，对于子孙后代的成才非常有利；反之，个人素质低，培养后代不力，必然阻碍后代的发展。可见，学习不仅是为了自己，还是为了后代。在一个家庭中，一代人勤奋学习、工作和锻炼身体，可能还不能发达起来，但第二代人仍然勤奋，第三代人继续勤奋，通常都可以发达起来。一个不大努力的家庭，第一代人可能过得还不错；但第二代人仍然不大努力，就可能导致家庭衰落；第三代人继续不大努力，就可能导致家庭贫困。

在犹太人的意识里，一个民族要发达并保持长期的繁荣，非代代勤奋不可。任何一代人不努力，都会失去很多原有的优势，并造成很多劣势，甚至直接导致民族落后与失败。只有代代勤奋，才能稳步发展及走向发达。一个家庭要保持长期的兴旺，非代代勤奋不可。任何一代人不努力或不够努力，都可能毁了整个家庭，即使暂时没有败下来，也为后代种下了不少祸根，对于家庭的持续发展非常不利。

第 四 章
Chapter4

杰出犹太人坚持做事先做人

　　很多人已经具备成功的基本条件，但是却无法实现目的，常常功亏一篑。有一个重要的原因，就是他们忽略了如何做人，忽略了做人的基本要求。犹太人的成功很大程度上源于他们善于做人，并且做坚强的人。

第一节　不用言语侮辱他人

犹太人本·阿拉斯加认为："侮辱别人没必要受到身体的惩罚，但须受到道德的宣判。而且暗示性的侮辱和直露的侮辱一样严重。"

据说拉比（在犹太人心目中，拉比是代表上帝向世人宣话的使者，是犹太人的精神领袖，是犹太教职的一种）希思达问自己的老师拉比胡那："老师需要弟子，就像弟子需要老师一样。那么弟子应该对老师表示什么样的敬意呢？"

拉比胡那把这个问题看做是对自己的暗示性的侮辱，大叫起来："希思达，希思达，我不需要你，可是你一直到40岁之前都会需要我。"此后，他们一直生对方的气，很多年都不来往。

也许拉比希思达的话并不是侮辱，却被拉比胡那理解为诽谤的意思。从他的观点来看，似乎拉比希思达在公开地侵犯他。

许多犹太社区的拉比们对侮辱和嘲笑规定了严厉的惩罚。犹太学者拉比所罗门·本耶谢尔·路里亚在他的释疑书里，声言要把一个侮辱妇女的男人驱逐出教会，哪怕那人是在私下里悄悄说了侮辱的话。

犹太人马克曾经做过这样的事情，他在拉乌利的妻子拉哈娜夫人的耳边说了侮辱的话。

他是这么说的："我不给你3个圭登，你就不跟我跳舞；就像你收了一个男人的钱才跟他睡觉一样。"

这位夫人应当得到赞美，因为她出于尴尬和维护尊严而大叫起来，尽管大叫的应该是作恶的马克。

这个男人的话把夫人贬低到妓女的地位。虽然他一再争辩他所说的那个给钱的男人是她的丈夫，可是谁能这样说话呢——一个女人只有她丈夫出钱才肯跟他睡觉！

经过审判，拉比命令马克要说这些话来请求原谅："我是有罪的，现在我请求上帝、拉哈娜夫人，以及她的丈夫拉乌利原谅我的秽行……"

除了请求原谅之外，马克还哀悼了4个星期。因为如果他不服从这个命令，就要被驱逐出教会。

这是在犹太人中广为流传的故事，这两个非常琐碎的小事足以反映犹太人是何等地信守不侮辱他人。

第二节 尊重他人隐私

为了尊重别人的隐私，防止他人对隐私作任何方式的探查，犹太人把隐私诉诸法律的高度。

在日常生活中，犹太人为表现出对于别人隐私的尊重，非常注重守口如瓶，他们认为能够守口如瓶的人才是善于生活的高手。

保守秘密是一个人是否值得信赖的试金石，犹太人常常把人的价值用保守秘密到何种程度来予以衡量。

犹太人认为，只要秘密仍在你手中，你便是秘密的主人；但当你说出秘密后，便会成为它的奴隶。当一个人得知一件秘密时，都会沉不住气地想把那一份秘密透漏出来，并且认为这是人之常情。

因为一个人手中握有某种秘密时，他可以借此引人注意——每一个人都喜欢探知别人的秘密，同时也希望吸引他人注目的眼光。抖出秘密来时，必定会备受大众的注目，而使人自觉高人一等。

一次占卜者巴拉姆去诅咒以色列人，可是，一看到他们的营地，就为他们祈祷。

原来，巴拉姆看到以色列人的帐篷并非彼此正对，他认为他们尊重彼此的隐私，所以为他们祈祷。

在犹太民族中，基于对别人隐私的尊重，任何人不能没有打招呼就到别人家里去。甚至，当一个人借贷给邻居的时候，也不能闯到别人家里去拿抵押。而要在外面等着，直到对方自己拿着抵押品出来。

尽管犹太拉比们意识到保守秘密极为困难，但无论是私人意义上的，还是职业上的，他们都众口一词强调对信任的尊重。即使在熟知该秘密的人群中私下提起，也是品质低下的一种表现。

不论是朋友还是敌人，不要讲他们的故事。即使沉默压迫你，也千万不要泄露别人的秘密。因为一旦他人知道秘密被泄露，就不再信任你，而且他将抓住每个机会来憎恨你。

最好的诀窍就是，让它死在心里。不要恐惧，你不会因此而爆炸。否则的话，一个怀着秘密的傻瓜就像一个临产的妇女一样痛苦。

据说，拉比艾米的某个学生提前24天泄露了一场课堂上的秘密讲座。

于是拉比艾米把他赶走了，谴责他"泄露了秘密"。

假若一个走出法庭的法官这样说："我主张犯人无罪，可是我的同事认为有罪。他们是多数，我能怎么办呢？"

针对这种人应该说："不要在人群中搬弄是非！"

曾有一位尊贵的妇女去寻求拉比阿普塔的建议，一看到她，富有直觉洞察力的拉比阿普塔就大叫起来："通奸！你刚刚犯了罪，现在你胆敢进入我的房子！"

这位妇女激动地说："上帝耐心对待有罪的人，他不去立即惩罚他们，也不泄露他的秘密，免得他们面对他的时候感到羞愧。他也并不把脸掉转不让他们看见。然而这个坐在屋子的拉比一刻也不能忍耐，非揭露上帝隐藏的秘密不可。"

由于发生了这件事，拉比阿普塔常常说："除了一个女人，谁也没有打败过我。"

对于如何尊重别人的隐私，为他人保守秘密，犹太人有许多保守秘密的谏言。

"有三个以上的人知道的消息，就不能称之为'秘密'了。"

"听到秘密很容易，但要将之保存下来则是很困难的。"

"傻瓜和小孩不能保守秘密。"

"喝下秘密这种酒，舌头就会跳起舞来，所以应该特别小心。"

第三节　乐于助人获大利

犹太人被迫离开栖息地，历经杀戮、驱逐、侮辱，四处漂流。犹太人之所以能在生活的恶风险浪中幸存，并且更加繁荣兴盛，这与他们的乐于助人的观念是分不开的。可以说这种观念是犹太人生存的一个重要的法宝。

犹太民族助人助己的观念是根深蒂固的。

他们认为，提供帮助是"富人的责任"，获得帮助是"穷人的权利"。在长期流亡的艰苦岁月里，犹太富人往往自觉地替穷人掏腰包，救济穷人在犹太人中成为一种习惯。哪怕是家无三餐的穷苦犹太人，也都保存着一个装钱的小盒子，准备施舍给比他们更穷的人家。

犹太社团里必定会有慈善机构，这些慈善机构都是靠富裕的犹太人的捐助来维持的。在每周不同的日子里，穷苦的犹太学生分别到不同的犹太人家去吃饭，以便使得这些学生能够安心读书。

犹太人认为助人即助己；自私自利是互助的最大障碍。

在新的移民社区中，犹太人虽然没有严密的组织，但是，在很多地方，犹太人自行做出两条不成文的规定：每周聚会一次，或集体做礼拜或开讨论会、观看电影、欣赏音乐等；在住宅的选择上，也尽可能集中居住在一起，发生意外时，互相援助。这种集体特色也体现着助人助己的观念，犹太人也正是利用这一观念获取生存机会。

第四节　不滥用自己的权威

即使父母很坏——坏到"已经被判处死刑，走在去刑场的路上"，儿女们也不能诅咒他们，因为儿女们欠父母的实在太多了，但儿女们不必违背自己的良心，盲目地服从父母。

父母不能阻止儿子的婚事以便他继续为他们干活，也不能让他娶妻之后仍然和他们在一起生活……

如果他能赡养和照顾父母，他就有权利找个妻子到别的地方居住，只是他要知道父母在感情上并非不愿接受她。

如果他看上了出身良好的姑娘，可是他父母希望他娶一个出身不好的，因为她的亲戚很有钱。那么他不必屈从父母的意愿，因为他们的做法应当受到责备。

拉比以利则·本·海克努斯22岁了，还没有学过《律法书》。有一次，他下定决心说："我要去跟着拉班约翰拿·本·扎凯学习《律法书》。"他的父亲海克努斯对他说："你不把整块地犁完，别想吃一点儿东西。"

他早早地起床，犁完了整块地，然后就出发去了耶路撒冷……

当他的父亲海克努斯听说他在跟着拉班约翰拿·本·扎凯学习《律法书》，他宣布："我要去禁止我的儿子以利则使用我的财产。"

据说，那天拉班约翰拿·本·扎凯正在耶路撒冷演讲，以色列所有了不起的人都坐在他面前。当听说海克努斯来了，他召集了卫兵，对他们说："如果海克努斯来了，不要让他坐下。"海克努斯来了，他们不让他坐下。但是他往前挤，坐在富有的、高级城市领导人中间。

"我们不能说了。"拉比以利则恳求道。

拉班约翰拿催促他，同学们催促他，所以他站起来发表了人们从未听到过的演讲。当话语从他口中说出来的时候，拉班约翰拿·本·扎凯站起来吻了他的头，大声说："拉比以利则大师，你教给我真理了！"

休息的时间还没到，他的父亲海克努斯站起来说："大师，我来这里是为了禁止让我的儿子以利则使用我的财产，现在，我所有的财产都应该给我的儿子以利则！"

但父母和孩子，谁更重要呢？

父亲的爱给了孩子，孩子的爱又给了他们自己的孩子。

从前有一只鸟，带着三只雏鸟，要飞过波涛汹涌的大海。大海太宽阔，风太猛烈，父亲不得不用爪子把小鸟一个一个地带过去。当它带着第一只小鸟飞到一半的时候，突然一阵大风刮来，它说："孩子，看看我为了你怎么拼命地努力。当你长大的时候，你能像我这样照顾我的晚年吗？"

小鸟回答说："只要把我带到安全的地方，当你老了的时候，你要我做什么都可以。"

于是父亲把小鸟丢进了大海里，小鸟淹在水里的时候，父亲说："对你这样的骗子就应该这么做。"

然后父亲返回岸边，带着第二只小鸟，问了同样的话题，听到了同样的回答，它把第二只小鸟也淹死了，大叫着："你也是个骗子！"

最后，它带着第三只小鸟过海，当它又问到同样的问题，最后这只小鸟回答说："我亲爱的父亲，你确实为了我冒着生命危险，拼命地努力。如果你老了我不报答，那是错误的。但是，我不能束缚自己。可是，我可以保证：如果我长大了，有了自己的孩子，我就要像你对待我这样对待它们。"

对此，父亲说："说得好，孩子，你很有智慧；我要饶了你的命，把你带到安全的地方。"

上面讲的都是犹太人中流传的小故事，都揭示了父母不应该对子女滥用权威，同样也告诉我们在与人相处中也不应滥用自己的权威。

第五节　相互理解，赢得人心

犹太人希莱尔拉比出身贫寒，靠自己的天赋和勤奋掌握了渊博的知识。希莱尔拉比当了犹太教首席拉比之后，一次来了一个非犹太人，他要希莱尔拉比在他能以一只脚站立的时间里把所有的犹太学问告诉他。可是，他的脚还未提起来，希莱尔拉比已把全部犹太学问浓缩为一句话告诉了他："不要向别人要求自己也不愿意做的事情。"

犹太人认为，人在社会生活，这意味着人与人之间是一种互助互谅的关系。这种关系本身又必定建立在互相理解的基础上，这种理解从理论上说不管有多少环节，多少障碍，但在经验上，只要我们大家都是人，就可以从自身的趋利避害的原始要求上，找到理解他人的前提。

互相理解、互相谦让的处世原则只是一个朴素的准则，在具体的环境中，还必须恰如其分地视实际情况来运用。有个例子很好地说明了这一点：一次，有位拉比要求 6 个人开会商量一件事，可是到了第二天却来了7个人。其中肯定有一个人是不请自来的，但拉比又不知道这个人究竟是哪一位。

于是，拉比只好对大家说："如果有不请自来的人，请赶快回去吧！"

结果，7个人中最有名望的人，那个大家都知道他一定会受到邀请的人却站起来，走了出去。

7个人中必定有一个未受到邀请，但既然到了这里，再让自己承认自己资格不够，是一件让人难堪的事情，尤其还当着这么多人的面。所以，那位有名望的拉比自己主动退出，可谓用心良苦。如此设身处地为他人着想并采取相应的行动，正体现了他的仁慈之心。

这则故事侧重发掘犹太民族那种独具特色的周详妥贴的智慧。除此之外，还含有一层承认他人人性的优先性，甚至克制自己的人性要求，以协调人际关系的含义：一个人没有权利把自己不愿意要的东西强加于他人，但一个人也不应该把一般人都不要的东西强加给自己。

犹太人之所以把他们的足迹留在世界的每一个角落，并创造出了令世界刮目相看的成就，他们作为一个弱小民族能够凭自己的信念和出色的成就而生存下来，这本身就是一种奇迹。在某种意义上说，犹太人所持尊重他人的道德观念——互相尊重，彼此宽让，正是支撑他们在激烈的竞争压力和强权夹缝中求生存的艺术。

第六节 站在他人的角度考虑问题

有一位犹太人实业家曾对他的员工提出过这样的忠告：成功的人际关系在于你有及时捕捉对方观点的能力，更重要的是能从对方的角度考虑、分析问题，并努力做到让对方满意。

常言道：己所不欲，勿施于人。那么自己想要的，很有可能也是别人所想要的。从别人的角度考虑问题，很重要的一点就是思考别人的需要。

思考别人的需要？你也许会觉得这是一个多么幼稚的话题。不错，你关注的当然是自身的需要，但除了你自己，似乎再没有什么人对此感兴趣了。

在日常生活中，我们所有的人都一样，只关心、在乎自己的需要！成功的犹太人告诉我们一个很好的方法可以影响他人，那就是注意别人的需要，并如何满足他。

那么，下次当你想要请某人办事时，千万别再絮絮叨叨地说什么大道理，而要先想想：他们究竟需要什么来着？

举例来说，假如你不想让自己的孩子抽烟，只需告诉他们抽烟可能无法使他加入篮球队，或无法赢得百米竞赛。无论是对大人、对小孩，或是略通人性的大猩猩，也不论大事小事，这方法绝对值得你我牢记于心，因为它的确十分有用。

一天，爱默生和儿子想把一头小牛弄进牛棚里。爱默生在后面用力推，他的儿子在前面用力拉。可是，那头小牛似乎并不领情，一动不动地站在那里。于是，尽管父子俩使尽全力，费了老大劲儿，小牛的腿也没有移动半步。有个犹太女仆看见了这一幕，虽然她不会著书立说，也没有多少文化，可她却比爱默生更懂得牲口的性情。她把自己的指头放进小牛嘴里，一面让它吸吮，一面温和地把它引到牛棚里。

把小牛引进牛棚尚且需要关注小牛的需要，由此可见，关注他人的需要是何等重要！可以说无论是谁，日常的言谈举止都在表示自己所想要的某种东西。可能你会问，有时我捐钱给红十字会，这总不会是在为自己着想吧？是的，这也不在话题之外。你把钱捐给红十字会，是因为你想要援助别人，想要完成一件美好、高尚的善举，你要的是社会的认可和灵魂的满足。假如不是这种想法胜过你需要金钱的欲望，难道你还会把钱捐献出去？

很多成功的犹太人，都是从普通平民奋斗直到成功的。他们在年轻的时候，都有一个共同点，那就是无论什么事，都当成自己的分内事来做。

这也是全世界许多领袖人物早年在职业生活中运用的策略：在办事的时候，永远把工作当成自己的分内事。如果现在的你正面临找工作的情境，这个策略也是适用的。可是多数人却仍旧忽略了这至关重要的一点。

一个曾经收到过几十万封求职信的犹太人实业家对这个策略的印象是颇为深刻的，他说："差不多每个失业者所常犯的过错就是不用脑子想问题。差不多可以说一切的人——无论是普通人、工程师，还是教授、专栏作家，他们很少能从老板的角度出发来考虑问题，而这往往就是他们职业上失败的致命根源。"

在实际生活中，有许多人却往往忽略了这一点，即使在对待一个最重要的人物的时候。

商业界充满了许多看起来似乎很有才干的年轻人，他们辛勤工作着，他们热爱自己的事业，为公司的发展热心地尽着力。他们的勤奋和忠诚使得他们做了主管或领班，但是他们的前程却似乎永远停止于此了。

为什么呢？最根本的原因，就是他们对于许多问题总是按照他们自己所熟悉的那一小部分业务的运营思路去解决，而不是从整个公司经营理念及老板的立场出发去解决。他们从来不会替坐在宽大的写字台背后的老板设想一下："他心里想怎样做呢？他是怎样看待这个人的？如果我处在他的位置上，那么我应当怎样去处理这件事情呢？"

从前做过报童，而后来成了美国国际公会会长的布拉什也曾说："在我所曾从事过的许多职业中，使我受益最大的一件事就是，我学会了依照着我的上司的办事习惯去做事。我想在每一件事情上、每一个动作上，尽量做得比他要求我的更好。我常常比他更早地来到办公室，把他的写字台准备好，为他当日的一切计划做好准备。所以，如果你也想取得事业的成功，就得学会机敏地做事。每走进一次办公室，你的思想最好比你的上司更超前一些。预测到他以后的意图将是怎样的，从而采取必要的行动来表示你头脑的聪慧和办事的机敏。"

然而，在请示升迁这类最紧要事项的时刻，有许多人仍还不注意，或者完全忽略了他们老板的想法和观点。布拉什又说："你也许会说，'我在这里干了好几年了，我想我一定能胜任那份更好的工作'。或者就是，'我家里添了人口，我希望能增加一点儿生活费'。又比如'我给老板每星期加了那么多班，我就不明白为什么不给我加薪呢？'"

"这些话也许能打动老板的同情心，然而，这并不能说明你在工作上有多能干，更不能说明你理应因此拿到更多的薪水，并享受更高的职位。"

杰出的犹太人一致认为，对于那些常常能够领会老板意图的人，当他们在要求晋升以前，早就能找到许多可以满足他们欲求的机会了。

杰出的犹太人建议我们，如果想让别人按自己的意愿行事，记住，在你开口之前，先停下来扪心自问：我怎样才能使这个人愉快地去做这件事？与人相处，就像钓鱼，投其所好，才会有所收获。想要他人为你做些事情，就要从他人的需要入手。

第七节　懂得做一个感恩的人

杰出的犹太人都是懂得感恩的人。犹太人认为，感恩不但是美德，感恩是一个人之所以为人的基本条件！

为什么我们能够轻而易举地原谅一个陌生人的过失，却对自己的老板和上司耿耿于怀呢？为什么我们可以为一个陌路人的点滴帮助而感激不尽，却无视朝夕相处的老板的种种恩惠，将一切视之为理所当然呢？如果我们在工作中不是动辄就寻找借口来为自己开脱，而是能怀抱着一颗感恩的心，情况就会大不一样。

犹太人成功守则中有条黄金定律：待人如己。也就是凡事为他人着想，站在他人的立场上思考。有一位成功的犹太人说："你是一名雇员时，应该多考虑老板的难处，给老板一些同情和理解；当自己成为一名老板时，则需要考虑雇员的利益，对他们多一些支持和鼓励。"

很多人曾经为他人工作，对这一黄金定律不太理解，认为老板太苛刻。而当为自己工作时，却又会觉得员工太懒惰，太缺乏主动性。其实，什么都没有改变，改变的只是看待问题的方式。

犹太人认为，这条黄金定律不仅仅是一种道德法则，它还是一种动力，能推动整个工作环境的改善。当你试着待人如己，多替老板着想时，你身上就会散发出一种善意，影响和感染包括老板在内的周围的人。这种善意最终会回馈到你自己身上。如果今天你从老板那里得到一份同情和理解，很可能就是以前你在与人相处时遵守这条黄金定律所产生的连锁反应。

其实，经营管理一家公司或一个部门是份复杂的工作，会面临种种烦琐的问题。来自客户、来自公司内部巨大的压力，随时随地都会影响老板的情绪。要知道老板也是普通人，有自己的喜怒哀乐，有自己的缺陷。他之所以成为老板，并不是因为完美，而是因为有某种他人所不具备的天赋和才能。因此，首先我们需要用对待普通人的态度来对待老板。

许多人总是对自己的上司不理解，认为他们不近人情、苛刻，甚至认为可能会阻碍有抱负的人获得成功。不但对上司，对工作环境，对公司，对同事，总是有这样那样的不满意和不理解。同情和宽容是一种美德，如果我们能设身处地为老板着想，怀抱一颗感恩的心，或许能重新赢得老板的欣赏和器重。退一步来说，如果我们能养成这样思考问题的习惯，最起码我们能够做到内心宽慰。我们每一个人都获得过别人的帮助和支持，应该时刻感谢这些帮助你的人，感谢上天的眷顾。一个人的成长，要感谢父母的恩惠，感谢国家的恩惠，感谢师长的恩惠，感谢大众的恩惠。没有父母养育，没有师长教诲，没有国家爱护，没有大众助益，我们何能存在于天地之间？所以，感恩不但是美德，感恩还是一个人之所以为人的基本条件！

今日的一些年轻人，自从来到尘世间，都是受父母的呵护、受师长的指导。他们对世界未有一丝贡献，却牢骚满怀，抱怨不已，看这不对，看那不好，视恩义如草芥，只知仰承天地的甘露之恩，不知道回馈，由此足见内心的贫乏。现代一些中年人，虽有国家的栽培、上司的提携，自己尚未能发挥所长，贡献于社会，却也不满现实，诸多委屈，好像别人都对不起他，愤愤不平。因此，在家庭里，难以成为善良的家长；在社会上，难以成为称职的员工。

羔羊跪乳，乌鸦反哺，动物尚知感恩，何况我们作为万物之灵的人类呢？我们从家庭到学校，从学校到社会，重要的是要有感恩之心。感恩已经成为一种普遍的社会道德，然而人们往往无视朝夕相处的上司、同事的种种恩惠。将一切视之为理所当然，视之为纯粹的商业交换关系，这是许多公司员工之间关系紧张的原因之一。的确，雇佣和被雇是一种契约关系，但是在这种契约关系的背后，难道就没有一点儿同情和感恩的成分吗？上司和员工之间并非是对立的，从商业的角度，也许是一种合作共赢的关系；从情感的角度，也许有一份亲情和友谊。

你是否曾经想过，写一张字条给上司，告诉他你是多么热爱自己的工作，多么感谢工作中获得的机会。这种深具创意的感谢方式，一定会让他注意到你，甚至可能提拔你。感恩是会传染的，老板也同样会以具体的方式来表达他的谢意，感谢你所提供的服务。

犹太人时常教育自己的员工，不要忘了感谢你周围的人、你的上司和同事，感谢给你提供机会的公司。因为他们了解你、支持你。大声说出你的感谢，让他们知道你感激他们的信任和帮助。请注意，一定要说出来，并且要经常说！这样可以增强公司的凝聚力。永远都需要感谢。推销员遭到拒绝时，应该感谢顾客耐心听完自己的解说，这样才有下一次惠顾的机会！上司批评你时，应该感谢他给予的种种教诲。

犹太人认为，感恩不花一分钱，却是一项重大的投资，对于未来极有助益！真正的感恩应该是真诚的，发自内心的感激，而不是为了某种目的，迎合他人而表现出的虚情假意。与溜须拍马不同，感恩是自然的情感流露，是不求回报的。一些人从内心深处感激自己的上司，但是由于惧怕流言飞语，而将感激之情隐藏在心中，甚至刻意地疏离上司，以表自己的清白。这种想法是何等幼稚啊！

感恩并不仅仅有利于公司和老板，对于个人来说，感恩是丰富的人生。它是一种深刻的感受，能够增强个人的魅力，开启神奇的力量之门，发掘出无穷的智能。感恩也像其他受人欢迎的特质一样，是一种习惯和态度。感恩和慈悲是近亲，时常怀有感恩的心，你会变得更谦和、可敬且高尚。每天都用几分钟时间，为自己能有幸成为公司的一员而感恩，为自己能遇到这样一位老板而感恩。

"谢谢你"、"我很感激你"，这些话应该经常挂在嘴边。以特别的方式表达你的感谢之意，付出你的时间和心力，为公司更加勤奋地工作，比物质的礼物更可贵。

当你的努力和感恩并没有得到相应的回报，当你准备辞职调换一份工作时，同样也要心怀感激之情。每一份工作、每一个老板都不是尽善尽美的，在辞职前仔细想一想，自己曾经从事过的每一份工作，多少都存在着一些宝贵的经验与资源。失败的沮丧、自我成长的喜悦、严厉的上司、温馨的工作伙伴、值得感谢的客户……这些都是人生中值得学习的经验。如果你每天能带着一颗感恩的心去工作，相信工作时的心情自然是愉快而积极的。

学学犹太人的感恩之心，你的生活会有另一片广阔天地。

第八节　犹太人善于合作共事

犹太人重视人与人之间的联系，建立了诚信度很高的商业网。如果朋友中有谁在某个领域非常活跃，大家都会积极提供援助。一个家族会团结在一起赚钱，利用这笔钱来支持有才能的人，将他培养成自己的领袖。如果用足球来打比方，可以说犹太民族是一个为球场上的球员建立了完整的赞助集团网络的民族。

有一个犹太人教师给他的学生出了一道智力测试题。在一个罐头瓶里，放进6个乒乓球，每个球用细绳系着，要求在最短的时间里，从瓶里全部取出。几个小组的同学，各人都想在第一时间里从瓶里取出，结果在瓶口形成堵塞，谁也出不去！只有一个小组成功做到了，他们采用的办法是 6 个人形成一种配合，依次从瓶口出来。这道测试题考的就是团队有无相互协作的精神，就是我们常说的团队精神。这位犹太人教师就是意在告诉他的学生团结协作精神的重要性。

犹太人也许是世界上最富于集体精神和团结合作精神的民族。其影响世界的两大巨著《圣经》和《塔木德》，都是集体智慧的结晶。俗话说，"三个臭皮匠，顶个诸葛亮"，犹太人的合作往往是几十人或上千人的合作，这就使人不得不对这种集体精神大加推崇。而犹太人超凡智慧的原因之一，恐怕与此不无关系。

由于犹太人的善用资源的原则，也使得犹太人有很强的团队精神。他们认为个人的智慧是建立在许多人的共同努力的基础上的，因此，犹太人都有很好的共享智慧的风范。

犹太人的团队协作是以充分发挥个人才干为基础的，提倡在团队中各尽所能、取长补短、共同贡献。在团队中，大家共享成果荣誉或失败处罚，真正地荣辱与共，因此必须团结一致，而不能钩心斗角或争名夺利。

在犹太人的企业中，按专利版权法规，就算你是主要甚至唯一的发明人或设计者，你在公司任职时利用该公司的资金设备、上班时间、拿着该公司发的薪水而做出的成就，都属于该公司所有，你个人无权私自处置。公司在为此申请专利或报告成果时，也有权署上公司老板和其他同事的名字。犹太人认为从团队协作角度来说，你作为该团队的主要一员并不能独揽功劳，因为没有别人的辅助和公司做后盾，你再有本事恐怕也出不了此成果。

好团队才能出高效益，这取决于管理人士或老板是否善于团结部下，发挥团队所有成员的能量，还取决于每名团队成员是否善于配合。犹太人公司招募职工时，除考察专业水平外，常把"优秀的团队合作者"作为主要标准之一。机构和公司也经常根据不同任务组织项目小组，普通职工可能会成为某小组的领头人，而上层主管却甘愿当打杂的普通一兵，大家都不计较排名和功赏。这种多方位组建的工作结构，正是犹太人团队精神平等负责、能上能下的典型。

杰出犹太人认为团队的协作就像人的五官。只有大家形成一个共同奋斗的共识和目标，才能具有威力。有团队精神，才能产生创新的力量、发展的力量。一位畅游南美洲的犹太人作家曾见过一种奇特的景观：游客们点燃干燥的原始草丛，把一群黑压压的蚂蚁围在当中。火借风势，逐渐蔓延，开始蚂蚁有些混乱，但很快就变得有序了，它们迅速扭成一团，像雪球一样朝外滚动突围。外层的蚂蚁被烧得"噼啪"直响，死伤无数，但蚁球勇猛向外滚动，终于突出火圈。游客们还想再烧，被作家坚决制止了，作家已被这群蚂蚁的勇敢和团队精神所感动。作为蚂蚁尚且有如此可贵的团队精神，那么作为万物之灵的人类，岂能失去团结的精神？

无论是在企业之中还是家庭之中，犹太人都非常重视培养员工和孩子的团队精神。他们认为要培养团队精神首先须摆正个人的位置，既各尽其责，又要有协作精神。如果相互争执、互相拆台，无休止地搞内耗，那就会弄得像一盘散沙。当然这也不是无原则地搞一团和气，原则、感情与共同的利益和目标，是维系一个团队的纽带，少了哪一条都不行。团队精神，是在原则的基础上产生的。放弃原则，迁就个别人的不当做法和行为，虽然满足了个别人的利益需要，但却起到了误导作用，由此必然导致人心涣散，从而失去了团队的凝聚力。没有了凝聚力，还有什么团队精神？

有许多比顶尖大公司企业还历史悠久的著名犹太人组建的非牟利机构，更是团队协作的成功典范。在团队之中，要勇于承认他人的贡献。如果借助了别人的智慧和成果，就应该声明；如果得到了他人的帮助，就应该表示感谢，这也是团队精神的基本体现。

分立多于联合，把许多时间和精力消耗在明争暗斗上，利用别人为自己争名谋利，等等，都不符合犹太人的团队协作精神。聪明的犹太人看到现代社会加速向高度集团化、大型化的趋势发展，团队协作更是一门社会必修课程。

犹太企业家认为，团队要有好的表现，领导人首先必须非常尊重每一位成员。这包括开放的心胸和真正的双向沟通，耐心倾听部属的建议，认为应该如何才能达成公司的目标，即使是最离谱的意见也要给他们表达的机会。团队要有好的表现，领导人要能够让每一个成员分享整体的成功，加强他们的向心力。

有人发现，第二次世界大战结束后，突然各个"战胜国"的酒鬼多了起来。进一步研究，人们又发现，这些"酒鬼"大多数都是参加过战争的老兵。一开始，研究人员以为，大概由于经历了残酷的战争，这些人的精神都已经颓废了的缘故，可经过深入调查，他们才发现，最初的判断是错误的。那么，究竟这些老兵为什么都成了"酒鬼"呢？

原来，在战争期间，尽管当时作战环境又冷又湿，又随时冒着生命危险，但他们与战友间那种生死与共的袍泽之情、人生意义，在和平时期却再也无法找回来了。他们借酒消愁，其实是对战友念念不忘，怀念在战争中得到的那些"温暖"。这个研究证明，在危机或困境中，人与人之间会不知不觉地结成一个相互依赖、相互帮助的"共同体"。在"共同体"的庇护下，所有成员才得以度过本来无法度过的非常时期。只有面临危机时，这个共同体才会自然发展，一旦危机过去，共同体也就宣告结束了。

广大的犹太人，对于这个"共同体"的理解尤其深刻。第二次世界大战期间，他们被纳粹当作屠杀和消灭的对象，很多人都是靠团结获得了新生。

在酸甜苦辣和风风雨雨的生活中，共同的价值观和共同的目标，尤其是荣誉守则，是团队合作的基础。战后犹太人没有忘记过去，更加注意发扬民族的团队精神，充分认识共享一切的重要性。对同一个企业的犹太人而言，没有个人的行为动机，只有团队的目标。他们希望看到在团体中每一个人都会变得更有力量，而不是变得微小、依赖或默默无闻。在犹太人企业里，依靠是一件好事，只要你依靠的是跟你一样坚强的人。

在心理上和身体上，犹太人都熬过了艰难的磨炼。不管后人如何读他们的历史，都无法真正了解他们所经历的一切，只有亲身经历过的人才清楚他们的血汗与苦乐。而最能够激发团队精神的，也莫过于这种独特的共同经历。犹太人对本民族强烈的认同感，就是以此为基础，这份感情是终身不变的。

团队合作的意义，不仅在于"人多好办事"，团队行动可以达到个人无法独立完成的成就。

市场经济是一个广泛的交往经济，没有人与人之间的大规模的交往，就没有所谓市场交换，因而也就没有所谓市场经济。人们的利益实现都无一例外的，是通过市场交换来实现的。但是"诚实"与"信任"仍然是市场经济条件下人与人交往的最基本的行为准则。由于这些方面的原因，决定了合作的形式呈现为多种多样的形态：有亲戚之间的合作，有家族内的合作，有朋友之间的合作，有同事之间的合作；有企业与企业之间的合作，也有个人与企业或其他组织之间的合作；有本地的合作，也有跨地区、跨省甚至跨国的合作。这些形式之间体现着由家族内向家族外不断发展的特点，体现着亲情关系在经济活动中逐步减弱的趋势。

犹太人认为，合作是一种契约，契约也就是合同，它规定了订立契约或合同的人相互之间的权利和义务。比如，彼此之间出资的比例，利润的分配方法，不同的合作者应该承担的债务份额，各自在企业中的地位等。

这样，根据契约人的结成关系，合作者也可以分成好几种形式：普通合作者、名义合作者、有限合作者、秘密合作者、匿名合作者、不参加管理的合作者等。所以合作不是别的，就是几个人或几个组织和企业联合起来做生意，不管他们采取什么样的形式，也不管他们把自己的企业登记为什么样的法律名称。

犹太人在经商过程中认为，选择合作不能凭感觉也不能抱着试试看的心理去做，必须要有端正的态度，必须从多方面来考虑自己、审视自己，同时也必须对你周围的环境和你自己的切身利益作个周密的思考。

首先，你必须仔细地考虑你是否能独自承担创业的风险。如果你个人能够承受得住创业的风险，你最好独自创业。因为合作者虽然可以帮你承担风险，但也可能给你带来矛盾与问题。其利正是其弊所在，鱼与熊掌不能兼得。特别是在创业之初存在诸多问题，制度难以规范，企业的运作需要机智灵活，这些都有可能成为合作者之间矛盾的导火线。当然，如果创业的风险个人实在无力承担，你就应该考虑合作创业。

一个犹太人企业家在回忆开办自己的公司时说道："当我自己开始干时，像许多其他人一样，也想成立个合作公司，而且我也物色了几个合作者。但当我做完市场调查后，我得出的结论是：基本上没有什么风险。我想：因为以我自己的能力可能还办不了公司，如果我有几个可以依靠的人，这事可能容易得多——我认为的合作公司的错误大概都基于这个错误。人们总以为自己没法干的事，几个人在一起可能容易一些。其实，这是错误的。"

其次，你还必须考虑你想从合作者那里得到什么，你所需要的东西是否一定只能从合作者那里得到。你应该清楚地知道你需要从合作者那里得到的是资金、技术、关系、销售网、土地、经营场所或是其他经营中必不可少的要素，而这些又是你自己一时难以解决的问题。如果你已经清楚地知道这些问题，你就可以大胆地合作创业了；如果你还是模糊不清的话，你就应该再仔细地斟酌有无合作创业的必要。

一位年轻的犹太人创建了一家公司，生意做得红红火火。但他不愿安于现状当一个小老板，想把自己的事业做得更大。他一直在寻找新的项目，希望能够独树一帜，迅速发展。经人介绍，他认识了一位身怀绝技的老人。这位老人出身于名医之家，几十年来历经坎坷，行医于民间，积累了丰富的经验，并摸索出了一种极有市场价值的保健药品。但是这位老人脾气怪，性格倔强，不愿与人合作。但年轻人却认为精诚所至，金石为开，只要自己真心与他合作，老人会同意的。况且这样的技术正是自己苦苦寻觅了很久而得不到的，也不是任何人都可以发明出来的。只有通过这样的合作，才能使公司迅速成长，而且造福于社会。在多次与老人接触交谈之后，老人终于被年轻人的诚意所打动，同意了合作的建议。现在这家公司已经发展起来，成为当地最有实力的企业之一。

最后，你还必须考虑你个人的性格是否适合合作创业。独资企业只有一个人当领导，其余的人都是雇员，领导一个人说了算。而合作企业中，合作者都是企业的主管，合作者地位平等，不能一个人说了算。合作企业中的合作者之间的关系不同于企业中主管与雇员的关系，合作者之间更强调相互尊重、团结合作、互谅互让。合作者之间的关系，比平常人之间的关系更复杂，更难处理。因此，那些刚愎自用、缺乏团队精神、喜欢发号施令、合作意识差的人都不适合合作经营。做任何事都要把握火候，就像烙饼，时候早了熟不了，时候晚了饼就焦了，只有恰到好处才可以做出又香又酥的饼。合作也一样，即使你需要合作也不是任何时候都可以合作的，一定要选择一个恰当的时机，否则很有可能一败涂地。

合作者及合作时机的选择固然重要，一旦合作以后，合作者之间的相处，保持恰当的合作关系就成了当务之急。如果合作者之间矛盾重重，各怀鬼胎，不能坦诚相见，必然会使企业停滞不前，直至走向灭亡。就像风雨中的小舟，如果船员之间缺乏应有的配合，各自为政，必然逃脱不了船倾人亡的命运。但是，现今没有任何方法解决这个难题，人们也只能通过一些努力加强自己的修养，使合作者相互团结，最大限度地发挥合作企业的作用。在合作过程中，企业主管还应该注意下列几个问题。

互相依赖是基础。有一位成功的犹太商人曾经说过："用人的关键在于依赖，其他的都是次要。如果对同僚处处设防，半信半疑，一定会损害事业的健康发展。"合作者的经营管理理念不尽相同，个人意见很可能不被其他合作人采纳和接受。如果大家都能互相信赖，相互谅解，相信彼此都是为了把生意做好，自然不会搞出其他的事情。互相信赖是合作成功的基础条件。

如果一个人，你觉得他没有诚意，居心叵测，缺乏能力，总之和你心里的合作者形象相悖就不能与之合作，更不能和他相互信赖。但如果经过仔细调查和观察，觉得他可以信赖，是你理想的合作者，就一定要推心置腹，充分信任。

信赖是对他人人格的尊重，是人与人之间最可宝贵的感情。没有信赖，就不能使他产生自尊，也就不可能使合作者充分发挥他的主观能动性和创造性。当然，相信他人在生意场上是要冒一定风险的。然而，除非你不打算合作，否则就必须相信你的合作者。一定要有"用人不疑"的气度，才能使生意有更大的发展，千万不可疑神疑鬼。一个各怀鬼胎的合作生意，决不可能做得长久。

坦诚相见是润滑剂。中国古代的孟子曾说："君视臣如手足，则臣视君如腹心；君视臣如犬马，则臣视君如路人；君视臣如草芥，则臣视君如寇仇。"这段话虽然讲的是君臣关系，但对合作者依然适用。

犹太人认为，只有合作者之间能坦诚相见，将心比心，以爱换爱，才可能维持合作者的友好信赖关系，使事业得以发展。合作企业可以集多人的优势于一体，同时也把各自的利益绞在了一起。这样就使得合作者之间难免会发生摩擦，搞不好还不如一个人单干。要克服这一局限，你就必须利用坦诚相见这个润滑剂。

要对合作者进行感情投资，使大家在和谐、团结的气氛中一起工作，产生荣辱与共、休戚相关的团队精神。其次，还要与你的合作者多交流沟通，诚心诚意地交换看法。但是，不能把坦诚相见等同于简单的直率，把信口乱说当做耿直，坦诚也需要合适的方式来表现，最好是心平气和、婉转含蓄地私下交谈，别让第三者参与，以防产生不良的影响。

取长补短是动力。"三人行，必有我师焉。"中国的圣人孔子都认为自己有缺点和不足，而在某些方面，有些人却可胜过自己。作为凡夫俗子的我们，则更是如此。合作者都有自己的优势，也都有自己的劣势。只有认识到这些，主动地在合作者之间把优、缺点挖掘出来，同时相互尊重，取长补短，优势互补，才能充分发挥个人和集体的优势，在竞争中获胜。换个角度考虑，即使你工作能力极强，思考力比别人深远得多，在合作者中无人能及，无形中居于领导地位，你仍然不要恃才傲物，妄自尊大，独断专行。从维护合作者自尊心乃至合作关系出发，也要谦虚谨慎，认真向对方学习，真心实意地寻求帮助，征求意见，这样既赢得了友情，又增强了合作企业的凝聚力。

谦虚谨慎的态度固然重要，但维持企业的运行，处理日常事务，也必须有个总管来完成。十个指头有长短，人的能力有强弱，那些能力胜过其他合作者的自然会成为领导。只是在这个时候，没有做成领导的合作者不要产生妒嫉心理，觉得自己比别人强，应该多管一点儿。任其发展将使合作者之间出现分歧、发生摩擦，最终导致合作失败。

义利并重是关键。人与我、义与利，是合作者相处时接触最多也是最难处理的关系。有些人在创业时期能够有难同当，一旦事业小成、有了利益可图时，就只剩有福我享了。这样就不可避免地与其他合作者产生利益冲突，解决不好就会导致企业垮台。因此，合作者在经营中要注重合作企业的整体利益，注重与其他合作者的关系。但是作为合作者之一的"我"又有自身的个人利益，这就导致在决策时自己的观点和意见与其他合作者不一致，甚至产生冲突。简言之，就是个体与整体的关系、全局与局部的关系，人与我、义与利的关系。要解决好这对矛盾，就要在人与我、义与利之间保持适度的平衡，人我两利、义利并重。此时，合伙人既不会放弃个人的利益，又不会损害其他合作者的利益，在个体与整体之间求得最佳平衡点。在这种状态下，合作者就能友好相处。要牢记一点：合作者的利益就是你的利益，只有通过合作企业发展，才有个人的发展，这样就能人我两利、义利并重。有了这种心态，合作者才能友好相处。

尽管你做到了以上的每个要点，但是由于合作者之间认识上的差异、合作者信息沟通上的障碍、态度的相悖以及相互利益的排斥，矛盾冲突也在所难免。当破坏性的矛盾冲突发生后，合作者就应该坐下来，通过协商的办法来解决，但在协商中也应注意一些技术的运用。先做自我批评。合作者之间的矛盾冲突是由多方面原因引起的，有自己的原因也有对方的原因，还可能有第三者的原因。要顺序地化解矛盾，就应该从自我批评开始。这样，会给对方也造成负疚感，也会坦诚地把自己的错误找出来，避免将矛盾激化。当然，提倡自我批评并不意味着没有原则地迁就对方。从某种意义上说，责己既是手段又是策略。

回避退让。回避不等于逃避，而是为了防止矛盾激化，并在回避中等待解决矛盾的时机。当矛盾或分歧比较严重，并且一下子难以解决时，为了不使矛盾进一步发展，达到激化的程度，应有意识地减少与有矛盾的合作者接触，避免正面冲突，使大事化小、小事化了。古时候，有个人，他的弟弟生性好酒贪杯，每喝必醉，曾在醉酒中把驾车的牛射死了。他回到家里，他的妻子迎上前来对他说："小叔子把牛射死了。"他冲口答道："可以做成牛肉干。"这则故事很短，可我们在读完后却能一下子觉得心胸开阔起来了。故事中的这个人，真是个既聪明又大度的人，一句话就把一场有可能引起争斗的事平息了。这是古人运用智慧，将大事化小、小事化了的一个很精彩的例子。

求同存异。矛盾冲突的各方，暂时避开某些分歧点，在某些共同点上达成一致，以达到矛盾与冲突的逐渐解除。这是解决合作者之间矛盾冲突而不影响企业正常运行的最好办法。求大同、存小异，做到大事讲原则、小事讲风格，在枝节问题上不苛求于人，不但可以避免冲突的发生，而且还会调解或解除现有的矛盾冲突。

模糊处理。在特定的条件下，对于一些无原则性的矛盾冲突，可采取模糊处理的办法。模糊处理，不是不问青红皂白，而是冲突本身无法分清谁是谁非。冲突双方均无事生非，毫无道理，倘若硬是分个是非分明，反而会助长对立，激化矛盾。模糊处理法是坚持原则立场处理无原则的冲突的最好方法。

许许多多成功的犹太人正是靠着这种合作精神，细心地挑选合作伙伴，与他们实现资源共享，最终达到共同富裕的目的。

JIECHUYOUTAISHANGREN

第 五 章

Chapter5

杰出犹太人擅长灵活的处世技巧

　　一个人的成功，不是靠自己强大就能顺利实现的。成功的犹太人都深知这一点，他们在长期的生存、发展中学会了超人的处世技巧，并借助这些技巧促进自己事业的成功。

第一节　善解人意并乐于赞扬他人

杰出的犹太人总是能够做到善解人意和宽恕他人，他们都具有很高深的为人修养和自制的功夫，并乐于赞扬他人。因此，他们容易得到别人的好感，这是他们获得成功的重要原因之一。

我们很多人都喜欢责怪、抱怨他人，这样只能让彼此之间的关系更加恶化。很多时候，尖锐的批评和攻击，所得的效果都等于零。

有些人似乎养成了一种不以为然的恶习，动不动就批评、指责他人，有些人更以此为快。一旦出现了问题，他们首先想到的就是射出批评之箭，中伤他人。结果要么伤害他人，要么被人抵挡，弄得自己反遭他人伤害。其实，尽量去了解别人，尽量设身处地去思考问题，这比批评、责怪要有益得多。这样不但不会伤人害己，而且让人心生同情、忍耐和仁慈。"了解就是宽恕。"何不多点儿温柔之术呢？

那些杰出的犹太人就非常聪明地避免了这一点，他们从不随便批评、责怪或抱怨他人。

杰出的犹太人认为真正要让他人做事的唯一方法，就是给他想要的东西。按照弗洛伊德的说法，一个人做事的动机不外乎两点：性冲动和渴望伟大。美国学识渊博的哲学家约翰·杜威则有另一种说法，他认为，人类本质里最深远的驱动力就是"希望具有重要性"。人们对这项需求的根深蒂固和迫切热望绝不亚于对食物和睡眠的需要。"希望具有重要性"的感觉，也是人类与禽兽最大的分别。许多人由于不能在现实生活中获得"被肯定"的感觉，因而他们到另一种世界去寻求，这就是我们所谓的精神失常。

别忘了一点，在人际交往里我们所接触的是人，他们都渴望被人赞赏。给他人以欢乐，是合情合理的一种美德。在你每天的生活之旅中，别忘了为人间留下一点儿赞美的温馨，这一点儿小火花会燃起友谊的火焰。当你下次再度来访时，会惊奇地发现它会留下多么明显的痕迹。

成功的犹太人就是利用了人们这种被人赞赏的渴望，达到让别人为自己做事的目的。他们懂得抓住每个人的需要，并且满足这种需要。

我们每个人都有自己的需求，有些人做事往往过于单方面强调自己的需求，而忽略或不顾及他人的需求，这样反倒无法实现自己的需求。

犹太人认为成功的人际关系在于你有捕捉对方观点的能力；还有，看一件事须兼顾你和对方的不同角度。能设身处地为他人着想，了解别人心里想些什么的人，永远不用担心未来。

在日常生活中，有很多时候我们都是在沟通，无论是工作、学习、恋爱和交友都需要沟通。比较常用的沟通就是交谈，每个人几乎天天使用。但是不同的人说同样的话，达到的效果却各不相同。那么如何才能在交谈中达到较好的效果呢？

那些成功的犹太人告诉我们，当你在和别人说话的时候，需要注意以下几点。

1. 口齿清晰：这个很重要，否则别人不知道你在说什么，说慢点儿也没有关系，但一定要说清楚。

2. 主题明确：有很多人说了半天，东拉西扯，就是没说清楚主题。浪费时间，让人不厌其烦，因此说话前一定要把语言组织一下。

3. 使用眼睛：眼睛的使用非常重要，如果你和好几个人说话，切记不要只看着一个人，或者看着别的什么地方。一定要不停地环视他们，这样他们就能集中注意力，不会分心。

另外，杰出犹太人在别人对他们说话的时候，总是注意做到以下几点。

1. 仔细倾听：成功的倾听需要向对方表达三个要素：你在听、你听懂了和你很关心。如果你能成功地表达这三要素，那么对方将视你为知己。练熟了以后，如果领导找你谈话就非常有用了。

2. 适当反馈：不要光听不说话，适时地说些引导性的话，比如："嗯，是的，接下来，真的，的确……"

英国伦敦有一间犹太人开的美容院，生意兴隆为当地之冠。有人去问店主发达的理由，店主人坦白承认，生意兴隆的原因完全是由于他的美容师在工作时善于和顾客攀谈之故。但怎样使工作人员善于说话呢？便当得很，店主人说：我每月把各种报纸杂志都买了回来，规定各职员在每天早上未开始工作前一定要阅读，当为日常功课一样，那么他们自会获得最新鲜的说话资料，大博顾客的欢心了。倘若你说你不高兴看书报，或者你说你没有看书报的时间，那么请你不必再研究说话的艺术了。连书报都不爱看，都不肯找出时间来看的人，我们不会希望他在任何一项工作中成功的。

有一种苦味的药丸，外面裹着糖衣，使人先感到甜味，容易一口吞下肚子去。于是，药物进入胃肠，药性发生效用，疾病也就好了。这就像犹太人在规劝他人时的做法一样，在未说之前，先来给人家一些赞美，让人先尝一些甜，然后再说上规劝的话，人家也就容易接受了。

某公司的总经理是一位很讲究处世技巧的犹太人，有一天他对公司的一位女打字员说："你今天穿的这套衣服很漂亮，更显出了你的美丽大方。"那位女打字员突然听到了上司对她这样的称誉，受宠若惊。接下来他又说道："可是，我希望你以后打字的时候，对于标点应该要特别注意一些，让你打出的文件像你的人一样迷人。"女打字员不好意思地笑了。这位犹太人对员工的批评的方式很值得我们仿效。试想，如果他爽直地告诉女打字员，叫她对于标点要特别地注意，她心里就要感觉到今天受了上司的责备，这是十分羞愧的。她的心里也许要几天不愉快，她也许要为她自己辩护，说她自己是很小心的，因为原稿上有着错误或是不清楚，所以她不能担负这错误上的全部责任。这一来，总经理的规劝不但失了效，说不定还会惹来一场没趣呢！

善解人意、懂得赞美别人已经成为了成功犹太人的必备美德，他们不仅将这一美德运用到生活中，也运用到了他们的事业中，成为了他们事业成功的一个要素。

第二节　做事要提前预约，守时守信

犹太人的预约观念是丝毫不含糊的，凡串门、看病、购票、住旅馆、谈生意、找工作等公私事宜，都需事先预约预定，得到许可才能前往。这样不仅是对对方的尊重，也提高了效率，充分利用了时间。

曾经有一位美国记者要访问一位犹太企业家，他因约定后没再听到人家通知而不放心，临会见前还打电话去确认，反倒让人家的秘书以为他想改期。他对犹太人对待预约的这种"一言既出，驷马难追"的办事风格颇为赞赏，其实这在犹太人认为是很平常的。

每一个犹太人在幼年时就接受了这种家庭教育，他们认为与人约见时提前预约是对别人的一种尊重。而在我们的生活当中，有许多人就爱当不速之客。度假、请客、访友也不善于事先计划，全凭期限迫近突发奇想。收到别人邀请或预约时，也不及时通告能否赴约，甚至无故缺席。这种不预约、不守约的坏作风，会给所涉及的其他人造成很多麻烦。

曾经发生过几起华人留学生重大伤亡车祸，究其原因，是出游前不作计划预定旅馆，以为随时找住处不是难事。谁知碰上旅游旺季各处旅店客满，只得继续开车赶路。心慌意乱加上连夜驾车的疲劳，难免不出事故。谁会想到不善预约，居然会危及生命安全！

也有人想开派对请客，提前一天才打电话约朋友，还对许多人无法前来很不解："请你吃饭还这么大架子！"其实，大家都很忙碌，不能因为你即兴邀请而改变原有的计划，所以请客也得提前预约。"先来先得"的原则任何时候都有效，这也是辞退活动冲突的正当理由。当然，作为后发邀请或预约者，也应理解并遵守此规则，而别死乞白赖让人家非顺应你这违规者。

做事情提前预约，就能很好地规划计划，合理利用时间，避免许多不必要的麻烦和事故，这也是犹太人能够在许多事业上取得成功的关键因素之一。

既然有预约，就一定要遵守，实在因意外而无法按时赴约，也得提前告知原因并重新约定。一旦答应了人家，却无故不赴约、不回电、事后又不道歉，是非常不礼貌的行为，也容易失去人家的信任。

犹太商人很懂得时间的价值，认为时间也是商品。"勿浪费时间"是犹太生意经的格言之一。他们认为"时间就是金钱"，他们每天工作 8 小时，常以"一分钟多少钱"的概念来工作。一个打字员，如果下班时间到了，即使剩下十几个字就可完成的文件，她也会立即放下工作下班。对于彻底的"时间就是金钱"的犹太人来讲，浪费时间就等于浪费他们的商品，也等于浪费他们的钱。

正因为犹太人把时间视作金钱，他们对时间也是如金钱一样按分按时计算的。他们中当老板的，请员工做事，工薪是按时计算的。犹太人会见客人，十分注意恪守时间，绝不拖延。客人来访，必须要预约时间，否则要吃闭门羹。犹太人对于突然来客是十分讨厌的，如果是做生意，可能会导致失败。

犹太商人的工作时间有个规律，每天早上上班后约第一个小时，称之为"发布命令时间"，他们利用这一小时处理昨日下班后至今天未上班时间送到公司的有关的文件。"现在是发布命令时间"这句话，在犹太人已成了"拒绝会客"的公用语。"发布命令时间"结束后，就转入当天的工作和会见预约的客人。

犹太人把时间看得那么重，是有其道理的。时间是任何一宗交易必不可少的条件，是达到经营目的的前提。与对方签订合同时，要充分估计自己的交货能力，是否能按客方要求的质量、数量和交货期去履行合约。如可以办到，就与其签约，如办不到，切不可妄为。

时间的价值，还显示在赶季节和抢在竞争对手前获取好价格和占领市场等方面。在竞争激烈的市场中，谁能在一个市场上一马当先，以质优款新的产品问世，谁就必能获得较好的经济效益。如电子手表，刚上市时每块售价几十美元乃至几百美元。曾几何时，当许多竞争者推出同类产品时，其价格一落千丈，每块售价只有三十几美元。又如人们日常的必需品蔬菜，在反季节时售价数倍高于盛产季节。为什么会出现如此大的反差呢？这显然是"时间"的价值。

时间的价值还表现在生意的全过程。一个企业的经营效益的高低，是与其经营费用水平的高低息息相关的。根据众多的企业核算，其经营费用中有70％左右是花费在占用资金的利息上。如一个企业一年的营业额为10亿元，其资金年周转率为两次，言下之意，该企业每年占用资金为5亿元。按通常的银行利息为12％（年息）计算，一年共支付利息达6000万元。如果该企业能把握一切时间和进行有效管理，使资金周转达到一年4次，那么，其支付的利息就可节省3000万元，换句话说，该企业就可多盈利3000万元了。除此之外，加快货物购入和销出，加快货款的清收等，都体现出了时间的价值。

犹太商人注重时间的观念，奥秘显而易见了。

犹太人在遵守时间上有个实用小窍门，就是要会使用记事日历。不要以为只有医生或总裁之类才需要预约日历簿，普通犹太人几乎都养成了习惯，将公私事务填写在同一日历上，一目了然，如时间冲突也就立即会发现。无论是简单的纸印日历，还是具有提醒功能的计算机日历簿，都能起到同样作用。犹太家庭从在小学时就开始培养孩子使用日历记事，他们长大后也就习惯成自然。但我们有许多人却缺少此类训练，约好的事情光凭脑子记难免会忘记，迟到、误约也就不足为奇，犹太人认为这实在是与人打交道的大忌。

有的人所从事的工作最需要根据记事日历来安排日程，但却没养成这种习惯，经常让人家事前再提醒一下，不然就会忘记而误事。可是任何会议活动工作进程一旦约定，别人不会再重复提醒，能否遵守时间按期完成全是自己的事，如果经常误约影响工作，不遭解雇才怪呢！犹太人将这看成是一种企业文化，这种企业文化逼着他们的员工学会掌握时间，而一些管理有效的主流机构也会对职工提供有关技能培训。因此在犹太人的企业机构工作过的人，通常也被熏陶出较好的基本素质。

而在我们的身边，至今仍会遇到一些不守时的人，凡事不记录下来却得让别人提醒，甚至提醒后还误约。有不少人习惯于迟到，是怕在那里干等。怎奈人人都怕耽误自己的时间，却更浪费大家的宝贵时间。还有些以贵宾自居者，故意来迟是为了摆架子、显派头，好在别人欢迎中入场。其实迟到的行为，在犹太人看来反而是有失身份的表现。犹太人的文化讲究高效准时，无论公事私事，赴约却不可晚，规定了会议时间也不许超时拖长。

如果所从事的职业经常需要约定顾客（如医生、律师、经纪人、预约美容师等），或者经常要赴会讲课，遵守时间就更为重要。而且不能光考虑自己的时间宝贵，更得替他人着想，才能赢得客户同行的信任，促成自己的生意和职业成功。

杰出的犹太人正是用他们的提前预约、守时守信赢得了事业的成功。

第三节　从别人身上找优点，取长补短

杰出的犹太人很注重全面而平衡的发展，他们认为单一方面特别

"长"却缺乏多种综合能力者，也很难取得成功。因此，不断取长补短，使自己具备多面技能，是他们毕生的修炼任务。

犹太人认为，如果只注重向自己的长项深造，打造专长，却容易忽视真正的兴趣和平衡发展。这虽会使自己的长项更突出，却越显其短项之脆弱。

光是学习成绩优秀还不能保证将来的成功，在犹太家庭中，他们不会让成绩已经不错的学生再花精力和学费去课外补习，反而鼓励他们跳出书本多参与其他活动，掌握一些自己缺乏却非常实用的人生技能。他们很信奉"木桶原理"，即：用同样多的木板条做木桶，只有所有板条长度相同时，其盛水容积才最大；如果板条有长短，不管长的多长，水只能装到最短的板条处。以此原理来衡量人，其平均能力只能与最弱点看齐。

记住这"木桶原理"，就会懂得"截长补短"的必要。但这并不意味着不该有专长，而是说除专长之外，还要比较均衡地具备其他方面的能力。比如科技人员光善于作研究还不够，也应具有人际交流技能。对于犹太民族这样地经常移居各地的民族来说，掌握多种语言和了解各国主流文化尤为必要。犹太民族是一个有很强适应能力的民族，大多数犹太人也知道如何取长补短，而这正是犹太民族在世界经济大潮中迅速发展的法宝之一。

在与别人的交往中，聪明的犹太人很容易从别人的身上看到优点，从而取长补短。

犹太人认为只要具有一般的普通常识，那么即使不能有各种专长的学问，也足够应付各式人了。因为纵使自己不能应付自如，自己总会提问，问话可使对方开口。假定自己的对手是医生，自己对于医学虽然完全是门外汉，却可以用间接的方法来打开这局面，从霍乱的症状谈到生冷食品，谈到维生素，谈到补品等等，只要自己不讨厌，可一直逗他谈下去；遇到教师则问他学校的情形，学生的素质和倾向。总之，犹太人认为，问话是一个打开对方话匣的最好方法。

他们认为问话最需要注意的是：要问对方所知道的问题，问对方所最内行的问题。如果不能确定对方能否有充分力量答出，那么还是以不问为佳。

有些问题，如果得不到圆满的答复时，是可以继续问下去的，但有些是不宜再问的。

曾经有一位成功的犹太商人说过："倘若我不能在任何一个人那里学到一点儿东西，那就是我处世的失败。"这话可发人深省，因为虚怀若谷的人，往往是受人欢迎的。问话不仅打开了谈话的局面，而且可以由此增益学问。

另外，问话也是表示虚心、表示谦逊，同时也表示尊重对方的意思。"替我把信寄了吧？"就永远不如"是否能帮我寄了那封信？"较来得使人听了舒服。对于一件事情不明白，就不妨请教别人，自作聪明是最吃亏的。一个坦白求教于人的问题，最能博取别人的欢心。可是怎样问呢？这个问题也值得研究。问话的方法多种多样，收效自有高低的分别。高明的问法使人心中喜悦，而愚蠢的问话则只有引起对方失笑甚至反感。

在香港的一般茶室，因为有些客人在喝可可时会放个鸡蛋，所以侍者在客人要可可时必问一句："要不要鸡蛋呢？"有一位犹太商人到香港考察投资，到一家茶室里去研究如何发展营业时，关于问鸡蛋一事，他就说，如果是自己店的侍者就绝对不会问"要不要加鸡蛋？"而是要问"要一个还是两个鸡蛋？"这样的问法，多做一个鸡蛋的生意是绝对有把握的。

说到在交际场合所用的普通问话，最要紧的也是语气温和、态度谦恭。不可自己先存有成见，与其问"你很讨厌他吗？"或"你很喜欢他吗？"不如问"你对他的印象怎样？"但有些却不妨先装成有成见。对一个看来有四十岁的人问："你今年总有三十岁了吧？"是比问"你今年尊庚？"要好得多的。

犹太人正是因为在社会与职场上能够发现别人长处并学习，也能较快地提高水平，才获得了上司和同事的青睐，并尽快地融入主流社会的。

第四节 做事情能够直率坦诚

杰出的犹太人都是很直率的，也反映出犹太人的文化背景对他们性格的熏陶。他们认为在生活工作中，只有坦率直爽，做事才会直接明了，才不会吃亏。

成功的犹太商人都要求自己的员工在工作中有建议、创意或不同意见，都应及时向上司和同事们表述，而不要指望上司和同事们会揣摩出员工的想法。如果有困难需要帮助，也应及时提出，不然自己受累，完不成任务照样会挨批。

在生活中的喜怒哀乐，犹太人也会主动向亲人朋友或专业人士倾诉，以使自己得以解脱，这样很容易得到理解与帮助。善于抒发内心压力的坦率者，心理承受能力也会很强。"忍辱负重"不是犹太人的文化。

有位犹太人在当实习医生时，其老板曾对她盛气凌人。她主动向该主治医生讲出自己的感受，此后这位主治医生改变了态度，彼此间建立了互相尊重的健康工作关系。其实许多时候不能很好相处的原因只是个性差异或缺乏沟通，如果及时公开表达出来，往往可以化解前嫌。犹太人不会打击报复或背地里给你穿小鞋，他们只会坦率直爽地说出自己的感受。

犹太人认为坦率直爽的另一方面，是需要学会说"不"。他们遇到勉为其难的事、无法排开的时间、不合理的要求等，就会拒绝，而不会有求必应。反之，若被别人拒绝，也会理解对方的难处。这样双方才不至于违心行事或弄得不痛快又得罪人，并可以协商其他取代办法，做到两相如愿。

犹太人从孩提时代就被教导为人要直率坦诚的处世之道，在这种教育和自由民主环境中成长的犹太人，也就养成了直率坦诚的作风。但犹太人的直言不讳却不是鲁莽粗暴，更不会蛮横无理。犹太人尤其讲究说话的艺术和态度，哪怕相互之间语言不通，他们也会做到表情和悦、语调委婉、礼貌待人，而且会常用正面鼓励语和褒义词。

对于思想文化观念而言，求同存异更为必要。犹太民族是个言论自由的民族，犹太人又喜欢开诚布公，任何看法都要说出来或与人辩论，但并不以说服别人或被别人说服为目的。

犹太人中也不乏爱讲善辩之士，但他们的辩论只是希望尽量公布自己的想法，并不想将其观点强加于人。只要抒发了自己胸中的感慨，他们就得到了满足。对于不同观念，他们虽不轻易苟同，却也不忘赞扬对方敢于发表意见。无论是文化、习俗还是政治、宗教，谈归谈，听归听，他们绝对不会非让别人服从自己的观点。

犹太人认为求同存异的原则同样适用于亲友往来，更有助于扩大社交圈。他们认为要做到求同存异，"尊重"是基础，还需要有耐心，能包涵，心胸开阔。这样在说明自己的观点时既表达得舒畅，又能从他人不同的见解中不断学习新的东西。

第五节　从不轻易和别人攀比

犹太人鼓励孩子争取好成绩，但他们强调的是"充实自我"、"尽力而为"。在他们的价值观中，则根本没有"面子"概念，更不理解为顾情面而妥协，或为争面子、争气而攀比的心态。"总拿自己与别人相比不好！"是犹太人的一条基本教诲。

犹太人很注重培养个人的自我意识，不管别人怎么看，自己尽力了就是赢家。连在竞争性很强的体育比赛中，也不能仅以输赢论英雄。在这种环境中成长的犹太人，更具有自信心，敢于迎接挑战。他们认为若太顾及名次和他人的看法了，反倒会压抑人的能力与天性。

记得一位获得冬季奥运会金牌的俄国选手曾说，以前老想与别人争名次，倒因压力而影响成绩；经过一位犹太人教练指导，他明白了应首先战胜自己，反而放得开了，发挥得特别好。

犹太人在职场、商场做事创业，也不会老跟他人比。犹太人对于职场的评估是根据每个人的自我表现，不兴"矮子里面拔将军"。在犹太人创办的企业中想成功得凭真本事，并不靠比较家世背景或有否骄人的学历。

成功的犹太人总结出想去除攀比心要有个基本出发点："个人的言行是对自己负责，而不是要与别人比或秀给别人看。"例如，当犹太人的股票遭受损失时，他们会认为很平常；当资历水平不如别人或自己的同事被提拔为上司，他们也不会怨天尤人；失去了高薪职业，也能够接受薪资低得多的新职；拿了高学位却找不到称心工作，也能泰然任职于普通岗位；住过了大房豪宅，搬入小屋也能住得惯；曾经有过名声显赫的时期，退休之后也能承受冷落；优等生得了不及格或没进入向往的名校而名落孙山，学生和家长也都不会觉得丢面子，等等……

犹太民族在历史上是一个多灾多难的民族，能够经历了无数次的考验仍能生生不息的原因，也就是他们善于坦然面对人生的起伏。他们并不以身份、职业高低、贫富来划分人的等级。职场中的上下调度，经济局势的朝起暮落，更不足为奇。犹太人注重从童年时期就锻炼能上能下、居安思危的逆境应变力。

第六节　善用资源，借助别人的力量

犹太人的成功守则中，都有一条"善用资源"。因此犹太人的孩子们从小就在遵循此原则，长大后也就善于发掘和利用社会和他人的资源。犹太人不主张把学生关在屋里冥思苦想或只听老师的话，而是鼓励他们去图书馆及其他机构寻找材料，或通过社会实践向人们学习，现在的计算机网络更是方便的资源库。他们认为被动地接受知识，不如主动地去寻求知识。

犹太人强调"善用资源"，一是指擅长找到公共资源渠道；再就是懂得如何合法利用资源，而不是以侵权、剽窃、盗版等非法手段巧取豪夺别人的成果。

他们认为不会善于利用现有的公开社会资源和吸取前人的经验教训，而非要费劲巴力地万事从头开始，重复做许多别人已经做过的事情的人，则是那种在浪费资源的人，这样的人是不会成为一个成功者的。成功的犹太人都是会利用公共资源为己所用的高手。

许多地方的经费、场地、物质、专业人才等资源是非常丰富的。而许多人因为不知道怎样引起资源提供者的注意，或是因为不知道去哪里找主流资源，而丧失了许多宝贵的机会。

许多成功的犹太商人寻找资源的一条快捷方式，是与声誉良好、历史较久的大型主流机构合作，利用其名望、人才及与主流社会打交道的经验，分包其下的具体服务项目或开展联合活动，就可分享经费等资源为自己服务，也有利于扩大自己在主流社会的知名度。

在从事本职工作任务时，犹太人也很注意先探究一下现成的资源，避免做别人已经做过的工作，以提高效率。在日常生活中，他们更懂得利用现有资源。

一个人能竭尽自己的能力去完成一项事业，这是难能可贵的，亦必须要那样去奋斗。如果一个人没有自己的奋斗目标，又不肯付出自己的力量去实施自己的计划，这个人很难事业有成。但是，光靠个人或一个团体，仅靠自己的力量是不足的，特别是在当今社会科学技术高度发达的情况下，门类很多，社会分工精细，一个人或一个团体所掌握的科学技术知识是极有限的，在某些科学技术乃至具体工作环节上，哪怕是最杰出的人物或团体，亦不可能独自完成，必须要借助别人的力量才能攻克。更为值得注意的，人的智慧力量是无穷无尽的，尽人之力远不如尽人之智，所以成功的犹太人都很懂得借助他人的力量达到自己的目的。

"好风凭借力，送我上青云。"一个人或一个团体，凡是善于借助别人力量的，均可事半功倍，更容易、更快捷地达到成功的目的。犹太人不论是在商界还是科技界的成功者都很众多，普遍都具有善于借助别人之力的本领。如美国前国务卿基辛格，且不说其在外交工作上的政治手腕，就说他在处理白宫内的事务工作中，就是一位典型的巧于借用别人力量和智慧的能手。他有一个惯例，凡是下级呈报来的工作方案或议案，他先不看，压它三几天后，把提出方案或议案的人叫来，问他："这是你最成熟的方案（议案）吗？"对方思考一下，一般不敢肯定是最成熟的，只好答说："也许还有不足之处。"基辛格即会叫他拿回去再思考和修改得完善些。

过了一些时间后，提案者再次送来修改过的方案（议案），此时基辛格把它看阅了，然后问对方："这是你最好的方案吗？还有没有别的比这方案更好的办法？"这又使提案者陷入更深层次的思考，把方案拿回去再研究。就是这样反复让别人深入思考研究，用尽最佳的智慧达到自己所需要的目的，这不愧为犹太人基辛格的一手高招，这也反映出犹太人的一种成功的诀窍。

犹太人密歇尔·福里布尔经营的大陆谷物总公司，能够从一间小食品店发展成为一家世界最大的谷物交易跨国企业，主要因其善于借助先进的通信科技和善于借助大批懂技术、懂经营的高级人才。他不惜成本不断采用世界最先进的通信设备，宁肯付出极高的报酬聘请有真才实学的经营管理人才到公司工作。这样，使其公司信息灵通，操作技巧精通，竞争能力总是胜人一筹。他虽然付出了很大代价取得这些优势，但他借助这些力量和智慧赚回的钱远比他支出的大得多，可谓"吃小亏，占大便宜"。

杠杆原理便是人类"借"力的一种发明，其后又发现了滑车的原理。随着时代的前进，人们知道把大小不同的滑车加以组合，就可以用更小的力量举起更重的物体。今天，只要一个人坐在起重机的座垫上，就可以操动几十万斤的钢架、货柜。人类依靠头脑的作用，使人的力量发挥出最大的限度。

在人类的一切活动中，任何一项成功的事业，都是运用了滑车的原理，借助别的力量使自己的能力发挥到最大效果的。所有大企业都有一个共同特长，就是有一种识人的眼光，能够抓住别人的优点，把每一个员工的位置都分配得十分恰当，使每个员工的力量和智慧能淋漓尽致地发挥出来。美国钢铁大王曾预先写下这样的墓志："睡在这里的是善于访求比他更聪明者的人。"的确，他能够从一个铁道工人变成一个钢铁大王，是他能够发掘许多优秀人才为他工作，使他的工作效率增值了成千上万倍的结果。

在科学技术和文化艺术领域也一样，凡是获得成功的犹太人都有一套善于"借"的本领，牛顿曾说："如果说我能看的更远一些，那是因为我站在巨人的肩上。"犹太人有那么多的学者能获得诺贝尔奖金，有那么多科学家创造出世界级的发明，都是从前人创造的基础上升华的。如物理学家布洛赫，他能够在原子核磁场方面取得了前人未有的成就，是与他得到著名物理学家、量子学奠基人海森堡的指导和影响分不开的。

总而言之，犹太人懂得任何事业都不能一步登天，但"登天"的办法却是多种多样的，办法得当，则可快捷省劲儿。善"借"力量，则是一种快捷省劲儿的诀窍。

只要是犹太人，哪怕身无分文来到异国他乡，只要当地有犹太组织，只要找到他们，吃饭、住宿问题就立刻会得到解决。当然，犹太组织不是永远提供免费吃喝，再多的钱也支撑不起，也不符合犹太人精于理财的传统。犹太人的精明之处在于，他们很快就会找到一个愿意帮助落难者的犹太商人。该商人怎么帮助自己的同胞呢？他的方法很妙，假如这是一个鞋商，他就对落难的同胞说："我这鞋店目前只在西边发展，这座城市的东面还没一家分店，你就到东面去开分店吧。我借钱给你去租店铺，货我也先提供给你，等你卖掉了鞋，赚到了钱再连本带利还给我。你站住脚了（这应该没问题，我会帮你站住脚），我就是你的长期供货商。"

这种帮助人的方法是精明的，既帮助了别人，又借助别人的力量发展了自己的事业。也只有犹太人能将它作为一个传统，长期坚持不懈。一鸡三吃，是犹太民族的基本技能，即想办法既帮助了同胞，又帮助了自己。这样犹太人就不但帮助了落难者自立，同时又扩张了自己的生意。正因为这种帮助人的方法对提供帮助者本身是有利的，因此这种慈善行为才能长期持久地延续下来。

如果你想成为一名成功人士，那就不妨向聪明的犹太人学习一下如何善用资源，借助他人的力量吧。

第七节　永远微笑，保持平和心态

成功的犹太人认为，要想获得成功首先要学会微笑，只有时时微笑的人才是心态平和的人。而保持平和的心态，正是犹太人获得成功的关键因素之一。

成功的犹太人，在做事情之前，总会先考虑别人的利益，等别人获得了利益之后，再谋求自己的利益。当自己的利益没有得到时，他们也会微笑面对，保持平和的心态。

在交往中也是一样，时时的微笑，就可以使对方感受到你的真诚，也就会获得对方的真诚。

与犹太人打交道，你会发现他们总是呈现一副笑脸，不管生意是否做成，甚至为合约而发生不同意见，他们总会以笑脸说出其否定的态度。有时双方不欢而散，犹太人还是会向对方说声"再见"。要是第二天他再遇上你，他仿佛没有过不高兴那回事儿，仍以微笑脸孔问候你"早上好"。

这种良好的心态是人际交往中的一种有效的溶合剂，很容易把对方吸引住。在商务活动中，实践证明这是一种促销手段。因为人是群体动物，人与人的关系是否和睦相处，对事业影响很大。犹太人领会这一道理，放弃与人争强好胜的心态，获得了与人和睦相处的好处，成为他们成功事业和发财致富的一种技巧。

犹太人认为，在一个人的一生中，每天都在做着推销的工作。这种推销是指推销自己的创意、计划、精力、服务、智慧和时间，如能妥善地"推销自己"，一定可以出人头地，获取奋斗目标的实现。相反，那些人生事业失败者，十有八九是本人不善于"推销自己"，而不是本身的能力问题。

所谓善于"推销自己"，是指与人和睦相处的能力。根据心理学家的研究，认为人类的内心都有被人注目、受人重视、被人容纳的愿望。不管是欧洲人、美洲人、亚洲人、大洋洲或非洲人，只要是人类，都有这种愿望。犹太人根据这种共同规律，在一切生活中，包括在做生意的一切过程中，注意关注其周围的各种人，让他们看得出他们关心着自己，容纳自己，从这个梯阶开始，通向成功的目标。

犹太人总结过别人的经验：有人有一个很好的创意建议，他得意扬扬地向上司提出来，结果受到上司的冷淡反应；有人向同事直截了当地作过有益的规劝，结果对方反觉不悦。为什么会好事、好心得不到好的结果呢？因为有自尊、独立愿望在支配着那上司和同事，你直截了当地对他讲，他会认为你有比别人高明的想法，他（她）会感觉自尊受到伤害。

假若你的创意或好建议能改用别的和顺办法表达，那么对方的自尊感得到尊重，好的效果自然可以达到了。犹太人本着这种和顺办法，运用了三条法则。

1. 把自己的创意或建议变成对方的。即把你的创意或建议变成钓饵，引对方会自然地上钩。如，你想让对方接受你的意见，以"你这样想过吗"的说法，要比"我是这样想的"更能打动对方，"试一试看看如何"

的说法比"我们非这样做不可"更能获得对方的赞同。这就是让对方觉得你的意思就是他的本意，他的自尊得到接纳，那么你的创意或建议就容易被采纳。

2. 让对方说出你的意思。"面子"不单是东方人的问题，西方人也很讲究，所以提意见要注意这个问题。如果你的意见毫不讲究地给对方提出来，出于面子问题，对方往往会本能地反应不予接纳。相反，你采用和顺婉转的方式提出来，对方可能就能接受。如果你以冷静而温和的方式提出你的意见，然后说"虽作如是想，但可能有许多不当之处，不知你对这方面考虑的意见怎样"。这么一说，对方可能会完全接纳你的意见，并可能会说"我也这样考虑的，请你不必有多余的顾虑"。

3. 以征求意见代替主张。根据心理学家的反复调查研究结果，一个人向对方表达同样的意见，如果以正面而断然的方式说出，较容易激起对方的逆反情感；如果以询问的方式向对方提出主张的话，对方会以为是自己的意思，不自觉地欣然接受了。可见，方式方法的不同，同样的意见会产生截然不同的效果。

犹太人处世之道，是根据人类内心深处所潜藏的欲望予以利用的。他们认为，人类的内心都有被人注目、受人重视、被人容纳的愿望。所以，与人相处，一定要记住这一点。不管是对你的长官、同事、下属或顾客、朋友及家人，要做到让他们知道你在关心他们的一切愿望。要实现这一目的的办法，是用善意的、亲切的、温和的态度与人交往。那么，对方也会以此相报，这岂不是达到了和谐相处吗？有了和睦相处的环境和气氛，你我之间就好商量和合作，做生意的条件也容易达成，这就是和气生财的道理所在。

成功的犹太人还认为，不能与人和睦相处，不能容纳别人的缺点和短处，是一个人乃至一个企业失败的根源。你以蔑视无情的态度对人，即使对方不是与你针锋相对，亦会对你敬而远之。这样，你会失去支持者或合作者，失去广大的顾客，你的生意便会成为无源之水了。

第八节　适时满足别人的需要

聪明的犹太人知道究竟该在何种情况下适时地接受别人的帮助，好让别人有一种施惠于人的满足欲和成就感。这种行为通常比鲁莽地帮助别人更能赢得他们的心。

一位著名犹太人广告商，有一段时间忽然发觉他的一位老朋友跟他的关系在渐渐疏远，简直就快要背叛他了，他立刻去着手改变这种状况。考虑到自己的这位朋友是位工程师，广告商便诚恳地请他对自己新建的房子发表一点意见，并请他担任新房水管系统的设计总监。

这位工程师爽快地接受了这一邀请，对这一工程提出了许多切实可行的意见，并以广告商出乎意料的热情投入了工作，很快就拿出了设计好的图纸。从那一天起，他们俩的老交情又恢复到了往日的状态。

某经营皮货的犹太商人，由于工作的需要，他必须和一位与自己曾有过节的猎户打交道。思前想后，他巧妙地寻找到了一个机会，在这个猎户家里住了一晚就顺利地赢取了对方的好感。

大千世界，无奇不有，人当然也分为各种各样。但因为上述这种策略是植根于人性的一种普遍需求，所以，它差不多适用于一切人。犹太人认为无论是对待上司还是下属、对待陌生人还是亲戚、对待那些满意自己的人还是那些对自己不满的人，它都不啻为一剂灵丹妙药。

不过，聪明的犹太人在使用这种策略时，还会注意一点，那就是每一个具体的人身上与众不同的地方，也就是一个人身上所特有的嗜好和习惯。因为，对他们来说，最乐意给别人的往往就是那种触及到他们个人特殊兴趣的小恩小惠。当我们向他们所求取的东西恰好碰上了他们自己最为得意的方面时，他们不但会很乐意地赐予，而且还能使他们很愉快地对自己有所注意，迅速获得他们的好感。

如果再仔细研究一下那些成功犹太人的典范，我们就会发现，他们之所以常常能在运用这种乞取小惠的策略时取得成功，很大的一部分原因还在于他们的诚恳——正是这种态度使别人很容易对使用这种方法的人产生深切而真实的好感。如果一个人在使用这种方法时表现得很冷淡，那么，这很容易让别人觉得他是想用这种方法来骗取别人的好感，从而弄巧成拙。所以，只有当别人感觉到是发自内心地需要他的友谊和帮助的时候，这一策略才会成为使别人对自己产生好感的妙策。

成功犹太人给出了我们一生应谨记的人生经验。

1. 帮助他人维持其"自尊心"，这是使别人满意的最佳策略。实行这种策略有许多简易的方法，其中之一便是：在既能使别人感到高兴，但又并不需要很麻烦别人的情况下，主动请求别人的帮助。

2. 心理学家威廉·詹姆斯指出："渴望得到赏识是人最基本的天性。"一位成功的犹太企业家说："促使人们自身能力发展到极限的最好方法，就是赞赏和鼓励……"既然渴望得到别人的赞美是人的一种普遍天性，生活中的我们的确都应该学习或掌握这方面的生活智慧。我们都应该明白，恰当的颂扬和赞美可以抬高别人的自尊，并能以此来获得他们的友善和合作。

3. 就算是别人犯了错，而我们是正确的，如果没有为别人保留面子，也可能会让事情演化得更加糟糕。

给他人留一个面子！这是一个何等重要的问题！每个人都有自尊，都希望别人凡事都能顾及到自己的面子！然而却很少有人会真正用心地考虑这个问题。他们总喜欢摆着臭架子、自以为是、挑剔、威胁甚至当面指责雇员、妻子或孩子，而没有多考虑几分钟、讲几句关心的话、设身处地为他人想一下。如果不这样的话，就可避免许多难堪、尴尬的场面了。

有一家犹太电器公司遇到一项需要慎重处理的问题——公司不知该如何安排一位部门主管的新职务。这位主管原先在电器部是个一级技术天才，但后来调到统计部当主管后，工作业绩却不见起色，原来他并不胜任这项工作。公司领导感到十分为难，毕竟他是一个不可多得的人才，何况他的性格还十分敏感。如果激怒惹恼了他，不出什么乱子才怪！经过再三考虑和协调后，公司领导给他安排了一个新职位：公司咨询工程师，工作级别仍与原来一样，只是另换他人去接手他现在的那个部门。

对此安排这位主管自然很满意。公司当然也很喜欢，因为他们终于把这位脾性暴躁的大牌明星职员成功调遣，而且没有引起什么风暴，因为公司为他保留了面子。

实际上，就算是别人犯过错，而我们是正确的，如果没有为别人保留面子，也会毁了一个人。某位成功犹太人说过："我没有权利去做贬抑任何一个人自尊的事情。伤害他人的自尊不啻为一种罪过。"

那些成功的犹太人会遵循这个重要的规则。他们拥有调解激烈争执的非凡能力。他们会小心翼翼地找出双方正确的地方，并对此加以赞扬，并积极地强调。他们有一个很坚定的调解原则，那就是他们从不指出任何人做错了什么事情。

第九节　善于享用权利，乐于履行义务

探讨犹太人的文化，可以发现犹太人是一个追求权利、义务相统一的民族。

在权利和义务之间，是没有什么"本位"之争的，如同男人与女人之间无须争论何为"本位"一样。因为权利和义务是一个铜币的两面，多一份权利就相应多了一份义务，多一份义务就相应多了一份权利，因此权利与义务在总量上是对等的。存在"本位"之争的应是权利和权力之间的关系，这是另外一个话题。

犹太人十分看重自己的权利，简直到了锱铢必较的地步。有这样一个故事：一个旅行者的汽车在一个偏僻的小村庄抛了锚，他自己修不好，有村民建议旅行者找村里的白铁匠看看。白铁匠是个犹太人，他打开发动机护盖，朝里看一眼，用小榔头朝发动机敲了几下——汽车开动了！"共30元。"白铁匠不动声色地说。"仅仅敲几下就这么贵！"旅行者惊讶至极。"敲几下，只要1元；但是知道敲哪儿，需要29元，合计30元。"由此可见犹太人的权利意识之浓厚。在长期的商场磨炼中，犹太人精于计算，锱铢必较，他们不像大多数东方人一样，羞于"斤斤计较"。他们认为，该攫取的利润绝不应放手。他们既要计较得清，又能迅速地计算出结果。把两者结合起来，是犹太人的过人之处，也是他们善于做生意的诀窍之一。

犹太人珍惜权利，同样看重义务。《犹太法典》说："原以为一定会有人带蜡烛进去，可是一走进房间里，发觉整个房间都是黑漆漆的，没有半个人拿着蜡烛。其实只要每个人都拿一根小蜡烛进去，这个房间就会像白天那般地明亮。"因此，犹太教是坚决反对犹太人放弃自己的责任、义务的。古代的拉比们说过："好事可以分享，自己的责任一定要自己负。"因为不管是把事情推给别人，还是归咎于环境，自己的责任仍然存在而无法消失，所以犹太人从不把义务推给别人。他们认为放弃自己的责任是上帝不能宽恕的事情，人永远无法逃避责任。自瞒自欺易，但欺人欺世不易。因此，自己的责任一定要自己负。

有一个犹太人，接到美国芝加哥一个公司2万个玩具的订货单，双方商定的交货日期是7月1日。这个商人必须在6月1日从本港运出货物，才能在7月1日如期交货。但由于碰上意外的事故，商人没能在6月1日赶制出2万个玩具。这位犹太商人陷入困境，但他丝毫没有想到要给对方写封情真意切的信，请求延期交货并表示歉意。因为这本身就是违背契约的，不符合犹太商法，并且也是逃避责任的做法。结果，这位犹太商人花巨资租用飞机送货，2万个玩具如期交货了，这位犹太商人损失了1万元。

犹太人认为，灵魂的纯正是最大的美德，人的灵魂变肮脏了，人也就完蛋了。所以，犹太人虽无止境地追求财富，但他们认为，应靠头脑和双手光明正大地获得财富。在他们心中，贪占不义之财就会受到神的惩罚。《犹太法典》有这样一个故事：有位拉比以砍柴为生，经常把砍好的木柴从山上运往城里卖。为了缩短往返的路程，以便节省时间用来研读《犹太法典》，拉比决定购买一头驴子帮忙驮货。于是，拉比向城里的阿拉伯人买了一头驴子。有了驴子之后，拉比便可加快行程往返于村子和城镇之间，弟子为此感到高兴，帮忙用河水来洗刷驴身。就在此刻，驴子的颈项间突然掉落一颗钻石。弟子们庆幸地说，这下子拉比可以脱离贫苦的砍柴生活，拥有更多时间来教导我们了。可是，拉比却命令弟子立即返回城里，将钻石归还于阿拉伯商人。他告诉弟子："我买了驴子，但是不曾买过钻石。我只取自己应得之物，这才是正当的行为。"他还告诉那位阿拉伯商人："根据犹太人传统，我们只能获取所买之物。钻石并非我所购买的东西，因此特地送来归还给你。"

善于享用权利，乐于履行义务，这是犹太人的文化性格，是犹太人得以和睦相处的重要原因。

第十节　宽容待人，64分合格

我们在学校里计算成绩的标准是：100分为满分，80分以上为优，70~79分为良，60~69分为可，60分为及格，59分以下为不及格。犹太人则以64分为及格。

其理由就是他们视作生活法则的"78：22法则"，它是犹太人成功致富的根本。所谓"78：22法则"，严格地说，应是"78.5：21.5"，由于小数赘口，故称作"78：22"。这个比数很有哲理，它是以一个正方形的内切圆关系计算出来的。假设一个正方形面积是100，那么，它的内切圆面积就是 78.5，剩下的面积即 21.5。以整数计算表达，便是 78：22。

说来也巧，空气中的气体比例中，氮气占 78％，而氧气占 22％。人体的比重中，也是由 78％的水及 22％的其他物质所构成的。这个 78：22 的数据，成为人力不可抗拒的宇宙大自然的法则，人类不能违背这种法则而生存发展。试想，如果空气中氮气占 22％，氧气倒过来占 78％，人类能在这样的空气中生存下去吗？又如，若把人体的水分降至占 60％，那定然会干枯而死。因此，犹太人认定"78：22"是个永恒的法则，没有互让的余地。

犹太人对生活机械地要求为 100 分，对人的要求则只有 64 分。他们允许人犯错误，改正错误。

他们认为宽容了别人，等于善待了自己。它能使自己的生活变得轻松，快乐。经历过风和雨，才能领悟到人生的苦和乐、爱与恨，才知道人生中应该忘记什么，记忆什么，放弃什么，学会什么，那样才是举重若轻。最该忘记的是你曾帮助的人，你最应该原谅的是曾经伤害过你的人，最该放弃的是功过事非、名利得失，最需要学会的便是宽容别人。

犹太教诲中有这样两句话："世上没有不生杂草的花园"、"月亮的脸上也是有雀斑的。"

犹太人与犹太人之间在商业的往来上，也会发生争执，此时便找犹太教的牧师来裁判。他们对牧师的裁判，无论公平不公平，都是绝对服从的。万一有谁敢不服从犹太教牧师的裁判，那么他就会被犹太社会所摈弃。

他们对犹太教牧师是如此地遵从，按理说牧师本人如果犯了罪，那么应该是不会被犹太人所原谅的，事实上恰恰相反。他们认为："牧师也是人，是人都难免会做错事。"说到底，人非圣贤，孰能无过；金无足赤，人无完人。

成功的犹太人认为学会宽容是处世的需要，是成就事业的需要。世间并无绝对的好坏，而且往往正邪善恶交错，所以立身处世有时也要有清浊并容的雅量。眼里揉不得沙子，锱铢必较，为血气之争搞得跟卖面粉的遇见卖石灰的一样谁也见不得谁，不仅尴尬，还招致仇怨，实不值得。

贝特福特是帮助洛克菲勒创建标准石油公司的得力助手之一。有一次，他因为过度扩张而遭遇到了失败，给洛克菲勒的事业带来了挫折。他这样回忆道："一天下午，我刚离开百老汇路27号，发现洛克菲勒和普拉特两位先生就在我后面不远。但是，我没敢停下脚步跟他们打招呼，因为我不愿意再触及自己的伤疤。但是他们叫住了我。洛克菲勒先生在我背上轻轻地拍了一下，诚恳地对我说：'好极了，贝特福特，我们刚刚才听人说起你在南美的事业。'我以为他一定是要责备我了。因为担心他听到了一些不准确的闲言碎语，我赶忙接着说：'这一次确实损失惨重，即使不惜一切代价，我们也只能收回60％的投资。'然而，洛克菲勒接下来的话令他惊诧不已：'你已经是难能可贵了，我们并不见得能干得比你好。全靠你处置有方，才替我们创造了这么好的成绩。'"

这就是犹太人洛克菲勒的宽容之道，在一个本来应该责备别人的场合，他一反常情，替人家找出一些值得称颂的地方。

一位著名犹太作家说过："一个人善待自己的最好办法是善待别人，善待别人的最好办法是宽容别人。"然而，在我们身边时常会看到街上行人，或朋友，或近邻等为芝麻大小的事争吵不休，以致大打出手，令人暗自叹息。难道人与人之间的情义就如此脆弱，人与人之间的恩怨竟有如此难容的芥蒂？

犹太人时时都会铭记，高尚者的心灵世界比大海更深沉，比天空更广阔。所以，他们在家庭或团体中，更要互相和睦相处，时刻存有宽容之心，因而他们的工作、生活才能顺利进行，事业才能取得成功。

第十一节　注重礼仪，在社交中游刃有余

　　成功的犹太人在社交和旅游、娱乐休闲等公共场合，十分注意礼仪风度和各项礼节，他们非常注意这些细节，以免发生尴尬、不愉快之事。

　　欧美国家的人都喜欢举行各种宴会（party），宴会形式有餐会、野餐。在参加宴会时，犹太人都会穿着整洁大方。收到邀请卡，也会尽速回复参加与否，绝不会弃置不管。犹太人很重视时间观念，答应参加赴约的宴会都会准时赴宴；有事耽误，也会事先告知主人，以免失礼。他们在用餐时绝不会狼吞虎咽，更忌讳打嗝，犹太人认为这是很不礼貌的行为。会后则会寄出谢卡或以电话向主人表示谢意，并感谢其安排如此一场愉快的宴会。

　　在赴宴时犹太人必会遵从以下原则。

　　首先要注意衣着整洁。纽扣一定要扣好，手要清洁，指甲要剪短，胡须应修剪好。和人交谈，要端庄和蔼，彬彬有礼。双方不可靠得太近，谈话声音不可太高；坐时忌跷"二郎腿"，更不能抖腿部；谈话要专注，忌在大庭广众面前耳语。初次交谈切忌打听对方的收入、家产、年龄和婚姻；异性之间交谈时眼睛不能老是盯着对方；在路上与妇女交谈应当边走边谈，不能停下站着说话；与妇女同座时不要吸烟；同相识的妇女打招呼，男士应起立，女士可以坐着回答。到人家家里做客，要先脱帽而后入室。雨天走访，雨具应放在室外，不可穿雨衣入室。夫妻同到人家做客，告别时应当由妻子先起身告辞。

　　出行坐车，要让客人坐在驾驶座旁边的位置上，以此为上座。走在街上不可东张西望、左顾右盼，不可乱扔东西与随地吐痰。到餐馆就餐，如果与别人同桌，须征得先到客人的同意后方可入座，否则，会被视为粗

鲁。男女同行，男士应走在外侧，即靠车行道一边，使女士多一分安全感；开始行走时，应让女士先行。出入商店等公共场所，男士应该为女士开门；年轻人应该为老年人开门。乘车坐船，男士应向女士让座；男女同座，不要旁若无人地大声喧哗。

犹太人大多非常博学，知识领域非常广，堪称"杂学博士"。因此，犹太人在用餐时，谈话的内容非常丰富，从家常谈话，到娱乐、艺术、各地名胜古迹、动物、植物等，将天下大小趣闻趣事都纳入谈论之列。但是会影响到用餐时愉快气氛的话题绝对不谈，例如有关政治及有关战争、宗教迫害的话题绝口不谈，因为这些话题往往会勾起犹太民族被迫害的痛苦回忆，而且又往往因为各人的看法不一致容易引起争议，如此便破坏了其乐融融的用餐气氛，另外猥亵的话题也是避而不谈的，这些都是为了在用餐时可以充分地享受人生的乐趣。

他们在吃饭时务必要尽量放松心情，慢慢地吃，悠哉游哉地谈些轻松愉快的事情，一切恼人的问题都暂时置诸脑后。

第十二节　舍得付出才有回报

在众多犹太巨商的成功历程中，他们都有一个共同举措，即在发财致富中，注重解囊做各种善事和公益事业。

哈同是位犹太人，1873 年来到我国上海谋生，先在老沙逊洋行看门，以后逐步奋斗成为高级职员——大班，后来自己开设哈同洋行。他在上海 60 年的经营活动中，从事过放高利贷、买卖土地及房产等，成为大富豪。发财致富后的哈同，曾不惜捐出巨资创办上海的仓圣明智大学暨附属中学、小学和女校，成立广仓学府，刊印"学术丛书"。他还出资 60 万两银子修建上海南京路等，为上海的文化教育及市政建设做过慈善活动。

19世纪中叶至20世纪初俄国银行家金兹堡家族，从1840年创立第一家银行起，经过几十年的经营，在俄国开设了多家分行，并与西欧金融界建立了广泛的业务关系，发展成为俄国最大的金融集团，其家族成为世界知名的大富豪。金兹堡家族像其他犹太富豪一样，在其发迹过程中做了大量的慈善活动。他在获得俄国沙皇的同意下，在彼得堡建立了第二家犹太会堂。1863年，他又出资建立俄国犹太人教育普及协会，把他在俄国南部的庄园收入建立犹太农村定居点。金兹堡家族第二代继续把慈善活动做下去，曾把其拥有的欧洲最大图书馆捐赠给耶路撒冷犹太公共图书馆。

美国犹太商人劳特加，他从商店记账员开始，步步升迁，最后成为美国一个巨大的百货公司的总经理，在20世纪50年代成为世界上首屈一指的巨富。他在事业成功过程中，也做了大量地慈善活动。除了关心公司职工的福利外，他曾多次到纽约贫民窟察访，捐资兴建牛奶消毒站；并先后在美国36个城市给婴幼儿分发消毒牛奶；到1960年止，他捐资在美国和国外设立了297个施奶站；他还资助建设公共卫生事业，1909年在美国新泽西州建立了第一个儿童结核病防治所；1941年，他到巴勒斯坦访问，决定将他1/3的资产用于该地兴建牛奶站、医院、学校、工厂，为犹太移民提供各项服务。

诸如上述例子还有很多很多。犹太商人如此乐于做善事，实际上也是一种生意经。他们大量的捐资为所在地兴办公益事业，会赢得当地政府的好感，对他们开展各种经营十分有利。有些犹太富商由于对所在国的公益事业有重大义举获得了国王的封爵，如罗思柴尔德家族有人被英王授予勋爵爵位；有些犹太商人还获得当地政府给予优惠条件开发房地产、矿山、修建铁路等，赚钱的路子从中得到扩宽。

犹太人热心捐钱兴办公益事业，还是一种营销策略，为企业提高知名度，扩大影响，博取消费者的好感，起到重大作用，对企业巩固已占有市场及今后扩大市场占有率将会产生作用。这种营销策略已广为人知和广为企业所应用，犹太商人高明之处在于100多年前已率先采用。

此外，犹太人的经营策略把"舍得付出才有回报"作为一项重要内容，也是一种促销的好办法。人是群居动物，人与人关系的运用对事业的影响很大。政治家因得人而昌，失人而亡。企业家因供应的商品或服务，为人所欢迎而发财。可见，一切离不开人。犹太商人明白这个道理，在一切经营活动中，与人为善，把人与人的关系处理好，成为他们成功与致富的秘诀。

第 六 章
Chapter6

犹太人把教育作为成功的根本

犹太人认为父母是孩子的第一任老师,也是孩子的终身老师。若不了解正确的教育方式、方法和策略的重要性,不仅要失去作为父母的职责,还会起到坏作用。做好子女教育是所有犹太人的头等大事,也是他们能够保持长久成功的重要原因。

第一节　教育孩子，以理服人

犹太人认为以摆事实、讲道理、以理服人的做法提高儿童的认识水平，是逐步形成儿童良好品质的最基本、也是最重要的教育方法之一。

孩子正确的思想道德认识不可能自发产生，须全面、经常、系统地灌输。灌输是说理的形式，说理是教育工作的核心。有经验的犹太人讲："说服是打开儿童思想迷宫的钥匙，道理是儿童心灵的阳光。"

儿童的身心发展是一个从量变到质变的过程。儿童，特别是幼儿的思维不像成人那样主要靠理性思维，而是依靠直接的感觉。另外，儿童还有看问题片面、只知其一不知其二等年龄特征；即便是少年，还是阅历浅、认识能力不高，对很多客观事实不易分清是非、善恶、美丑、荣辱等界限，有的虽能肤浅地分辨，也只知其然，不知其所以然。所以做错了事不知其错，即使有他人提醒后仍不知为什么错及错的危害，后来还可能犯同样的错误。另外，作为家长和老师，往往希望孩子看问题、想事情一步到位，然而，这是要求过高、盲目催促孩子长大的做法，这是违背孩子年龄特征的揠苗助长的做法。

遇事讲道理，从根本上提高他们的认识能力，增强他们的道德感、理智感，使他们明辨是非、识别善恶、知美丑、体验荣辱，才能使他们坚持正确的言行，彻底改正错误。因此，犹太人认为说理是儿童品德教育的"基本建设"。

有的家长，孩子犯了错误就体罚，有的说："你又犯了错误，再不改就揍你！"但往往没什么效果。体罚很省事，家长的满肚子气有可能一下子消了，但很多情况下，孩子对为什么错、错在哪里、危害及后果、如何改还没有全懂。况且，体罚时刺激了孩子的大脑，伤害了孩子的自尊心，摧残了他的创造灵性，还往往有造成逆反心理的负作用。

其实，稍懂事的孩子，只要知道自己做错了事或闯了祸，必然会产生一种内疚和恐惧感，心理上会有压力。如果家长训斥或惩罚了他们，他们的内疚及恐惧感会得到释放。他们认为我做错了事，闯了祸，你们打骂了我、训斥了我，互相抵消了。我们常常遇到这样的事，孩子做错了事，就说"你们打我一顿吧！"这是孩子不能原谅自己的过错而发自内心的呐喊。可如果父母真的打了他一顿，那他的内疚和恐惧感就会很快地蒸发了。但若采取无声的教育或采取其他更恰当的诱导，让他知道他犯的错误带来的后果和影响，从而使其内疚增加，记忆深刻，痛改前非，岂不是效果更好吗？

某位犹太教育家认为："受罚最重的孩子，长大了很少有成为最好的人的。"因此，如果把体罚比作冲向禾苗的暴风骤雨，那么，说理感化则是"随风潜入夜，润物细无声"。后者才具有教育艺术的特色。

犹太人教育家提醒我们，和孩子说理，要讲究方法和方式。

1. "理"要体现道理真谛，抓住孩子心中的盲点

比如孩子学习不用心，不能只就分数的高低去说孩子，而要从学习的意义去讲道理，从根本上讲清为什么要认真学习。

再如，青少年若出现早恋，光讲早恋影响学习和危害健康等大道理也不行，要用隐晦、心平气和的方式或正确的诱导才有助于扭转思想。

2. 说理要理论联系实际

"理"不是指大道理、空道理，说理也不是指说教。对于大道理、空道理及说教，大人都讨厌，孩子则更不爱听。我们讲理要多引用反、正例子或引导孩子观看好电视、好电影、读好书、读好画册、讲好故事，引导孩子用正确的道理评价现实，从而使其受到生动深刻的教育。

3. 说理要有针对性、启发性和趣味性

针对性：说理时要"对症下药"，防止空对空；要针对儿童年龄特征，有不同的说理深度；针对儿童个性差异，说理方式要有所区别；要针对儿童的思想实际，有的放矢地进行说理教育。

启发性：说理时善于激起儿童的兴趣，启发儿童积极思考。

趣味性：把道理说得生动活泼，听起来有趣味，有吸引力，不生硬、死板、概念化。

家长说理时不仅要入情入理，还要用生动的语言、亲切的话语去打动孩子，让深刻的道理在孩子的情感上也激起波澜，达到以情说理、用理动情、情理交融。反之，如果家长在讲道理的时候，只会板着一副面孔，语言枯燥而且态度生硬，孩子就极有可能听不进去，甚至会产生逆反心理。

犹太人告诉家长对孩子进行说理时应注意的几个地方：

1. 要抓住说理时机。如孩子情绪平稳时，与家长感情比较融洽时，孩子遇到矛盾寻求答案时等。

2. 要适当、适度。就是在一定的时候去说理，说清楚即止，哪怕孩子还没完全接受，也要适可而止。不要唠叨，没完没了，想起来就说，其实说多了等于没说。

3. 以平等的方式说理。不采取居高临下或教训的方式，说理教育不等于教训。对于中国的家长和教师，要特别注意这一点。

在犹太人家庭中，尊重孩子不仅仅是因为他们年龄小，需要爱护、关心和培养，还在于他们从出生起，就被看成独立的个体，有自己独立的意愿和个性。做父母和教师的，从不去支配或阻止他们的行为。特别是在孩子成长的大多数情况下，教师和父母都不代替他们对客观事物进行选择，要让孩子感到自己是自己的主人。

犹太人非常讲究对孩子说话的口气和方法。孩子同大人讲话，不但要认真听，而且有时大人要蹲下同孩子对话，使孩子感到你在尊重他，避免他有"低一等"的感觉。家长带孩子外出做客，主人若拿出食物给孩子，犹太人忌讳提早代替孩子回答"不吃"、"不要"之类的话，也不会在孩子表示出想吃的时候对孩子呵斥。他们认为，孩子想要什么或是想看什么，本身并没有错，因为孩子有这个需要，任何人都没有理由来指责，只能根据情况适当地做出解释和说明，以做引导。犹太人反对父母在人前教子，更不允许当着人面斥责孩子"不争气"、"笨蛋"、"没出息"。因为这会深深伤害孩子的自尊心，犹太人认为父母这样做是一种犯罪。

伟大的犹太教育家说过："父母越不宣扬子女的过错，则子女对自己的名誉就越看重，因而会更小心地维护别人对自己的好评；父母越是当众宣布他们的过失，使他们无地自容，他们越觉得自己的名誉已受到打击，维护自己的名誉的心思也就越淡薄。"

4. 做家长的要加强自身学习，学会运用正确的立场、方法、观点去分析和解决问题，做到高屋建瓴，这样才能从根本上提高孩子的理论水平和认识水平。

另外犹太人非常注意了解孩子的生理、心理特征。他们认为孩子只能慢慢长大、循序发展，要求过高和按成人的思维方式及认识水平要求孩子往往事与愿违。比如半岁以后的孩子开始怕生，也是一种年龄特征，经过耐心的教育、训练完全可以克服。只要成人不随意责怪他，有耐心沉得住气，孩子的心理障碍都能经教育、训练得以克服。因此，他们绝对不会做揠苗助长的事。

第二节　善用榜样的示范作用

犹太人家庭特别重视英雄人物对孩子的影响。他们认为榜样人物的言行把高深的政治思想、原理和抽象的道德规范化、具体化、人格化，而这些对儿童来说，通过对形象性、感染性、可信性的榜样人物的言行受教育、得启示，必然能推动他的进步。

犹太人认为，与其用一把尺子每天责打孩子，莫若给一面模范行为的镜子，让孩子们每天有学习的榜样。

在实施榜样示范时犹太人非常注意以下几点。

1. 榜样形象必须与儿童有比较多的联系和共鸣点，使孩子感到亲切可信。不要任意夸大和拔高，使孩子产生距离感。

2. 榜样要多样性。依据儿童的不同年龄特征和当时的表现实际，确定教育的侧重点，再依据教育侧重点选择相应的榜样。榜样不一定都是领袖或英雄模范人物，也不一定都是科学家、发明家，有时候孩子身边的人物、同时代人、孩子熟悉的人等示范作用更大。

3. 家长要成为儿童的好榜样。俗话说"上梁不正下梁歪"、"上行下效"。前苏联教育家马卡连柯说："不要以为只有你们同儿童谈话、教育他、命令他的时候，才是进行教育。你们是在生活的每时每刻，甚至你们不在场的时候，也在教育儿童。你们怎样穿戴，怎样同别人谈话，怎样谈论别人，怎样欢乐和发愁，怎样对待朋友和敌人，怎样笑，怎样读报，这一切对儿童都有着重要的意义。"有人问，什么人的眼睛最敏锐，多数人回答是孩子的眼睛。因此家长要做好表率，否则要带坏头。无论从哪个角度讲，要想教育孩子，家长必须注意自身的修养。正如犹太教育家说的："父母对自己的要求，这是最首先的、最基本的教育方法。"

犹太人认为要求小孩做到的，自己却做不到；要求孩子好好学习，自己却整天打麻将、玩牌；要求孩子好好学习，自己却不读书、不看报；要求孩子文明礼貌，自己却脏话连篇。这种"榜样"不仅降低了家长在子女心目中的地位，而且容易使孩子养成不良的习惯。

4. 榜样示范要使孩子联系他们的实际活动，让孩子在行动上把榜样精神逐步体现出来。即"明白"不等于"做到了"，教育的目的是管"知情意行"全过程，要有意识给予强化和持续的要求，直到孩子养成行为习惯。榜样示范不仅仅是讲故事、说道理，更要紧的是付诸行动。

第三节　训练孩子养成好的行为习惯

犹太人认为在爱孩子的前提下，对幼儿进行必要的行为训练，是父母的责任。但是要履行这个责任，必须学习一点训练孩子的技巧。

犹太人认为，儿童是向环境提供的示范学习的被动的人。父母要对他们的子女将来成为怎样的人负很大的责任。他警告父母如果想让孩子养成好习惯的话，就不要对孩子娇生惯养，"像对待一个年轻的成年人那样对待他们……让你的行为总是客观、亲切而坚定，永远也不要无缘无故地抱他们、吻他们，让他们坐在你膝盖上。早上和他们握手道别；如果他们在课业上得到好成绩，高兴地拍他们脑门儿一下"。用不了一个星期，你就会发现，完全客观又亲切地和孩子相处是多么容易，你会为自己过去对孩子那种荒唐的溺爱而惭愧！

在家庭教育中，家长们经常会遇到这样的问题：

孩子想要什么，我们就给买什么，但是你给他提点儿要求，他却不干；

孩子特别"皮"，不听话，你给他讲道理，他也懂，但就是不照着做。

孩子不听话，成了现今教育中的最大的问题之一。但孩子不听话，特别"皮"，究竟是谁造成的呢？犹太人认为还是家长自己造成的，而家长方面的原因中，除了不恰当的溺爱之外，不懂得怎样对孩子进行行为训练，是另一个重要原因。

对孩子不要娇生惯养，这只是犹太人教育孩子的一个原则。当孩子长到一定年龄，变得懂事了以后，他们就永远不完全满足孩子的所有要求。孩子的要求，除了那些保障他们身体健康的，如吃饭、喝水、睡觉、一般的玩具以外，其他任何要求，都不会轻易满足，而是要有条件地满足，他们手里随时都掌握着一些筹码——孩子非常需要、非常想得到的东西，包括物质的、活动的和精神的三个方面，把它们作为奖励物，在训练孩子好行为的时候使用。物质的东西，如孩子特别想吃的食品，特别想得到的玩具，对大些的孩子，还包括钱；活动的，如给孩子讲故事，和孩子在家里一起玩，带孩子出去玩，允许孩子看电视，玩游戏机，等等；精神的，如通过讲道理，让孩子知道自己做得对，对了就能得到赞赏、表扬，爸爸妈妈就高兴，等等。

由于手中握着孩子想得到的东西，所以当孩子表现出一个好行为之后，犹太人就可以运用手中的筹码作为奖励物，让孩子的需要暂时得到满足，孩子为了进一步得到奖励物，自然会进一步表现出好行为。犹太人把这个过程称作"强化"，我们看马戏时看到的动物表现出来的各种令人惊异的行为，如狗算算术，鹦鹉骑车，都是用这种办法"强化"出来的。人虽然不是动物，但人的行为也时时需要强化。不光孩子，大人也一样，你在工作单位表现好了，拿到的奖金多，或者评了先进，你以后就会继续表现好，否则，你就只能靠雷锋精神保持自己的行为了。

比如，到了吃饭时间，孩子不能按时上饭桌，上了饭桌也不能好好吃饭，就可以进行训练。首先，手中必须有"筹码"，要和孩子讲好条件："你想买玩具，好，只要你每天开饭时按时吃饭，好好吃，一个星期天天能做到，就给你买！"

如果孩子已经养成了不按时吃饭的坏习惯，要矫正孩子的坏习惯，也不是很难的事。但家长提出要求必须坚决执行，比如，吃饭时不能看电视，那就必须在开饭时坚决关掉电视，即使孩子哭闹，也必须关掉。当然，如果孩子看的电视节目是对孩子有教育意义的连续片，可以尽量把开饭时间和孩子看电视的时间错开。

如果孩子坚持了一个星期好好吃饭，玩具买了，他的目的达到了，又恢复了原来的样子，不好好吃饭怎么办？好办，继续提要求："好好吃饭，玩具就给你玩；不好好吃饭，玩具就收起来，不给你玩。"

犹太人很明白物质奖励是最低级的奖励，当物质奖励已经对孩子产生效果以后，要逐渐向活动性奖励和精神奖励转变。但是对幼儿来说，物质奖励是不可缺少的。实践证明，把物质奖励和活动性奖励、精神奖励经常地结合起来，效果才能更好。

惩罚，是犹太人从另一个角度纠正孩子坏毛病和不良行为的好办法。犹太人惩罚孩子有三种方式：一是撤销物质性承诺，如收起孩子喜欢的玩具，不给买原来答应好的玩具等；二是撤销活动承诺，如不带孩子玩，不给孩子讲原来答应讲的故事等；三是精神上的，如批评、斥责、情感上冷落，也就是暂时"撤回"对孩子的爱，等等。举个例子，如果你带孩子去商店，他见了一个玩具，非要买，而你因为玩具太贵或认为那个玩具对孩子没有多大好处，决定不给孩子买，结果孩子在商店里大哭大闹，躺在地下打滚，怎么办？在这种情况下，最好的办法就是立刻把孩子抱离商店。回家以后，采取冷处理，冷落他，让他知道他今天的表现让妈妈不高兴。等到孩子意识到妈妈为什么不高兴了，就可以给他讲道理，告诉他为什么不给他买，以后遇到这种情况应该怎么做。同时还要结合物质惩罚，如收回孩子爱玩的玩具，让孩子知道，他必须为他今天的"坏"行为付出代价。不出几次，孩子就不会在商店里大哭大闹了。

有的家长可能说，如果我不给他买，他当时并没有大哭大闹，但是他回家不理我了，怎么办？首先可以说，这样的孩子一般属于那种社会智力较高的孩子，他们懂得利用自己的情绪变化赢得父母的同情，从而达到自己的目的。对这样的孩子，犹太人会用更高超的智慧去解决。例如，待双方都冷静下来之后，可以利用吃晚饭时与孩子爸爸谈话的方式，从侧面提起当天发生的事，话可以这样说："今天我带他去商店，他要买一个玩具，我没给他买，他也没跟我闹，他今天很听话！"

孩子是有心的，他听到妈妈说这话，知道妈妈对自己是满意的，虽然玩具没买，但自己的行为得到了表扬，他心理上就获得了补偿。然后，您可以委婉地给孩子讲道理，讲不给他买的原因。像这种社会智力较高的孩子，大多是讲道理的孩子，妈妈的话他们会听进去的。

在爱孩子的前提下，不满足孩子的所有要求，利用这些要求作为条件，作为强化物，来培养孩子的好行为，是培养孩子的任何好行为的一条原则，包括日常行为习惯、道德行为和学习习惯。

有人会提出疑问：这种方法，岂不是要培养孩子有好处就干，没有好处就不干的唯利是图的思想吗？犹太人的回答是否定的。他们认为对于不太懂事的孩子来说，唯有运用这种训练方法，才能使他们养成好的行为习惯，同时还可以使孩子从小就懂得是非、对错，懂得什么是公平、公正、守信和互惠。因为，对孩子的奖励和惩罚，无形中传达了父母对是非、对错的判断；和孩子讲条件，则是一种契约行为，在契约行为中处处体现着公平、守信等道德原则。孩子从小就懂得这些，对他们将来适应现代社会，很有好处。

当孩子养成了很多好行为习惯，越来越懂事之后，犹太人就会进一步培养他们的同情心、助人行为等。

训练孩子的过程，还有一个重要作用，它可以逐渐在父母和孩子之间形成一种关系模式。它使孩子知道，他的什么行为会使父母高兴，什么行为使父母不高兴，什么行为是父母深恶痛绝的，自己应该怎样做，不应该怎样做，等等。

犹太人认为在对孩子进行行为训练时，应该把握好下面几个原则：第一，爱自己的孩子是前提，任何时候不能粗暴地对待孩子，不到万不得已的情况不使用体罚；第二，要把握好宽严度，在父母子女关系中，主动权、控制权应该在父母手中，父母不能被孩子控制；第三，行为习惯的养成只是教育的目的之一，而不是最终目的，最终目的是要培养孩子好的个性品质，而个性品质是认识、情感和行为习惯的"合金"。因此，讲道理是家庭教育的永恒的法宝。

第四节　正确处理孩子的错误行为

在训练孩子好行为的过程中，犹太人最基本的原则是不能满足孩子的所有要求，用物质奖励、活动奖励和精神奖励来提高孩子好行为的发生率，同时犹太人也用撤销奖励来减少孩子坏行为的发生率。在这个基本原则下，犹太人还很重视以下几个重要的具体问题。

第一，当孩子出现一个不好的行为的时候，必须立刻表现出明确的否定态度。

举个例子，孩子的玩具找不到了，就哭、闹、大声喊叫，那些不善于训练孩子行为的家长，尤其是对孩子倍加疼爱的爷爷奶奶辈，此时往往跟着孩子着急，翻箱倒柜地帮孩子找玩具。他们以为，只要玩具找到了，孩子就不闹了。须知，家长此时的行为，实际上强化了孩子在找玩具时的哭、闹、大声喊叫行为。他会认为，只要我哭、闹、大声喊叫，爸爸妈妈就会帮助我找。下次再发生这样的事，他就会以同样的方式对父母"下命令"，而且变本加厉，一次比一次厉害。

在这种情况下，正确方法应该是马上表态："哭、闹、大声喊叫不好！再哭、再闹，玩具也还是找不到，你自己好好想一想，最后一次玩这个玩具是什么时候，玩完自己放哪里了？"如果孩子真的想不起来，还是找不到玩具，可以接着说："妈妈帮你找玩具，但是有一个条件，不许哭、闹，也不许大声喊叫，不然妈妈就不帮你找。"等玩具找到以后，还要对孩子说："以后玩具丢了，先自己好好想，慢慢找，找不到了，来告诉妈妈，妈妈会帮你找，不要哭闹、大声喊叫。记住了没有？"如果下次孩子忘记了，还是哭闹，就先提醒他："上次我怎么跟你说的？丢了东西，不要哭闹，先自己好好想想，实在想不起来，就告诉妈妈，妈妈帮你找。"

不用几次，孩子以后再丢玩具，就不会哭闹了。

在和孩子相处的过程中，每天都可能发生类似的情况，犹太人认为只要掌握好原则，孩子的行为就会按照父母设计的方式，逐渐朝好的方向发展。如果不懂得这些技巧，也缺乏耐心去跟孩子"理论"，那么，孩子变得不听话，特别"皮"，就在所难免了。

第二，在表达否定态度的时候，必须以讲道理为先，不要喝斥、打骂，虽然情绪上显示出不高兴的样子，但不要发火。也就是说，要把握好理智和情感的分寸。

很多家长在孩子做了"坏事"时，不是打骂，就是恶言恶语地吓唬，他们的体会是，这样做很"管用"，能有效地制止孩子的坏行为。一位妈妈说："有一次，我刚扫完地，孩子就在那里用脚踢墙皮，把墙皮踢了一地。我就照一贯的办法，大声喝斥地说：'是你自己把墙皮扫干净，还是让我揍你一顿？'我这么一说，还真管用，孩子马上说：'我扫，我扫。'您看，问题不就解决了吗？"

的确，问题表面上是解决了，孩子也知道了，在家里不能踢墙皮。但是，这里隐藏着许多副作用。首先，孩子并不懂得踢墙皮为什么不对。他认为，在家里踢墙皮，是要挨妈妈打的，只要没有人打他，这件事就可以干。在家里，妈妈要打，所以以后不敢在家里踢墙皮。但是出了门呢？到了幼儿园、学校，特别是在没有成人在场的情况下，还能保证他不干这种坏事吗？其次，他以后可能会以同样的大声喝斥、骂骂咧咧的方式，对待他的同伴、同学。

无论在幼儿园还是学校，都能看到，有些孩子显得很有"教养"，一贯不打人、骂人，老师不在时也不干坏事。还有些孩子则缺乏"教养"，经常会出些坏"点子"，常常背着老师做坏事，对同学态度蛮横，但这些孩子回到家里却很"老实"，不敢做坏事，在父母面前像个小绵羊。究其原因，就是因为他们的父母一贯用这种打骂、喝斥的态度"教育"他们。父母缺乏"教养"，导致了孩子也缺乏"教养"。

像上面的例子，犹太人的做法是，看到孩子踢墙皮，马上不高兴地说："踢墙皮不好，不对，既毁坏了墙，又把地弄脏了，妈妈不高兴了！乖孩子不踢墙皮，妈妈喜欢乖孩子。你现在要是自己把墙皮扫干净，妈妈就不生气了，记住以后再也不要干这种事情了！"如果孩子是无意识地做了这件事，相信他会自己去扫地的。而且，以这种方式教育出来的孩子，很可能就是那种在幼儿园和学校显得有"教养"的孩子。

在200年前的犹太人"贵族学校"，有人发明了用严厉的方式教育孩子的一套教育方法。教师虽然严厉，但从不打骂，从不大声喝斥，但是效果非常显著，从"贵族学校"毕业的孩子，到了社会上，行为举止就是和一般人不一样，因为他们从小就接受严格的行为训练。在犹太人家庭中，这种教育方法一直延续至今，只是现在比那时更"人道"一些。

第三，父母必须在孩子面前约束自己的行为，给孩子提供好的榜样和示范。

一位妈妈曾向一位犹太教育家请教说："我的孩子做了错事，我说他，他不但不听，还踢我，啐我，您说怎么办？"犹太教育家问这位妈妈："您和您爱人有没有在发生冲突时当着孩子面做过类似的举动？"这位妈妈想了想，不好意思地笑了。显然，孩子的踢人、啐人行为，是从妈妈爸爸那里学来的。

观察学习是人的一大特长。好多事情，你不用教，孩子只要看到了，就会跟着学。动画片里的打斗，反面人物说的坏话、闹的恶作剧、做的坏事，电影、电视中成人的谈情说爱，还有引逗着孩子们逐步升级地消费攀比的那些广告词儿，孩子们学得最快。因为他们觉得这些东西新奇、好玩，模仿出来会引起人们的好笑和兴趣，甚至谁模仿得多，谁会受到同伴的钦佩和赞扬。

模仿是人的天性，连成年人都爱模仿别人的行为，孩子更不用说。所以，当父母的，必须在孩子面前约束自己的行为举止，有些言行，背着孩子可以说，可以做，但是当着孩子面不能说，也不能做。"身教重于言教"

这句老话在这里特别应该强调。

做了父母的人和没有做父母的人就是不一样。做父母，肯定要失去一些自由。没做父母之前，你可以随随便便，大大咧咧，发牢骚、说脏话，都关系不大。但是做了父母之后，你必须约束自己，必须向孩子提供好的榜样和示范，你必须为孩子健康的成长和真善美的心灵负责！犹太人认为做父母是自己的选择，既然选择了就必须为此做出牺牲。

第五节　跟孩子签订"契约"

在很早的时候，犹太人就提出一个观点：老师和学生之间应该形成一种平等的契约关系。在他们之前，没有人这样说，因为老师历来是管学生的，学生只能是被管的，学生怎么能跟老师订契约呢？那样不是把老师贬低了吗？

什么是契约？契约就是双方经过谈判，共同同意的一种对双方均有约束力的约定，它可以是口头的，也可以是书面的。像小孩子们一起玩儿弹玻璃球、跳房子之前大家"说好"的规则，就是一种口头契约；玩儿扑克牌，先说好，谁输了就钻桌子、在脸上贴纸条，也是一种契约。大的契约，如某国要买另一国50架波音飞机，要先签订合同，谈好条件，价格是多少，交货时间等都写进去，双方必须遵守，不得违约。契约本身带有一种平等的性质，因为它必须是双方都同意的。契约也有不平等的，但那是例外情况，比如历史上各国签订的各种不平等"条约"。

现在在多数的发达社会里，不但师生之间包含着这种契约关系，连家庭里也有不少这种契约关系。如夫妻结婚之前先订个契约，怎样处理婚前各自的财产；父母与子女之间订的契约，则比较多地带有教育性，大多是为了训练孩子的行为而订的。

在德国的一个再婚家庭，少年伯特是个非常不听话的孩子，他与继父关系很紧张，平时对继父总是绷着脸，对立情绪很严重。甚至为一点小事用菜刀威胁继父，吓得继父找来警察管他。后来，犹太心理学家采用订立契约法，解决了这个家庭的问题。犹太心理学家了解到伯特特别喜欢开汽车，希望自己有一部汽车。他就让那位继父用 400 美元买了一部旧汽车，之后和伯特订立了这样的契约：

继父借给伯特 400 美元买一部二手汽车，以后每周支付 5 美元，但只要做到下列各项就可充抵 5 美元：1. 周日到周四晚上能留在家里，或在21：30 之前把汽车钥匙交给继父（每晚 4 角）；2. 周五、周六晚上能留在家里，或在 24：00 之前把汽车钥匙交给继父（每晚 6 角）；3. 每周一次，在白天（具体时间由伯特自定）把门前屋后的草坪修整好（每周 6 角）；4. 周一到周五每天晚饭前把家里养的狗喂好（每次 1 角）；5. 每天 18：30 前回家吃晚饭，或按早上母亲说的时间按时回家吃饭（每次 5 分）；6. 早晨离家前，最迟不超过中午，收拾好房间（每天 5 分）。

如果伯特做不到怎么办？放心，契约里也写得很明白：不能做到上述条款，就要给处罚，具体办法是：1. 按不能做到的条款的价值，对伯特在下周限制使用汽车，每缺 5 分钱就限制 15 分钟；2. 上述限制由继父执行；3. 如果什么都做不到，则在下一周完全剥夺汽车使用权。

如果伯特做了其他的好事情，他可以向继父和母亲提出来，商量这些好行为的价值。契约双方只要提出要求，均可以修改甚至重新订立契约。

这份契约还真灵验，从此以后，伯特很快地改变了他不听话的行为。为了尽快地得到这部汽车，他还表现出了许多意想不到的好行为，他与继父之间的关系也变好了。等到这部汽车归伯特自己所有之后，他与继父之间已经建立起亲密的情感联系。

在家庭教育中，有些家长常常觉得孩子有许多缺点，如不爱学习，不听话，跟家长顶嘴，任性，固执，不爱劳动，不关心父母，出门不通知父母到哪儿去，等等。而有的孩子觉得爸爸妈妈说话不算数，答应的条件又变卦取消，因此父母子女之间形成对立。在这种情况下，采用订立契约的方法，既能规范孩子，也能规范父母，而且能够建立起父母—子女之间的一种关系模式，这种模式可以培养孩子的公平、公正意识以及遵从正确教导的行为习惯。这种模式一旦形成，孩子的很多坏毛病，像任性、固执、懒惰、自己管不住自己等都可以迎刃而解了。

犹太人提醒我们跟孩子订契约时应该注意，契约最好是文字性的，特别是在矫正孩子的比较顽固的不良习惯时；在契约执行的过程中，家长要严格检查，做记录，对孩子做的情况进行及时的评价；发现契约有缺点和需要改进的地方，要及时修改契约；家长要起到监督作用，执行契约要不折不扣，客观公正；孩子如果按契约做了，家长就一定要履行契约，满足契约上规定的条件，不能反悔。

人与人之间的契约关系，其思想渊源来自于卢梭，来自他的代表作《社会契约论》，因为写了这部为所有人争取自由、平等的宣言，卢梭几乎一生都在被迫害、被追捕，不得不东躲西藏。后来经过资产阶级革命，封建统治被推翻，社会契约才成为人们普遍接受的处理社会关系的原则。

犹太心理学者还曾经成功地用这种方法对一个小学生的作业潦草行为进行矫正。这个小学生写的字东倒西歪，字的大小不一，行与行不分，笔顺不规范，作业和测验经常因此被扣分。另外，这个小学生的生活习惯也过于随便，如书本皱褶，文具凌乱等。对他进行多次规劝和告诫都不管用。但是，有一次，老师发现，当他知道认真做作业后可以获得一本自己爱看的书时，他下工夫仔细做作业，字迹比平常清楚了许多。犹太心理学者决定用契约法对他进行纠正。

他给这个小学生提出的要求是，每天仔细、认真地做作业，认真书写，字迹端正清楚，成绩有进步，同时生活习惯也要有所改进。给他的奖励物是一种"代币"，就是硬纸做成的小圆纸片，上面写有1、2、5、10等点值。做到了某种行为，就奖给相应的分值，用分值可以换他喜欢的食品、活动，如对照字帖练100个字，笔顺正确，可以得8分；数学家庭作业字迹清晰，没有扣分，可以得 3 分；作文、周记每篇 500 字以上，字迹工整，可以得 15 分；整理书包，可以得 2 分。如果某些行为违反了契约上的规定，还可以扣分。

得到的奖励分干什么用呢？在契约上也有明确规定，例如，吃爱吃的食物，7 分；看电视动画片 15 分钟，7 分；选爱看的一本书，40 分；买一套新的运动服，500 分；和爸爸一起去露营或长途旅行，1000 分。

经过两个月的训练，这个小学生的语文成绩提高了，做作业花的时间少了，作业潦草行为大大改观，其他行为如卫生习惯、爱劳动、生活作息等也有明显的进步。

犹太人教育孩子的订立契约法对有些比较调皮的孩子尤其管用，即使对那些懂事、听话的孩子，也不失为一种培养平等、守约观念的好办法。

第六节　家长应注意避免不当行为

犹太人认为不仅仅需要给孩子提供好的学习条件和生活环境，更应该多多关心孩子的健康和发展状况，利用科学的教育方式促进孩子的全面发展与健康成长，切记不可溺爱，也不可揠苗助长，只有这样才是真正爱孩子。

犹太人提醒我们作为家长不应该有的做法：

1. 轻视孩子的早餐

据专家研究，吃高蛋白早餐的孩子，在课堂上最佳时间维持较长，而吃素食早餐或者不吃早餐的孩子，思维活动明显不如前者。长期不吃或吃不好早餐的孩子，会严重影响大脑的能量供应，从而导致孩子的智力下降和思维迟钝。

2. 选食不当

儿童正处在快速生长发育期间，如果选食不当，会对大脑造成危害。如有些孩子嗜吃油条、煎饼等含添加剂较多的食品，会造成记忆力下降，严重者甚至会导致痴呆；习惯吃过咸的食物（儿童每天不宜超过 4 克盐），会引起高血压、动脉硬化等疾病，还会损伤动脉血管，影响脑组织血液供应，使脑细胞长期处于缺血、缺氧状态中而使智力下降；经常吃油温在 200 度以上的煎炸食品，以及长时间暴晒于阳光下的食品和过量摄入味精，均会影响智力发育。

3. 营养不良

营养不良会导致智力发育受到阻碍。青少年智力活动多，大脑经常处于紧张的状态，必须有足够的营养物质来保证。而目前有些中小学生由于偏食或集体食堂饮食单调，没有足够的营养摄入，长此以往，会导致某些营养素的缺乏而出现营养不良，进而影响智力的发育。

4. 让孩子傻吃傻喝

常见一些孩子对吃表现出极浓厚的兴趣，一天到晚小嘴儿吃个不停。殊不知，一味贪食，会伤害大脑。俗语说："孩子傻吃会吃傻。"因为进食越多，胃肠需要的血液供应量就越多，大脑血液供应量就相对减少；而且过量的高脂肪在代谢过程中会消耗大量能量与大脑"争饭吃"；大量碳水化合物进入人体会诱导胰岛素增高，使血糖急剧下降，对于以糖为唯一能源的大脑犹如釜底抽薪，会使智力越来越差。

5. 让孩子被动吸烟

有科学研究发现，儿童对香烟的烟雾特别敏感。因为他们的大脑和肝脏还没有解毒能力，香烟中的尼古丁如长期留存在儿童体内，就会使他们有恶心的感觉和食物联系起来，造成儿童厌食。这就是香烟的烟雾会使儿童厌食的原因。因此，儿童一定要避免被动吸烟，家人更不能对着孩子喷烟雾。

6. 轻视与孩子的沟通

天真单纯的孩子也有心理障碍吗？有。大部分孩子的心理障碍表现为对学习不可遏制的反感或者是焦虑情绪。而这种情绪的产生，往往是外力重压的结果。长期下去，势必会影响孩子的智力发展。因此，家长要重视与孩子的沟通，让孩子有一个健康的心理。

7. 让孩子的头发过长

人的头发所需的营养全部来自于脑部，而人体供给脑部的营养是有限的。因此，如果头发过长，所消耗的营养元素势必要多，脑部便会出现营养危机，大脑的正常活动将会受到影响，自然会波及智力的发育。

8. 让孩子长期便秘

大便在肠道内停留的时间过长，会产生有毒物质，当这些有毒物质超过肝脏解毒的承受能力时，多余部分将通过血液循环扩散，进入大脑毒害中枢神经，干扰大脑皮层的正常活动，导致记忆力下降和反应迟钝。

9. 限制孩子经常运动

运动包括脑运动。大脑是人体各器官的总指挥，只有脑运动，才能调节全身脏器的功能。脑子用得越少越易老化，脑子开始工作的时间越早，延续的时间越长，脑细胞老化的速度越慢。因此，要引导孩子多动脑、善动脑、勤用脑，脑子才会越用越灵，智力才会最大限度地得到发育，人才会越来越聪明。

10. 溺爱，揠苗助长

犹太人认为孩子健康成长，不光是学校与社会的事情，更与家庭教育有着紧密的联系。

现在家庭教育中一个非常现实的问题就是，幼儿园和学校教师与家长之间存在着一种微妙的对立关系。

这里有一个教育原则问题，就是家长在任何时候都不应该当着孩子的面说幼儿园、学校老师的坏话。这和妈妈不应该向孩子说爸爸的坏话、爸爸不应当向孩子说妈妈的坏话道理一样。犹太人认为成人在教育上的不一致、不统一，会造成孩子评判事物标准的混乱，进而造成像说谎骗人、对别人有敌意、不友善之类的坏毛病。

那么，当家长发现幼儿园、学校老师有做得不对的地方时，应该怎样做呢？犹太人的做法是这样的：首先，应该查明事实，向孩子问个究竟，把事情的前因后果弄明白。必要时可以问问别的孩子或家长，看看是不是自己的孩子说法有误，或者孩子是不是在说谎。其次，如果认定老师的做法确实不妥当，也应该从善意的、谅解的角度看问题。因为每个人都有个性上的弱点，老师也是人，哪能没有缺点和过失？应该相信，大部分老师在大部分事情上是好的，做得对的，缺点和过失只是个别的。这样想，你自己首先就会变得心平气和，就不可能情不自禁地当着孩子的面儿说老师的坏话。最后，对教师的不妥和过失，也不要忌讳和孩子议论一下。凡事都有个是非，明辨是非是人道德成熟的重要标志。如果从小就抓住时机培养孩子辨别是非的能力，对他们社会性和品德的成熟大有好处。比如，可以先问问孩子："你对这件事怎么看，是怎么想的？"如果孩子能独立、自主地进行判断，而且说得对，应该鼓励和表扬孩子，但同时，应该教育孩子，用宽容、谅解的态度对待别人，包括老师的过失。例如可以这样说："谁都可能会做错事，妈妈、爸爸也会做错事，当别人做得不对的时候，应该原谅他。"这样，既有利于孩子独立性的培养和道德判断能力的增强，又有利于培养他们宽容、谅解、与人为善的良好品质。

犹太人认为讲道理是教育上的一条重要原则，只有向孩子不断地讲道理，明辨是非，才能提高他们对社会事件的认识水平，使孩子明明白白地做事，明明白白地做人。

与人为善，也是犹太人做人的一条重要原则。唯有待人随和、善于理解他人、诚挚而富于良心的人，才能和别人友好相处，才能有良好的人际关系。

第七节　适当运用激励、表扬和批评

对儿童来说，激励是指通过满足和发展儿童的内部需要，激发其精神驱动力。犹太人认为这是最大限度地调动儿童积极性的一种教育方式。

马克思指出，人的行为积极性的源泉就是其内部需要。管理心理学认为，人的行为都是在需要引起的动机支配下，指向一定目标的，即遵从需要→动机→行为→目标这一模式。因为它在乎满足和发展儿童的内部需要，所以此效果优于其他效果。

犹太人研究了儿童积极性的深刻根源：一是自身需要，二是寻求需要而得到的满足，即激励作用大小和激励性高低，归根结底取决于它满足儿童需要的程度。

心理学家在长期研究的基础上提出著名的"需要层次论"，把人的上千种需要概括为由低到高的五个层次。

1. 生理需要

如衣食住行等。

2. 安全需要

如人身财物安全得到保障等。

3. 社交需要

如友谊、爱情、归属交往等。

4. 心理需要

如荣誉、尊重、信任、独立自主等。

5. 自我实现的需要

如信念、理想、抱负、成就感等。

学龄前儿童会产生想当成人的渴望，但限于身心条件，只好通过模仿性游戏来达到目的（如开汽车、骑马），游戏成了学龄前儿童的主导需要。学龄儿童入学后，逐渐对学习产生了兴趣及对学习的意义有了领会。因而，勤奋学习、获得好成绩、成为好学生等，就成了这一阶段的主导需要，因此，也有了对文体活动的需要及与同学交往等需要。

少年时期，孩子认为自己已长大成人，于是会产生独立自主的需求、自尊与受人尊重的需要、被集体容纳和在集体中获得合理地位的归属需要等。

青年时期，由于性成熟和知识经验的增多，以及思维与活动能力的进一步提高，人生观的形成和临近就业前后出现友情的需要，就产生了参加社团的需要，发展自己性格与能力的需要，理想抱负的需要等。

犹太人认为家长善于了解儿童的正当需要，并创设一些必要的条件与活动环境予以满足，将会给儿童以有力的激励，从而促进其身心健康成长。

犹太人探讨了激励的主要方式。

第一，关怀激励。

对其成绩热情肯定，帮其解决困难，支持他的正当活动，满足其正当需要，使其得到荣誉、信任、尊重，使心理充满温暖与快乐，由此，他们的积极性便会大大提高。

一位英雄壮烈牺牲了，战友们在整理遗物时，发现一张保存得很好的记录（他在中学时老师给他总结优点的一张纸）。这个战士上学时毛病很多，成绩也不太好，但老师发动全班的同学挖空心思给他提优点并亲自记录，就是这张纸最后交给了他，他刻骨铭心，一直把这张纸带在身边。后来，在这种激励下他变好了，特别是入伍以后，他在牺牲之前已经立过很多战功了。

犹太老师怎样上课呢？

一上课，老师说这节课上"蚯蚓"，请同学们准备一张纸，上来取蚯蚓。同学们捏着纸片纷纷上讲台来拿蚯蚓。许多蚯蚓从纸片上滑落下来，同学们推桌子、挪椅子地弯腰抓蚯蚓，整个教室顿时乱成一片。老师却一言不发，站在讲台一边冷眼旁观。课后老师说，上了一节"蚯蚓"课后，假如学生连蚯蚓都抓不住，那么这节课还有什么意义。

同学们抓住了蚯蚓回到座位，老师开始了第二个教学环节："请同学们仔细观察，蚯蚓的外形有什么特征，看谁能把它的特点最后补充完整。"经过片刻的观察，同学们踊跃举手。

生：虽然看不见蚯蚓有足，但它会爬动。

生：不对，蚯蚓不是爬动而是蠕动。

师：对！

生：蚯蚓是环节动物，身上一圈一圈的。

师：不错！

生：它身体贴着地面的部分是毛茸茸的。

师：对，你观察得很仔细。

生：老师，我刚才把蚯蚓放在嘴里尝了尝，有咸味。

师：太好了！我很佩服你。

生：老师，我用线把蚯蚓扎好吞进了喉咙，过一会把它拉出来，它还在蠕动，说明它生命力很强。

此时老师的神情变得庄重起来，激昂地说："完全正确！同时我还要表扬你在求知过程中所表现出来的这种勇敢行为和为科学献身的精神。我远不如你！"

课堂结束了。

犹太老师在课堂上充分运用了"鼓励"这一教育手法。整节课，没有批评过一个同学，对整个教室"顿时乱作一片"也一言不发，对学生的答案则是"对！""不错！""太好了！"等，对那位貌似出格的"尝蚯蚓"的学生，尤其给予了极高的评价：这是一种"为科学献身的精神"。其实，多鼓励、表扬，多说 YES 少说 NO，是所有犹太人教育孩子常用的方法。未来的爱因斯坦就是在这样的鼓励中诞生的。

第二，目标激励。

目标具有诱发、导向和激励的功能。人的一切有意识的行为，都是为了实现一定的目标而发动的。奋斗的目标越明确，积极性和主动性就越高。因此，犹太人根据孩子的成长需要，提出一个或某一时期的奋斗目标，当实施后再及时提出下一个目标，把孩子的注意力不断吸引到实现目标上来。同时，他们对孩子达标情况予以检查评估，使其激励强化。

一位成功的犹太围棋手说，他母亲在他小的时候请相士替他推算未来，相士说他日后必定是大人物，可能会是一位将军，母亲则以此为目标处处提醒他，久而久之，他也下定决心一定要做大人物，终于成了棋术很高的国手。而许多家长一看到孩子做错了或做了他们不满意的事，就脱口而出："你是笨蛋！""你真笨！"久而久之，孩子就放弃了努力，成了真正的笨蛋。

第三，理想激励。

理想是人们对未来的向往、追求，它使人积极进取，奋发有为，是获得成功的一种持久的内在动力。特别是青少年，自我需求强烈，有远大理想，成就感强，对未来充满"天真"的但也丰富多彩的想象。所以，犹太人家长都会指导自己的孩子建立正确的职业、社会理想，激励他们去实现理想，并从现在做起，从小事做起。

第四，榜样激励。

孩子毕竟是孩子，都有求荣向上的心理。所以，犹太人经常给他们的孩子讲榜样人物是如何树立远大理想、积极进取、勤劳奉献，如何对他人、对社会作贡献，以及社会对他们的肯定与赞扬。让孩子从有血有肉的活生生的榜样中汲取营养，激励自己天天向上。

第五，民主激励。

犹太人认为孩子虽然年龄小，但都具有独立意识，自尊心强，需要尊重和信任。因此，犹太人家庭中遇事都和孩子商量，请孩子发表意见、看法和建议，让孩子过问家事，能激发其主人翁精神，发挥其内在的精神动力，促进其成功、成才。比如，在督促孩子做作业时，有的家长会说："先写完作业，不然不许玩。"而犹太人家长会这样说："你先赶紧写完作业好吗？然后，爸爸、妈妈陪你出去玩。"这两句话，后者的作用要大些，因为它有对孩子尊重的成分，因而能激发孩子的积极性。

犹太人提醒我们激励孩子时也应注意一些事项。

1. 及时地分析，掌握孩子的主导需要。因为主导需要才能转化为动机，才对行为起决定作用。比如，你的孩子在星期天已经学习了两个小时的英语，你若再让他学一个小时的数学，他肯定会有些不高兴。虽然，他也去学习，但肯定已经有些心不在焉。无疑，你的动机是好的，但你忽略了那时的主导需要——他在学习两个小时的英语后，他需要放松一下，休息一下。

2. 激励措施要及时。因为人们对眼前和近期的印象深刻些，反应也较为大些。而时间久了就容易淡忘，要使激励有较好的影响，必须及时激励，把握时机才能产生好效果。

3. 注意激发孩子的良好动机。动机是行为的源泉，是推动行为的原动力。因此，家长要求孩子参加什么活动，一定要从激发孩子的动机入手。启发孩子动机后，及时把握时机，让动机长久，让动机转化为孩子成长的行为。

第八节　培养孩子宽厚的品格

雨果说过："世界上最宽阔的是海洋，比海洋宽阔的是天空，比天空更宽阔的是人的胸怀。"犹太人认为品德宽厚的孩子长大后才更容易成就非凡的事业。

孩子的生活是多姿多彩的。他们会有很多伙伴，每天在一起学习、生活、做游戏。可是，他们也会碰到一些不顺心的事，比如和小伙伴相处的时候有时会因为一些小事争得面红耳赤，好朋友之间闹别扭成了陌生人；有的孩子把不顺心的事都闷在心里不肯说，变得怪癖而孤独；有的孩子控制不住情绪，恼羞成怒与伙伴大打出手，险些酿成悲剧等。

犹太人认为要让孩子避免这些事情的发生，就需要让孩子有一个广阔的胸襟。只有学会宽厚谦让，才能让孩子有健康的心理，才能让孩子与伙伴相处融洽。

宽厚不仅仅等于礼让，还要在与人交往时讲信用，积极关心别人，勇于承认错误。与同学发生不快和矛盾时，应通过换位思考来冷静处理。同学之间难免会有摩擦，只要不是原则性的问题，大可不必轻易动怒。如同学不小心撕坏了自己的本子，或是将墨水洒在了自己的衣服上，都应宽容同学，换位想一想，如果自己出现这样的事情，那又该怎么办呢？设身处地为别人着想，宽容了别人也就宽容了自己。遇到别人由于误会而冤枉自己或无意伤害了自己时，应当予以谅解，不应得理不饶人，在指出别人错误时，态度要诚恳、友善，不要尖酸刻薄，更不要抓住人家的错误不放，应做到得理饶人，让别人有台阶下。

犹太人认为宽厚并不代表软弱。

不去争，只会被别人认为是不敢争；不去吵，只会被别人认为没本事去吵。渐渐地，一个宽厚的人就会变成一个懦弱的人，该争的利益也不会争，该讲的道理也不会讲，受了损失，还要受气。

犹太人教育孩子做人要宽厚，但也要有原则。

首先，要让孩子明白宽厚不等于一味地退让。做人应当宽厚一点儿，在别人需要某些东西的时候，应当尽量地给予；在别人犯错的时候，应当尽量原谅。但是给予和原谅也要分场合，也要有原则。当别人和自己竞争的时候也去给予，那必然导致竞争的失败；当别人对自己恶意中伤的时候也去原谅，那这就不再叫原谅了，该叫做窝囊。做人不能一味地退让，要分清哪些该让，哪些不该让。

其次，不要让孩子盲目地善良。有的家长宁愿孩子吃一点亏，正所谓"吃亏就是占便宜"。但是，吃亏真的就是占便宜吗？盲目地善良，不分是非地"吃亏"，只会害了自己。

再次，在必要的时候，要以攻为守。不是有这么一句明言：人不犯我，我不犯人；人若犯我，我必犯人。但实际上有些人却是"人若犯我"，我也不敢去犯人，只会死守，守不住了就退，退不了了就忍受，忍不住了就会出现过激的行为。所以，作为好人，在必要的时候也应当对那些恶意伤害自己的人给予有力的反击。该说的话当说，该争的利益当争，该给别人的教训要给。在通常情况下解决不了问题的时候，也该让孩子学会用有效的方法来保护自己和自己的尊严。

孩子们往往将自己的智商估计得过高，觉得自己就是智多星。平时，道理都明白着呢，但一遇事儿，就什么都忘了。说起来头头是道，做起来一塌糊涂，不知从何做起，认识和行为有极大的反差。现实生活毕竟不是文艺作品，犯罪分子就是利用了孩子们的这些弱点，屡屡得手。

"陌生人敲门开不开？"如果你这样问孩子们，孩子们一定会说："绝不开门！"可实际上是这样吗？第二天老师随访了几个学生。结果是敲一家，开一家。

孩子们容易受到伤害，有时看似是一种偶然，但实际上是一种必然，是由很多因素造成的。但其中一条是，大人们教孩子自我保护意识时，重说教，轻演练。犹太人认为要在真实的环境下对孩子们进行实际演练，他们才能感到危险的存在，从而激发其潜在的能力，学到从说教中学不到的东西。一旦遇到坏人，心里就有底，不再觉得那么无助，那么慌张。遇到突发情况，就知道怎么对付，如何保护自己。

自我保护教育实际上也是一种犹太人的素质教育。人从出生起，面临的最低需求就是生存。人们在未受到外界自然、犯罪分子的侵害，没有面临生与死的威胁时，似乎感受不到生命与保护生命的重要性，而当真正遇到危险时，才会意识到它的重要性。

生活是美好的，但生活中也处处存在着危险。

下面有 8 种父母必须教会孩子掌握儿童自护、自救的方法。

1. 注意不安全的因素。在紧要关头，应该相信直觉。父母不仅要告诫孩子留神从接触的人或事中注意到不安全的因素，还要鼓励孩子讲出使他们感觉不安的人和事。

2. 学会识别诱惑。平时，家长应告诉孩子，对于陌生人问路或请求协助寻找丢失的宠物之类的事应保持警惕，这是犯罪分子诱拐儿童的两种普遍的策略。如有的罪犯装作认识父母，叫出父母的名字；有的罪犯自称是消防人员，编造你家房子着火的紧急情况等。父母应告诉孩子，任何人甚至警察和消防员，在未得到孩子监护人允许的情况下，都不能将他们带走。

3. 不只是陌生人才对自己有危害。父母一般经常叮嘱孩子"不要和陌生人说话"，什么是"陌生人"？孩子并不一定真正懂得，若让孩子画出陌生人的面孔，一般他都会画出一个可怕的面孔。其实，想侵犯孩子的人一般都会装出一副和蔼可亲的面孔。

据有关方面调查，对儿童进行性侵犯的嫌疑人中，90％是儿童认识的人。家长应特别提醒女孩儿不要单独外宿或跟异性到任何地方去。

4. 要学会大声呼叫。小孩身单力薄很难打败罪犯，但是孩子却能做许多吸引周围人注意力的事情，比如大声呼喊："救命！他不是我的叔叔！"骑自行车的儿童可以利用自行车作掩护，让罪犯难以将你劫持走，同时大声呼救，这样会引起围观者的注意和警惕，争取得到帮助。

5. 要勇敢地说"不"。每位父母都想培养一个有教养的孩子。但也应让孩子知道，什么时候可以打破常规。比如，有人威逼孩子做危险的事情时，要勇于说："不！"

6. 明确不可触摸的地方。孩子到了四五岁，家长就应向孩子说明泳衣遮盖的部位是个人隐私区，任何人都无权接触。即使是医生作检查，也应要求监护人在场监督，这是儿童的正当权利。

7. 知道谁是能帮助自己的人。遇到麻烦找警察，这是最基本的常识，但仅此还是不够。例如警察不在附近，孩子就不知求助其他人。还应让孩子知道，公园、商场、电影院等地方的工作人员都可以求助，多一个机遇就多了一个生存的希望。

8. 在游戏、演练中增强自护自救本领。仅跟孩子讲述一些自护、自救的方法是远远不够的，讲的时候可能记住了，可过一会儿就忘记了。唯一能使孩子掌握的途径是通过角色游戏和演练，经过多次演练就能领悟要领。在家庭游戏中，父母可设计多种可能发生的环境，向孩子提出问题，测试他的反应能力，同时还要演练父母和孩子之间如何保持通信联络的内容。

在日常生活中，人们不免会遇到一些紧急情况，当遇到危害时，及时正确地报警是首要环节，一旦报警出现失误，不仅会使警方失去战机，而且会给受害者带来更大的损失。因此犹太人认为作为家长不但应该熟练掌握常用的报警、急救方法，还应该教会孩子正确使用这些方法和掌握注意事项。

以下是我们应教会孩子的必备的报警、急救方法。

遇事拨打报警电话是最快捷的一种报警方式。

报告主要内容：发现、发生案件的时间、地点，现场的原始状态；有无采取措施，犯罪分子的人数、特点、作案工具、车辆情况（色、型、牌号等携带物品和逃跑方向）等。打电话报警时还要讲清自己所在的位置，使用的电话号码、联系方式。

就近迅速报警：如果你的身边没有电话，或者遭到侵害危急，应到距自己最近或最方便的公安机关报警，也可以向巡逻、交警求助。这样既可以节省时间，也便于警察出击。

灵活机动报警：万一你遇到歹徒的袭击，无法自己报警，或行动不便，要及时委托家人或周围的人报警。也可以通过书信形式报警，要注意书信的内容必须真实、清楚。

及时医治身体伤害：如果你遭受不法侵害伤情十分严重，在请他人报警的同时，自己可以及时到附近的医院就诊，同时要注意保存好病历、各种辅助检查（如 X 光、CT 检查等）的结果，以便及时报告给公安机关。

准确提供物品损失情况：说明是什么物品、它的颜色和形状如何及损害程度如何，陈述得越详细，对破案越有利。如果家中被盗抢的是移动电话或存单、存折等物品，家长要及时到有关部门办理停机手续或停止支出手续。

正确保护现场：报警完毕后，被侵害人或目击者应当在现场等候民警的到来。对一些杀人、抢劫、盗窃等案件现场，还要及时采取保护措施，在民警到来之前，除搭救伤者外，不让任何人进入。

注意事项：教育孩子不得在没出事的情况下因为好奇或好玩而随意拨打报警电话或虚假报案，否则是要承担相应的法律责任的。

第九节　让孩子具有人情味

犹太男孩捷克快 7 岁了，7 年前捷克的妈妈由于难产非常危险。经过医生们的全力抢救，母子终于平安。因此，每年捷克过生日的时候，妈妈总要带着他来看望当年为他接生的妇产科医生，感谢她把捷克带到这个世界，是医生们高明的医术才有自己和孩子今天幸福的生活。即使在捷克生日那天，妈妈有重要的事情不能带捷克去医院，也会让捷克给医生打个电话分享他生日的快乐。

从小培养孩子的感恩与分享意识，不仅是一种礼仪，更是一种健康的心态。在犹太人家庭里父母与孩子之间的爱都不是单向的，而是双向互动的。孩子不只接受来自父母的爱，更懂得爱的反馈和回报。犹太人认为只有学会分享，将来在学校里、社会上，才能更好地与周围人相处和合作。

因为将来的社会不仅是竞争的社会，更是合作的社会。

今天，在大多数的家庭里，一切以孩子为中心，孩子是家中的"小太阳"，在这样的家庭氛围里，生活在富裕的物质环境中，要什么有什么，寻到所要的东西似乎是理所当然的。有的家庭吃饭时最好的菜让孩子一人独吃；看电视遥控器由孩子主宰；家里来了小客人，孩子竟不容许妈妈把零食分给小客人吃。这样就难以培养孩子"分享的观念"和"感恩的心"。

犹太人告诉我们教育孩子感恩，要从教育他感谢父母开始，要让孩子明白父母的养育之恩是要用一生来回报的。犹太人经常给孩子讲乌鸦长大后，还返回来喂自己的父母，就像当初父母从外面寻找食物喂自己一样。鸟都能做到这一点，又何况是人呢？

犹太人告诫我们教育孩子感恩，不要好高骛远，要让孩子从小事做起。比如主动帮助老师擦黑板，对师长有礼貌，尊敬老师，关怀理解父母，为父母分忧等不起眼的实在事做起。着力培养孩子的感恩意识，使他"吃水不忘挖井人"，永不忘记别人的帮助之恩，不忘父母师长的养育教导之恩。对于曾经帮助过自己的人，应该发自内心地感激，而不是表面上做做样子，更不能忘恩负义。

另外，犹太人认为培养家庭责任也是很重要的。可根据孩子年龄，指导孩子承担一定数量的家务劳动。也可让孩子参与社区服务，如访问敬老院，感受为他人服务的快乐或让孩子体验父母的辛劳，使其更加珍惜家庭生活的幸福。

要想让孩子学会感恩，父母的榜样作用也是很重要的。在生活中，父亲与母亲既应各自承担家庭的责任和义务，又应共同分享家庭的利益。父母要"在乎"家中每一个人，尊重他人的权益，关爱他人的需求。如父母应常说"行"、"谢谢"、"麻烦你"。孩子会在对父母的模仿中体会到一种感恩的思想。

当然，犹太人也教育自己的孩子，感恩不能仅仅局限在对父母的感激上，感恩应该是更广泛的一种情感。在与他人的交往中，需要让孩子真心地去感谢那些曾帮助过自己的人。

犹太人相信只有懂得感恩，孩子才会乐于助人。关爱他人，不管是家人团聚，伙伴交往，不称王称霸，不以"我"为中心。要让孩子经常说出自己需要感谢的人或事，学会赞美人与微笑，这样也就会自然地缩短与他人之间的距离。

感恩在一定程度上包括分享，周围的人给了我们良好的生活环境，那么我们也就应该回报周围的人。感恩不是口号，而应体现在家庭生活的每一个细节之中。比如不随地扔纸屑，夜深人静时不要把电视声音开得太响等，这也都是对周围人的一种回报。感恩是社会上每个人都应该有的基本道德准则。懂得感恩的人才会有更丰富的情感，才会更有人情味。

第十节　培养孩子独立自主的意识

小约翰与犹太男孩捷克同住一幢楼，同上一所幼儿园。他们的妈妈也都很疼爱孩子，但是两人的观点不同，做法不同，教育结果也就很不一样。孩子上中班时，幼儿园老师要求孩子学习整理床铺。两个孩子清晨起床按照老师教的方法，自己动手叠好了被子。

面对孩子自己动手叠的并不整齐的被子，两位母亲是怎样做的呢？

小约翰的母亲气冲冲地冲孩子喊着："我说你不会叠，你偏要逞能，看！叠得乱七八糟，像什么样子！走开，让我重新给你叠。"妈妈毫不犹豫地把孩子费了九牛二虎之力才叠好的被子打开，重新叠了起来。小约翰灰溜溜地走到一边，伤心透了，从此他不愿再"逞能"，不愿再尝试着自己做事情，反正妈妈能干，让妈妈去干好了。

捷克的母亲欣喜地赞赏着孩子："哟！今天你自己叠被子了，真能干。来！让妈妈看看。嗯，不错，如果这个地方再整理一下就更好了。"妈妈一边说着，一边教孩子怎样把被子叠得更整齐。捷克受到鼓励，不仅把被子叠得越来越整齐，而且独立做事的兴趣和信心都越来越强了。

每个家长都希望自己的孩子变成矫健的雄鹰，但要让雏鹰变成雄鹰，就必须让它自己去飞。犹太人认为要想让孩子长大成才，自立于社会，一定要从小就重视培养孩子的独立性，提高他们的独立自主的意识与能力。在这一点上，犹太人妈妈的做法是正确的，也是有远见的。

我们从小培养孩子的独立自主性和能力，应做到以下几个方面。

1. 尊重并培养孩子的独立自主意识。一岁的孩子就有了独立自主意识的萌芽，他们什么都要来一个"我自己"，自己拿小勺吃饭，自己跌跌撞撞地搬小凳子。随着年龄的增长，他们不仅要独立穿脱衣服、洗脸洗手，而且还要自己洗手绢，洗袜子，自己修理或者制作一些玩具，甚至还想自己上街买东西，自己洗碗。对于孩子正在增长的独立意识，家长一定要予以重视，并支持、鼓励他们："你只要好好学，一定能做好！"千万不能泼冷水："你还小，干不了！"

2. 为幼儿独立自主性的发展提供条件和机会。为了培养孩子的独立自主性，必须解放孩子的手脚，放手让他们去做那些应该做而且又是力所能及的事情，即使孩子做得不好，处理得不圆满也没关系。有些家长总怕孩子做不好，习惯于包办代替，习惯于指手画脚，总以担忧的目光注视和提醒孩子，或者干脆替孩子扫除障碍，铺平道路。这种态度和做法，有意无意地束缚了孩子的手脚，阻碍了他们独立自主性的发展。

3. 教给孩子独立自主做事的知识和技能。孩子不仅要有独立自主的意识，而且还要有相应的知识和技能，即不仅愿意自己做事，而且还会自己做事。例如，怎样穿脱衣服、洗脸洗手，怎样择菜、洗菜，怎样扫地、擦桌子，这些教育是在日常生活中自然而然进行的。而且独立自主性还表现在孩子学习、交往等各个方面。家长要教孩子自己完成游戏和学习任务，自己去和同伴交往，当孩子和同伴发生纠纷时，教他们用各种有效的方式去自行解决矛盾。

4. 让孩子自己做决策。自己做决策是独立性和自主性发展的一个非常重要的方面，我们要从小培养孩子自己做决策的能力。孩子的事应该由孩子自己去思考，自己去决断。玩具放在什么地方？游戏角色怎样布置？和谁玩？玩什么？这些孩子的事，家长不要做决定，要让孩子自己去动脑筋，想办法，做出决策。家长可以帮助孩子分析，引导孩子决断，但不要干涉，更不要包办，代孩子做决策。

第 七 章

Chapter7

杰出犹太人坚持诚信为人

犹太人一直都能做到坚持诚信，这已经成为他们被世人称道的美德，也是全世界的商人都愿意与他们做生意的重要原因。

第一节　犹太人把诚信作为做人之本

　　犹太人不仅在商业上的成就让世人瞩目，而且他们在做人方面同样非常有修养。在他们的意识里，做事要先做人。诚信是他们的做人之本。他们认为作为一种人品修养，诚信不再是交换手段，更不是牟取暴利的工具，而是人格的一种体现。诚信是做人的准则，认认真真地做人，这是很多犹太人的信条。其中诚实守信，又被认为是很重要的一条，诚实所能赋予人的不仅仅是一个精神上的荣誉称号，它是实实在在的一笔财富。

　　在犹太人的观念里，人是一种社会动物，总要与他人交往。人与人之间的交流主要是通过言行来进行的。一个人能够长期地坚持以诚信待人处世，就会形成诚信的人格。具有诚信人格的人，就会赢得人们的普遍信赖。自尊者人尊之，自敬者人敬之，自信者人信之，这是人际交往的必然规律。

　　犹太人认为，一个人诚信与否，是以行为和时间来检验的。一个有道德的人，以己之心度人之心，自己诚信故而也相信别人的诚信。然而，人并不都是言而有信、言行一致的，因此要听其言而观其行。有的人自以为很高明，认为人都很好欺骗，故而长于言而短于行。但是，人毕竟是不能靠欺骗生活的，当其欺骗的把戏被人们普遍知晓的时候，这种人就变成了孤家寡人，再也没有欺骗的市场。越是在隐蔽的地方、在微小的地方，越能够看出一个人的真正的面目。即使伪装得再高明，也总是会露出破绽和马脚的。只有表里一致的人，才没有破绽。而一些内在德性诚实的人一般都从来不表白自己的诚实，而惯于说谎的人总是诚恳地向人表白自己说的不是谎话；诚实的人总觉得人人说的都是实话，不诚实的人总觉得别人都不诚实；厚道的人常常认为人人都厚道，工于心计的人常常认为人人都工于心计。具有丰富人生经验的人，不需费很大的气力就可以通过言谈洞察一个人的德性。犹太人正是这种在交往中讲诚信而又能洞察他人的高手。

犹太人认为诚信作为一个基本的道德规范，是对人们的共同要求。与人交往，自己首先要保持诚信。正常的、和谐的人际关系的维持，则需要双方或多方都讲诚信。"信"字还包含同心相知、彼此信任的意思。如果双方当面说一套，背后搞另一套，友好的关系不可能得到维持，两人更不能成为朋友。彼此以诚信相待，不因偶然事件而动摇，不因时光流逝而褪色，才算得上是真正的诚信。

犹太人在招聘时同样把诚信放在了首位。在招聘的过程中，"诚"是最被看重的品质。"一旦发现应聘者有欺骗行为，他的资格会立即被取消。"他们最不能容忍的就是不诚实，不管你多有经验，多有能力，"道不同，不相为谋"是他们的准则。与此相应的是招聘市场的对人、对事的无条件信任。"你有什么能力，达到什么程度，说什么我都信。"这是他们在招聘时基本的相互信任和尊重，但如果存心欺骗，应聘者将不会有第二次机会。

诚信为人是各行各业信守的真理。犹太人认为没有诚信，人在这个世界上将寸步难行。企业家失去了诚信就会失去他有力的合作伙伴；商人失去了诚信就会失去他所有的生意；科学家失去了诚信将遭到学术界的谴责；学生失去了诚信将丢掉他在同学中的威信，也会失去他最要好的朋友；而一个市民失去了诚信，他将连贷款买房子这样的事情都无法办到。

在犹太人看来，诚信应该是双向的。自己对别人要诚信，而同时也要相信别人的诚实。换句话说，诚信也可以这样解释："相信诚实"，诚信将使人们合作愉快，而疑神疑鬼最容易伤害彼此的感情。

犹太人从小就非常地注意诚信追求，他们认为青少年的诚信程度在很大程度上直接影响着社会诚信水平。提高青少年对诚信在现代社会生活中的意义认识，培养诚信意识是学校德育工作的重要部分，也是建立个人诚信体系的重要组成部分。他们强化青少年的诚信观念的目的，是让"不诚行为"变得像"过街老鼠，人人喊打"，这也是发展人与人之间最基本信任关系的基础。只有信任才是人际关系得以建立和维持的黏合剂，没有信任，就没有长期稳定的人际关系和可靠的朋友，那种"害人之心不可有，防人之心不可无"的忠告无疑是对现存社会道德的一种否定，"骗死人不偿命"的谬论更是对诚信的一种讽刺。

犹太人认为诚信对商人来说，就像是水对鱼那么重要。一个有信誉的人，其感召力是巨大的，产生出来的力量可以把不可能变成现实。凭着"无论环境如何恶劣，只须真正做人，信誉为本"的信条，必能成功地创造奇迹。

但是，犹太人坚持做诚信的人，并不是说做一个谁也不敢得罪的"老好人"，也不是做一个逆来顺受的"老实人"，更不是做一个循规蹈矩、不思进取、没有活力的人。当真诚得过了火，以致不分时间、条件、场合、对象和具体情况时，它就是错误的。有时候，这种错误还是致命的。过于诚实起源于对社会的理解过于简单，其中不乏幼稚的成分，无法适应复杂的商业竞争和人际关系。要知识，诚信不是一种盲目的冲动，更不是一种廉价的同情与施舍，而是一种理性的升华。做一个善意的老实人很重要，做一个聪明的老实人更重要。

值得指出的是，犹太人认为在公共生活领域，诚信具有更重要的价值。他们认为公共生活领域的伦理关系不仅比私人生活领域的伦理关系更宽广，而且更为复杂。家庭内部的关系，是靠亲情来维系的；而社会上的种种关系，是靠信义来维系的。只有在做人时讲求诚信，才会有事业上的成功。

第二节 诚信使企业长久发展

犹太人在总结他们的成功经验时认为：诚信是他们经商的立身之术。成功的犹太人认为无论在日常生活中，还是在与人交往时，诚信都是不可或缺的。他们认为，诚信是市场竞争的黄金规则，诚信机制是市场经济有序发展的基础。市场经济越发达，就越要求诚实守信。诚信是企业在激烈的市场经济竞争中存在并发展的保证，企业若想生存、发展，就必须遵守诚信这个经营准则。

然而，从全世界的经商状况来看，情况不容乐观，道德的滑坡、诚信的缺失已经使社会发展产生了严重的危害。有关部门的调查显示，至少有30％以上的企业被假冒产品侵权；社会诚信合同违约、商业欺诈现象严重；偷税漏税、骗汇等屡禁不止；欠债不还、三角债等现象普遍存在。再看，阿富汗的一个知名副食厂家的存在和品牌已发展了70年之久，最后却以破产而告终，其破产的直接原因是该副食厂家用隔年的陈馅生产月饼，被媒体曝光后，订货单位纷纷退货，消费者无人再购买该厂生产的月饼等系列食品，破产的根本原因是该厂家丧失了诚信道德；又如一些地方和企业曾经以"走私"、"售假"等违法失信行为而得益，最终却吓跑了投资者和消费者。可见，企业诚信缺失，就会妨碍企业竞争力的提高，毒化社会空气，甚至还会导致更大范围内的信誉丧失。因此，不讲诚信，在害人同时也给自己造成了重大的损失，既破坏了市场经济秩序，又将整个社会道德水准推向深渊。

而聪明的犹太人却经常拿这些失败的例子引以为戒，把诚信列为经商的首要之道。他们认为诚信经营与商业发展是相辅相成、相互促进的。企业讲诚信，就能赢得消费者的信任，就能为企业带来无穷的财富，同时企业的发展是与严格遵守诚信原则，坚持诚信经营、规范服务，树立起良好的形象密不可分的，他们认为诚信是商业发展的助推力。犹太人在经商方面，坚持以德经商、诚信服务。在商业界，他们每年评比"十佳"诚信服务明星，挂牌服务，极大地优化了企业服务质量，提升了企业形象，赢得了消费者的信任。由此可见，诚信的缺失，不仅消费者利益直接受到侵害，而且严重损害了企业的利益，直接妨碍企业的可持续性发展，还严重污染了投资环境。为此，犹太人在商业界提出了"加强诚信建设，打造诚信形象"的口号，纷纷出台了打造诚信城市、诚信企业的措施。

成功的犹太商人非常重视在企业运行的各个环节讲究诚信。

一、对产品品牌等方面的宣传应讲究诚信

在经商时，犹太人对产品品牌的广告宣传，本着实事求是的态度如实地宣传企业的产品品牌，从不采取夸大其词等虚假手段去宣传。聪明的犹太人认为采取夸大其词等虚假手段去宣传，尽管可能会一时蒙骗住部分消费者，但蒙骗终究不能持久。一旦消费者发现企业采取夸大其词等虚假手段去为产品品牌作广告宣传的话，就不会买账，甚至向有关部门投诉企业为产品作虚假的宣传，给企业带来很不利的影响。所以，高明的犹太企业经营决策者决不会采取夸大其词手段去为其产品进行弄虚作假的宣传，他们在对其产品作广告宣传方面，往往都会采取实事求是的诚信态度。因为犹太人坚信实事求是的诚信的产品广告宣传，对促进产品的销售有最长远的作用，是无可否认的。

二、产品外包装上所标的重量问题要讲求诚信

目前市场上所出售的一些袋装米、袋装食品、瓶装饮料等都存在着不同程度的分量不足、短斤缺两的问题。比如，有的袋装米，其外包装上标明净重 15 公斤，但经复称检查，实际上却不到 14 公斤。一袋标重 15 公斤，竟整整欠缺 1 公斤！

产品外包装上所标重量与实际重量不符，是近年来全球商界较为典型的欺诈现象，与诚信经营背道而驰。聪明的消费者，一旦发现其欺诈情

况，绝不可能光顾购买之。即使上过一回当，也不可能再上第二回当的。

犹太人在外包装所标质量问题上特别注重实事求是，从来不出现包装与实际不符合的现象。他们认为表里如一很重要，外包装标示的一切都是对产品的说明和介绍，是用来给消费者看的，是用来让消费者了解产品的真实情况的。他们认为如果外包装的说明跟实际不符合的话，消费者第一次可能会因为不了解而购买，但绝不会再有第二次、第三次。所以成功的犹太商人特别讲求质量上的诚信原则。

三、售后服务方面应讲究诚信

犹太人在谈到成功之道时常常会说，售后服务方面的诚信也是非常重要的。他们认为切实认真地做好产品售后服务工作，说到的就要做到，是赢得消费者们信赖和达成再次购买的重要因素之一。这样可以赢得消费者们的信任，使消费者们更乐意购买你的产品，从而提高产品的销售量。这对企业本身也有好处，才能在日趋激烈的市场竞争中站稳脚跟。

第三节 犹太人诚信经营三大意识

杰出犹太人之所以能在商业的经营上引起全世界的瞩目，成为全球商人学习的典范。就是因为犹太人在经商的过程中，拥有宝贵的诚信经营意识。

一、坚持诚信为本

犹太人在经商时坚持"诚信为本"的宗旨，在员工队伍建设、制度建设和经营活动中，处处突出"诚信"二字，他们在公司员工中开展了内容丰富、形式多样的诚信学习教育活动。犹太人经常组织员工学习《金融诚信论》和上级领导有关诚信的动员讲话以及经商法律法规知识，开展坚持依法经营、恪守职业道德、信守合同承诺、优化服务、提高社会公信力和美誉度问题的大讨论。犹太商人还经常举行以诚信为主题的演讲比赛、知识竞赛，不断增强员工的诚信意识和规则意识，"诚信为本"的经营理念成为员工日常工作的行为准则。还制定包括对核赔、核保、重要空白凭证管理、会计核算、个人代理、个人代理营销等一系列的管理制度，约束员工的经营行为，把日常业务工作纳入制度化、规范化的轨道。为优化服务质量，提高工作效率，并向社会公开承诺，如果质量和服务有违背经商道德的话，将做出相应的赔偿。他们还定期组织消费者座谈或上门走访，听取消费者的意见建议，及时纠正工作中存在的问题和不足，增进与消费者的沟通与了解，接受社会的监督。犹太人的经商成功是与他们这种从各个环节坚持诚信分不开的。

二、用诚信化解风险

犹太人认为诚信不仅可以赢得消费者的信赖，还有化解商业上风险的作用。在以色列某县城，一家犹太人经营的汽车公司生意一向非常兴隆，每年有 2800 多辆大小货车奔波在全国汽车货运市场，因此也成为当地政府、银行、保险倾力扶持的产业。最后，该汽车公司为配合当地银行汽车消费贷款业务的开展，减少银行的信贷风险，推出了车贷保险业务。该业务规定：如果借款车主不能如期归还银行贷款，将由保险公司代为赔付。由于管理不力，一些借款车主不及时归还银行贷款，使银行汽车消费贷款违约率不断上升，全县不良贷款最多时达 1400 多万元，给业务带来了巨大的经营风险。面对这一难题，该公司的领导人进一步加大诚信建设的力度，在车主和经销商中强化保险诚信意识，营造一种以讲诚信守承诺为荣、以背信违约为耻的社会舆论，曝光了一批违规违约的车主名单，尤其是以自己诚实守信的经营行为感染了广大的客户。同时，还运用法律手段清收违规违约的车主借款，使许多欠款的车主纷纷主动到银行归还贷款，既维护了公司自身权益，又推动了诚信建设。到目前为止，由该公司承担保险责任的贷款仅 10 余万元。

三、以诚信赢得市场

在犹太人看来，商业诚信是社会诚信的重要组成部分，是保证市场经济正常运行的重要方面，加强商业诚信建设，打造诚信商业，对于促进商业健康持续发展有着十分重要的意义，这是犹太人的经验之谈。

犹太人经营的超达阀门股份有限公司创办时，正值本厂产品低潮期，当时该厂所承受的巨大压力使许多本地企业纷纷投靠外地企业，但这家工厂并没有随波逐流，依然固守着引配阀门厂。对此，有人不解，为何不换种活法？而这位犹太商人却回答说：我们做的是产品，应该像做人一样，亮明真实的身份。

话虽简朴，但在这种"城门失火"的情况下，这位犹太人却为坚守诚信牺牲了不少市场。对此，这位犹太商人并不气馁，他认为：大厂不愿做的小订单，我来做。这样，尽管小批量、多品种的阀门生产利润低，但该厂都能尽心尽力地去做，真正做到急用户所急。有一次，该公司按合同要求向外地某厂发去了一批普通三通球阀，可事后用户因选用失误，提出要求退货，并另外定做一批旋塞阀。对此，这位犹太商人都一一满足对方的要求，并在一周后完成了赶制任务，解了用户的燃眉之急。正是由于这些点滴积累，超达现已获得了用户的广泛信任，近 200 家特大型企业都已由超达产品当时的小用户变成了大用户。

而与此同时，在这位犹太商人的带领下，整个超达人对诚信的理解也随着企业的发展而有了深刻的变化。因为成功的犹太商人认为，企业每个阶段都要做好自己的定位，说到做到，讲诚信，就必须要有诚信的实力，只有真正做得到，才是真正的诚信。具体地说，产品质量是制造型企业的根本，也是诚信最直接的体现。在这位犹太商人的带领下，超达要始终高度重视产品质量，在设计、采购、加工、装配、试验检验以及用户服务的全过程中，严格按照国际质量管理体系的规则和程序进行运作。此外，他还非常注意通过不断的产品创新来满足用户的动态需求，实现深层次的诚信；而对内则要善待员工，稳定员工队伍，只有诚信的领导和诚信的员工，才能构建诚信企业。

正是由于这位犹太商人对诚信的坚守，现在其产品除了在巴基斯坦近200家特大型企业广泛应用外，还有40％的产品出口到日本、朝鲜等地。

这位犹太人最终以诚信赢得了大市场。正是因为犹太人在经商时把诚信看做了制胜法宝，才使得他们的商业立于不败之地。

第四节　打造诚信商业的措施

杰出的犹太人在打造诚信商业方面很注意研究，他们把打造诚信商业的措施归结为以下四个方面。

一、坚持自律和他律相结合

在犹太人看来，健全和完善诚信经营是长效的管理机制。他们认为"诚信缺失"的深层次的原因，是缺乏必要的自律和他律机制。内因是变化的根据，外因是变化的条件，道德的自律性与社会环境的他律性是对立统一、相辅相成的，离开了他律性也就无所谓自律性。因此，犹太人在商业诚信建设中，认真贯彻有关诚信方面的原则，注重把握好商业诚信的道德自律与诚信他律的对立统一关系，在加强诚信教育的基础上，重视发挥诚信的他律机制作用，建立健全维护诚信的制度保障和监督约束机制。犹太市商联会和各专业协会也同犹太工商、税务、技监、物价、消协等有关部门联合，充分发挥社会各方综合优势，共同履行对商业企业、经营者、消费者和员工的诚信监督。

犹太商界同时还发挥群众监督和新闻舆论监督的作用，通过公开服务质量标准、监督电话、举报邮箱等，形成社会监督机制，使失信者一处失信，处处受到制约。确保诚信者得利，失信者受到处罚，毁信者被淘汰出局，形成谁也不敢冒失信风险、人人愿靠诚信竞争的良好风气。此外，犹太商界还建立客观公正、有效的商业诚信评级体系。制定服务质量规范实施细则和服务标准，建立商业协会、商业企业、经营者和职工的诚信档案，客观公正地反映商业企业在质量、价格、广告、合同、银行资信等方面的诚信度，适时开展商业行业"诚信经营先进单位"的测评，推进商业企业诚信经营。

二、以诚信为杠杆

犹太商人非常重视以商品质量为重点，以诚信为杠杆，坚决杜绝假冒伪劣商品进入流通领域。他们认为商品质量是诚信经营的关键，讲诚信首先要讲商品质量的诚信。他们认为商业企业要站在整顿和规范市场经济秩序的前列，加强商品质量管理，建立商品的质量管理、质量监督和质量保证体系，严格把好商品的进货关、检验关和销售关，从入口环节把好关，不让假冒伪劣商品进入流通领域。犹太人注重大力发展连锁经营、物流配送、电子商务等系列新型流通组织形式和营销方式，提高商业企业和组织化、规模化程度，实现经营行为的规范化和经营方式的标准化，从根本上杜绝假冒伪劣商品进入市场，以求净化流通环境，规范流通秩序。同时要以诚信为杠杆，与供货商建立良好的信誉关系。

在犹太人看来，供货商是商业企业的重要合作伙伴。在同供货商的合作中，要守合同、重信誉，做到公正、透明，不搞暗箱操作，不歧视小规模供货商，不向供货商收取不合理费用，不与供货商发生债务纠纷，不违背国家政策和市场经营准则、炒买炒卖等不规范竞争，以建立良好的稳定的供货渠道，保证商品的质量。"诚信"二字非同小可，"人无信不立，业无信不存，国无信不兴"。成功犹太人认为在商业中，诚信是一种准则，它的作用是辅助法律来规范市场秩序；诚信是一种责任，要求所有的商人要为消费者负责；诚信是一种资源，它能给讲诚信商人带来双赢的回报；在国际市场上，诚信更是一个杠杆，一个国家讲诚信，就会树立良好的国际形象，带来的利益要远远高于诚信的投入，反之，不诚信，导致的损害也要远远大于你破坏诚信的成本。犹太人认为讲不讲诚信，不单是个人的问题，国家、天下都离不开诚信，对金融市场而言更是如此。

三、创新服务手段、服务内容和服务方式

犹太商人认为，为消费者营造放心安全的消费环境对经商非常重要。"放心"是目前消费者最大的顾虑，有些消费者情愿买价格昂贵的品牌商品，就是因为对品牌商品的质量放心。

犹太商人分析：当前国际市场销售不旺，新的消费热点难以形成，其中一个重要原因，就是服务手段和服务方式还不能适应消费者的要求，还不能让消费者放心消费。因此，面对新的市场形势，犹太人在服务手段、服务内容、服务方式、服务范围提出了新的要求，更进一步强化了服务意识，增加了服务内容，采用了新的服务方式，提升了服务质量。以达到逐步提高服务水平，切实为消费者提供舒适、便利、安全、卫生的环境的目的；犹太商人在提供热情、周到、规范、真诚的服务的同时，并不断创新提升服务质量和水平，实施技能服务、品牌服务；严格履行商品的"三包"和其他售后服务，兑现对消费者各项服务承诺，用服务来吸引顾客，用服务去占领市场。

四、紧抓内部诚信宣传

犹太人特别相信"人"是诚信经营的主体这条信念，他们认为企业诚信经营的信誉度离不开职工的素质。诚信是企业文化的最基本的要素，是构成企业文化的重要内容，诚信在企业文化建设中具有十分重要的意义。因此，犹太商界，把诚信宣传、诚信教育工作作为企业文化建设来抓，大力塑造企业的诚信精神。

成功的犹太商人非常注意企业本身的诚信管理，以及企业内部员工之间，员工与管理层之间以及管理层与投资者之间的诚信问题。他们认为一个企业如果内部缺乏诚信，会造成严重的后果。因为市场是无情的，对于一个在最需要诚信的行业里生存和发展的企业来说，如果经常做的却是一些缺乏诚信的事，那么没有理由让它在这个行业里继续存在下去。他们认为企业的发展最终还得靠自己的员工的努力工作，管理者可以为企业的发展制定宏大的战略及严密的战略设施计划，严格的规章制度，公平合理的人力资源政策等，但具体的实施以及实施的效果取决于员工，因此诚信教育更为重要。而作为制度本身的特点，它没有也不可能把所有的方面规定得清清楚楚，所以就要加强员工自己的道德和诚信观念。

犹太商人非常注重提高员工的诚信意识，他们经常要求自己的员工在经销时要真正做到诚实守信、货真价实、公平买卖、童叟无欺，用优质的商品和服务满足社会需要。犹太商界经常积极组织以"诚信经营、规范服务"为主题的系列活动，以求推进规范服务和品牌服务，以诚信服务典型带动商贸行业的诚信建设。

第五节　用绝对的诚信对待消费者

杰出的犹太经营者坚信只有诚信经营，消费者才能放心消费。

有人把如今的商业竞争比喻为海上冲浪，勇敢者会攀上波峰，怯懦者会跌入浪谷。然而，犹太人不仅认为从商者不仅要有勇有谋，还要具有诚信经营的理念。在他们看来，只有诚信经营真正把消费者视为上帝，处处维护消费者的合法权益，才能赢得消费者对商家的信任，从而能够放心坦然地去消费，而不再抱有警惕的态度。从诚信经营到放心消费，实际上是形成了商家和消费者双赢的有利局面，犹太商人认为这是一个良性循环的态势。

犹太商家，在他们经营的过程中，始终本着诚信经营这一条基本准则。但是，从整个的经商行业来看，随着市场竞争的日趋激烈，这些准则渐渐被一些商人视为阻碍发展的绊脚石而遭到摒弃。更有一些商人，开始挖空心思地动脑子、耍手腕，用"以次充好"或"钓鱼上钩"等层出不穷的花样欺骗消费者，从中牟取暴利。殊不知，这种只顾眼前利益而不惜损害消费者利益的做法其实是一柄"双刃剑",在伤害消费者的同时也阻塞了自己的经营之路。在日常消费时经常可以看到消费者被欺骗的现象,如名为"买一送一",可能你买一台电器送你一卷餐巾纸;表面的"挥泪大甩卖",其实价格明降暗升;还有承诺售后服务"包您满意"的,结果买回东西出现故障后,商家的维修电话永远是空号……凡此种种,不胜枚举,失去了"诚信经营"作保障,叫消费者如何能做到"放心消费"?试问,哪位消费者肯再次光临上当受骗的商店去购物?然而,犹太人在经商时却始终把顾客看做上帝,他们坚持以诚信的经商之道对待顾客。在他们看来,不讲诚信经营,即使暂时能够获利,也是一种"饮鸩止渴"的愚蠢做法。

有的商家总是抱怨现在的消费者"心眼多"、"头难剃"等,其实消费者一般都是善良的,只是上当受骗的次数多了。"吃一堑,长一智",才变得警觉起来,消费时往往要货比三家,进行鉴别后才出手购买。不是消费者难缠,实在是"一朝被蛇咬,十年怕井绳"。

如今随着市场经济的发展,再加上竞争的压力或利益的诱惑,有些商人便把"诚信经营"的信条抛诸脑后,加入了欺骗消费者的行列。据国外媒体报道,一家医药器械公司,在卖出的1700多台问题起搏器中,有的早已过期,有的纯粹是走私产品,无任何质量保证。但就是这样的产品,居然卖到了医院里,而且医院竟把这些仪器植入了患者的体内,而这些医院为了高额的回扣,竟然明知会危及患者的身体健康甚至生命,也不惜冒着风险将起搏器卖给那些渴望得到救治的患者。其中一台起搏器竟然在一位高龄老太太的体内"跑动",时不时还给她一下"电击"。这样为了金钱而泯灭了良心的行径,怎能让消费者"放心消费"呢?

而犹太人之所以经商非常成功,一方面就是因为他们始终以诚信对待每一位消费者,他们认为诚信经营赚钱是最聪明、也是最长久的秘诀。在犹太商家中,始终坚持公平买卖,如实地向消费者介绍自己产品的优缺点,让消费者自行选择。这样做反而使消费者更信得过产品的质量,犹太商家的诚信行为更给消费者留下良好的印象，其结果往往会超过广告所产生的效应。记得在一次全球商人的报告会上，一个做水产生意的犹太老板给大家这样介绍他的成功之道：刚开始他的生意并不怎么好，通过朋友的介绍给一家大酒店送水产。由于他特别讲诚信，后来凡是他送去的货，酒店不再过秤。但是有一次卸货时他发现虾好像比平常少了，因此他坚持要酒店人员称一称分量，结果真的少了 3 斤虾，原来是夜里灯光不好看错了秤。如果他不说，没人会知道，但是诚信原则使他坚决补上少称的虾，他也因此更加赢得了别人的信任和尊重，生意也越做越红火。他正是以这种诚信态度，把自己的事业从市级企业做到全国，再由全国走向世界。

聪明的犹太商人都非常清楚：不诚信经营，不仅失信于消费者，让消费者"不放心"，而且还使得消费者不得不拿起法律武器来维护自己的合法权益。

现在存在信任危机的，除了日用、副食行业以外，还有装潢行业。据统计，在某地，就有近1/3的家庭在装潢过程中发生过严重的纠纷。由于装潢企业的不诚信行为，导致这种信任危机相当严重，极大地影响了当地装潢行业的发展。而在犹太人经营的装潢业中，始终奉行"一切为了客户"的经营理念，与消费者签订合同前，不夸大其词；合同签订后，在工程的全过程中，始终接受客户监督。每道工序完工后，收到客户满意的反馈，他们才会进入下一道工序。犹太人这种规范的服务，无疑是给消费者吃了一颗"定心丸"，不仅能保证服务的质量，避免了消费者的流失，同时也赢得了消费者可贵的信赖和更多的顾客。

犹太人认为各行各业的经营者，成功之路或许有千万条，但诚信经营一定是必经之路。上述那些"守合同、重诚信"犹太装潢企业的诚信经营方式，再次告诉所有的商家：只有诚信经营才能放心消费，"诚信"与"质量"一样是企业的生命。犹太商人始终奉行企业光明磊落、货真价实的信条，只有这样才能让消费者"买得安心，吃得放心"。否则，制假卖假，不守承诺，敷衍塞责，不仅会让消费者心寒，更会受到相关法律的制裁！因此，只有商家真正做到"诚信经营"，才会有消费者的"放心消费"。

第六节　诚信经营成法宝

在犹太人成功宝典里有这么一条：诚信是市场经济的生命和灵魂，是企业从事生产经营活动的一个必具要素，有着真金白银般的经济价值。一个明智的犹太商人，一定会把自己训练得十分出色，不仅要有出色的经商本领，为人也要做到十分的诚实和坦率。因为他们认为市场经济既是竞争经济，也是诚信经济、法制经济。

毫无疑问，市场经济就是诚信经济，没有诚信，市场是无根的浮萍。很显然，在市场中，人们的一切经济活动都得通过与他人的交易来完成，小至你在街上一手交钱、一手交货现货买卖，大至国与国之间贸易协定的签订。但是，在这些交易中，人们凭什么来相信对方的东西是真实的呢？在日常生活中，当你进入一家银行，尽管你对这家银行的经营状况可能是一无所知，但你却会毫不犹豫地将自己辛苦挣来的钱交给柜台的出纳员，而仅拿着一张存单悠然而去；当你向一家企业订购一批货品，厂商会欣然地接受你签署的银行支票，你只要在家里等待，企业就会把你订购的货品送到家；当你走进一家过去从来没有进入过的医院时，你却会答应医院中未曾谋面的医生给你做手术；你也会向轿车送货商预付车款，而这些轿车却要在外国工厂中由根本不会与你见过面的工人们生产，等等。而这一切的一切都是凭借市场的诚信法则来维系的，离开了人们之间的诚信关系，不仅会使整个交易的成本增加，有时也会使人们之间的交易根本无法进行。离开了诚信，市场将无法生存。

企业文化，已被国内外企业界公认为是企业管理的重要内容。许多专家指出，先进的企业文化是促进企业可持续发展的动力源泉，是企业内聚人心、外塑形象的重要管理机制，更是企业核心竞争力的关键部分。因此纵观国内外的许多企业，无不重视建设自己具有特色的企业文化，无不把发展自己的企业文化当做提升企业核心竞争力的重要途径。

美国能源巨头安然公司因虚报营运收益，不仅官司缠身，而且导致破产；涉嫌帮助其造假的世界著名的美国安达信会计师事务所也相应陷入诚信危机。时下企业失信问题亦触目惊心，从市场上的假冒伪劣商品到股市上的暗箱操作；从企业间纠缠不清的三角债到银行间的诚信危机；从足坛上的黑哨到学术界的腐败，不一而足。所以这些问题都跟犹太人经商形成了鲜明的对比。

犹太人对企业的诚信关系做得非常好，他们在企业与投资股东、企业与消费者、企业与债主、企业与经营伙伴、企业与员工等关系上等非常地注意诚信原则。他们认为企业如果处理不好这些诚信关系，对内、对外失去诚信，内部凝聚力和对外竞争力都无从谈起。但是，现在就有一些企业或将股东的钱"圈"去后造假账欺骗股东，或借了银行贷款后而恶意赖债，或制假贩劣坑害消费者，等等。这类不讲诚信的观念和行为，严重扰乱了市场秩序。这些方面都应该多向犹太人学习。

目前有很多银行家在给予商人贷款时都十分小心，他们对那些资本雄厚，但品行不端、不值得信任的人，绝不会放贷一分钱；而对那些经商信誉度比较好的小商人都可以慷慨解囊。成功的犹太人注意到：越是细小的事情，越容易给人留下深刻的印象。要获得他人的信任，除了要有好的办事能力外，还需要有正直诚信的品格。一个人一旦失信人一次，别人下次就再不愿意和他交往或发生商业往来了，因为他的不守诚信可能会生出许多麻烦。这是犹太商人赢得多方好评的主要原因。

特别是面对经济全球化趋势的现在，犹太人更是把诚信看做制胜的法宝。他们认为如果缺乏诚信支持，任何企业都无法参与国际竞争，更谈不上融入世界经济，"诚信"二字非同小可。

再看现在，企业诚信管理社会基础差，个人诚信问题基本属于空白，"劣迹"和"诚信污点"的企业大量存在，个人屡次行骗而不被察觉，这都是"诚信"缺口流失的主要原因。市场经济的发展需要完善诚信体系，而诚信是相互给予的。企业内部普遍缺乏基本的诚信管理制度也是诚信缺失的原因之一。除了犹太人之外，很少会有企业设立专门的诚信管理部门或人员，这首先易导致因守信不当使合约不能履行以及守信企业对履约计划缺乏管理而违约现象的频繁发生，又会因对合作客户诚信状况缺乏了解而受骗上当。犹太人成功经商的法宝之一，就是有一套维护诚信的完善体系。因为他们认为一个民族不能缺乏诚信观念，一个国家不能缺乏诚信制度，一个社会不能缺乏诚信体系，一个企业不能忽视诚信管理。实践证明，一个民族要在世界竞争，诚实守信就是首要王牌，建设诚信体系成为必然。

犹太人认为成功的商业发展需要一个好的外部环境，如果整个社会生活中缺乏诚信，就会增加市场交易的难度和摩擦，干扰了市场上的投资、贸易与信贷的正常业务，扭曲了资本市场的功能，又降低了人们投资与消费的信心，给社会经济稳定增长带来巨大损害，从而大面积地影响企业的发展。成功犹太人都会把自己企业内部的诚信看得很重要，因为他们的成功经验告诉我们这样可以降低内部的管理成本，增强企业内部的团队凝聚力，并且是企业文化建设的重要方面。所以他们都非常强调要加强企业的诚信管理。但外部诚信与内部诚信有紧密的联系，它们共同构成了企业健康发展必须的、不可分割的两部分。

在他们看来，诚实与诚信在成功人士的商业活动中具有非常重要的作用。如果一旦某个商人出现诚信问题，那么他的诚信度就大打折扣，随之就会增加了商业交易的难度，影响商业投资，又降低了企业在消费者心目中的信誉度。成功的犹太人士经商一向在讲究法律的同时，更是重视诚信。他们认为如果没有诚信为基础，他们的商业就不可能得到顺利发展。一旦诚信在经商时得到破坏，将会导致整个商业氛围的破坏，还会导致一些深层次的问题。每个成功的犹太商人当他们的商业做大了后，都要进行规范的管理，要求人与人之间要以诚相待。

成功的犹太企业家分析，在经商上缺乏诚信付出的代价至少有以下几种。

第一，诚信缺失大大增加了整个社会的交易成本。六成多的企业经营者认为在商务活动中跟人打交道"需要提防"；2/3 以上的企业经营者在购买原材料和生产设备时，都要"经过调查再买"或"直接去生产厂家购买"。而选择"直接去市场购买"、"参加展销订货会"、"朋友介绍"等购买方式的比重在 1%～12.7%之间。

第二，诚信缺失使得新的更快捷、更现代化的交易手段和交易方式得不到发展，从而制约了新经济的成长。

第三，诚信缺失严重地影响了信贷业务。目前在市场上已成家常便饭的拖欠贷款、合同纠纷等诚信缺失让人不敢投资，影响了民间投资的启动；更让一些企业因此而遭受重大损失，并把有限的资源耗在这些本来不会带来经济收益的活动中。

犹太商界非常重视外部市场环境的诚信原则。他们认为企业是市场经济的一个有机组成部分，其发展除了需要加强自身的经营管理外，还需要一个供其表演的外部舞台，那就是市场。一个好的市场环境和健全的市场体系不仅为企业的活动提供了顺畅的渠道，还有利于企业之间公平合理的竞争。如果整个社会缺乏诚实和诚信，那么就不会有一个很好的市场环境，企业也就没有一个能让其充分发展的外部环境。

成功犹太商人还极为讲究信誉，信誉就是市场。他们认为极高的商业信誉对成功人士事业发达所带来的好处是显而易见的，在他们眼里，守信是最有远见的"理性算计"。正如一位钻石犹太商所言："要经营钻石，至少要制定百年大计，一代人是完成不了的。而且，经营钻石的人是受人尊敬的人，钻石生意的基础是取得人们的信赖。"

曾经在以色列，有一家犹太人经营的光缆公司，一直都是全国小有名气光缆生产厂家。因一次的疏忽，在 1997 年全国邮电行业统检的产品质量公告中，发现在光缆全部 39 项考核中 38 项合格，只有内外护套之间渗水试验一项未能通过，被确定为不合格。如果是其他商家又会如何面对这样的检测结果呢？可是这个犹太老总却把这次事件当成企业生死存亡的大事来抓，向所有用户致信通报实际情况，承认他们生产的光缆有不足之处，并把工夫下在整改措施的落实上，用真功夫解决问题，用事实说话。同年 4 月 28 日，经权威机构检测，经过改善的光缆全部合格。这位犹太商人用磊落与诚实赢得了用户的信任。他在总结大会上说："在哪里跌倒，在哪里爬起。如果不是有这次磨难，也许本公司就不会发展到现在的局面，我们要质量和服务双管齐下。"这只是犹太人在经商中注意诚信的一个小环节，但这也足以反映出犹太人对诚信经营的肯定态度。

在这一点上，要多向犹太人学习，相信对当今的生意人一定会有所裨益。守信遵约的商人越多，社会经济就越会向有文化的方向发展。犹太人之所以会成为世界上经济秩序的台柱，就是缘于此。做任何事要成功都要持之以恒，同样，要获得别人的信任也是如此。良好的诚信要坚持下来。

第七节　以诚信把生意做长久

诚信是企业的灵魂。成功的犹太人认为有了诚信企业才能生存和发展；品牌是企业的形象和内涵，有了它，企业才能有市场和发展的后劲。诚信是品牌的基础，因为诚信直接影响企业的信誉和生命力，良好的信誉是品牌的前提。品牌的支撑点就是可靠的质量和诚信文化。两者良性互动。企业要创名牌，要实现做大做强，必须始终把诚信放在首位。"产品等于人品，质量等于道德"，有了诚信，人就会对所做的事情奉行忠诚、诚实和正直的态度，事情就会一帆风顺。犹太商人认为诚信是企业从事生产经营活动的一个必备要素，是一种无形资产，是"资本价值中的核心成本"。一个成功的企业，卖给顾客的不仅是商品本身，往往还隐含着商品背后的文化。在现代文明社会的市场经济中，失信会使自己、企业付出高昂的代价，失信会使企业倒闭，失信等于自弃。无数事实证明，以诚信去创办企业、聚集财富，企业就会越办越好，财源也就会越开拓越广阔。相反，丧失诚信的企业必然是茫茫商海中的过眼云烟，最终将使财源枯竭。

企业诚信是企业的立业之本。成功的犹太人认为构建企业诚信是一个复杂的系统工程，没有员工个体的诚信，就不可能有企业整体的诚信。建设诚信企业，必须着眼建立长效管理机制，依靠制度规范诚信行为、打造诚信员工队伍。这当中，诚信教育是基础，个人诚信是前提，企业诚信是中心，立法建制是关键。要建立企业自己的诚信体系，并勇于公开承诺。树立诚信意识要从每个人做起，只有自己做到了诚信，才有可能要求别人也这样做。人们都希望生活在一个诚信无欺的环境中，诚信环境的形成取决于每个人对诚信所持的态度。诚信建设既是每个人的事，也是全社会的事。这就需要广大商人积极参与，从具体的事情做起。提高全社会的诚信水平，人人有责，个个受惠。如果你骗我一下，我骗你一下，骗来骗去，只能落个"两败俱伤"。要在全社会树立诚信光荣、失信可耻的社会风气和强有力的舆论氛围。

归根结底，企业的发展是由市场评判的。企业的利益是决定企业能否生存发展的关键。竞争的发展，使消费者有更多的选择，也给企业更多的压力。只有消费者可以在很多相关选择中进行选择时，良好的产品和服务才有意义。正是市场的发展，使消费者可以自由地选择，企业感受到生存的压力，产品和服务才变得优良起来。同样，在竞争的压力之下，企业会越来越重视信誉的建设。西方国家的企业家们也是在经历了无数的企业生生死死之后，才意识到信誉的重要作用的。

企业诚信的恶化带来了许多消极影响。对于企业来讲，企业诚信缺失使得企业的生产经营不能正常进行，交易费用增加，流动资金周转受阻，企业信誉受损，企业发展受到制约。有很多企业正是因为在信息披露上的不诚实，而不得不自食其果，失去了广大股民的信任，遭受了巨大的经济损失。对于社会来讲，企业失信使得国民经济难以正常运行，经济运行效率降低，市场经济难以向更高阶段迈进。成功的犹太商人认为："诚信缺失会影响到整体经济的发展。"

诚信是企业最好的品牌，是企业生产发展的前提。诚信在犹太商人中被认为是高于一切的"帝王原则"，他们认为企业如果违背了这一原则，无异于给自己套上了手铐和脚链。如今企业之间的诚信交付方式已占到社会经营活动的80%以上。在经济发达国家，都建有全国甚至世界性的资信数据库，任何一个企业有失信行为，数据库都有记录，银行就会依据这个记录对失信企业停止发放信贷，而其他企业就会拒绝与失信企业的经济往来，失信企业只能坐以待毙。所以犹太人往往都把诚信看做企业的生命，在经济活动中严格遵守诚信规范。

在市场竞争激烈的今天，诚信经营越来越受到人们的重视。在人们谈论美国安然公司事件的时候，人们会以安然公司的失败作为一个沉痛的教训。但回过头来，为什么还有那么多的公司在不诚信地经营？希望这些企业能从犹太人的经商之道中得到启示。

诚信机制是市场经济的基础之一。市场经济由两个基础机制：法律和信誉。在这两个基础机制中，信誉比法律更重要。目前全社会的法律体系都已经比较完善，而信誉问题却成了目前全市场经济中存在的最大的问题。"与法律相比，信誉机制是一种成本更低的机制。特别是，在许多情况下，法律是无能为力的，只有信誉能起作用。"在犹太商界认为信誉机制是对法律机制的有效的保障，信誉机制比法律机制更重要。在市场经济中，信誉的丧失可能会造成消费者对某种产品市场的不信任，从而导致市场的萎缩。

同样别的行业也是这样的道理。所以在强调要建立市场经济运行的信誉机制的时候，企业的行为起了至关重要的作用。只有作为市场的主要的交易主体的企业诚信经营，才有可能建立起真正的市场经济的信誉机制。只有建立起了市场经济的信誉机制，企业才可能做强、做大，永续经营。反过来，企业只有诚信经营才能适应市场经济的要求，不被竞争激烈的市场所淘汰。所以诚信经营是企业具有战略意义的行为。

在犹太商界，认为作为市场经济的基础机制的信誉机制，诚信经营是企业的立足之本，发展之源。当企业之间的竞争不再可能依靠技术、管理等壁垒的时候，企业间的竞争就要靠诚信来取胜。

诚信经营是企业使命的要求。目前不诚信经营的案例随处可见，比如：饮料促销中奖却无处兑奖；商场的价格游戏，购物返券，却只允许在少数的几个柜台使用；金华火腿事件；啤酒的偷税漏税案等等。这些没有信誉的行为往往伴随着违法行为的发生，而违法行为一旦被揭露，企业就会受到惩罚。既然企业知道不诚信经营是会受到法律和市场的惩罚的，那么企业为什么还要不诚信经营呢？这里牵扯到一个诚信的价值和诚信的成本的比较问题。诚信是有成本的。当一些企业在选择不诚信经营行为的时候，往往认为不诚信经营可以获取更多的价值。现实中也是这样的，比如一些豆腐渣工程，通过对工程的偷工减料达到获利的目的。当事人是获取了利益，但是这种利益的获取是以损害整个社会的利益和其他企业的利益为前提的。这是企业的一种短视行为，长远看来也必将损害当事人企业的价值，会给企业带来不可估量的损失。所以这里强调的是诚信的未来价值，它是大于诚信的成本的。这是给每一个有志于将企业做强、做大的企业家的一个忠告。

每一个企业都有自己的使命愿景。什么是企业的使命？使命就是企业存在的目的和理由，愿景是企业全体对未来的一个共同的预期。企业的战略是围绕着使命来制定的，战略是为了实现公司的使命愿景。那么一个公司的使命包括哪些内容呢？

一般来说，公司的使命包括：对员工、对股东、对客户、对社会以及对环境保护等的承诺。而愿景，则一般地要描述公司未来的发展方向和未来的景象。其实没有一个企业在描述使命愿景的时候，会是一幅不堪入目的画面，相反展现在我们面前的一定是一幅幅的宏伟蓝图。企业只有对员工进行承诺，并实现员工的价值，员工才会有忠诚，才会真正地为企业的长期发展着想；公司只有不断地增加股东的价值，股东才会对公司充满信心，才会不断地进行投资，支持企业的发展；公司只有不断地提供给客户以增值的机会，才能够培育客户的忠诚度，才能够不断地吸引新的客户，同时给公司带来增加收益的机会；公司只有不断地为社会创造，关心社会的发展，关心环境保护，社会和政府才能够给企业以更多的回馈，为企业创造更加良好的发展环境。同时，只有这样，企业对未来的美好的预期才可能实现。所以公司发展成长的使命愿景要求企业一定要诚信经营，才可能实现企业的长远发展。以上这些都是犹太人经商成功的宝贵经验。

诚信经营是企业可持续发展的战略要求。成功的犹太商人非常注重平衡计分卡，因为这是一个很好的战略实施和评估的工具。战略图是平衡计分卡的精髓之一。平衡计分卡将企业的战略分成了四个部分，财务、客户与市场以及学习与创新四个方面的战略。战略图将企业这四个方面的战略绘制在了一个图里面，表明了企业所采取的一系列战略的相互关系，从而使企业可以更好地理解战略和实施战略。

信守合同。犹太人信守合同几乎达到令人吃惊的地步。在做生意时，犹太人分厘必争，丝毫不让。但在合同面前，纵然吃亏也绝对遵守。犹太人认为，"契约"是与上帝的约定，而人与人之间的合同，和神所订的契约相同，绝不可以毁约。毁约即亵渎了上帝的神意。

有一位出口商人与犹太商人签订了1万箱蘑菇罐头合同，合同规定为："每箱20罐，每罐100克。"但出口商在出货时，却装运了1万箱150克的蘑菇罐头，货物的重量虽然比合同多了50%，但犹太商人拒绝收货。出口商甚至同意超出合同重量不收钱，而犹太商人仍不同意，并要求索赔。出口商无可奈何，赔了犹太商人全部损失，还要把货物另做处理。

犹太商人看似不通情理，但事实却不那么简单。首先因为犹太人极为注重合同，犹太人可以说是"契约之民"。犹太人生意经的精髓在于合同。他们一旦签订合同，不管发生任何困难，也绝不毁约。当然他们也要求签约对方严格履行合同，不容许对合同不严谨和宽容。相反，谁不履行合同，就会被认为违反了神的旨意，是不被允许的。

由此可见，合同是买卖极为重要的要件，违反合同规定，对买卖双方会产生严重后果。在犹太生意经中，合同和公司也是商品，只要能获利，连自己的公司也会卖掉。对于签订的"合同"，也同样会将之卖掉。在犹太人中有专门从事购买合同的人，这种人购买合同后，代替卖方履行合同，从中获利。这种买合同获利的商人叫为"中间人"或"代理商"。在犹太人中，不论贸易大小都与"代理人"打交道。

所以，犹太人一旦与对方谈判成功，达成一致意见的协议，不管是口头协议还是文字协议，他们都认为这是与神签订的协议，并在执行期间无论发生任何困难，他们也不毁约，同时他们也要求签约对方必须严格履行合同。

谈判中签订合约，双方都要目标明确，意思表达准确无误，不允许有任何模棱两可的东西混藏其中，此后双方必须遵照合同，绝对不可以毁约。

犹太人在执行合同上严于律己，也严于律人，把别人和自己一样看待。若对方不严格履行合约，犹太人必严加追究，毫不留情地要求赔偿损失。

在商业往来或发展中，其前提是彼此的安全感。要建立这种安全感，需要交往双方都信守所订合同，谨守规律。但他们却常在不改变合同的前提下，巧妙地变合同为自己所用。因为在犹太人看来，在商场上的关键问题不在于道德不道德，而在于合法不合法、守约不守约。

契约就是交易双方在交易过程中，为了维护各自的利益而签订的在一定时期内必须履行的一种责任书，现在称合同。只要不违法，就能得到法律的保护。

毁约行为，在犹太人看来是绝对不应该发生的。契约一经签订，无论发生什么问题，都应该遵守。

犹太人的经商史，可以说是一部有关契约的签订和履行的历史。犹太人之所以成功的一个主要原因，就在于他们一旦签订了契约就一定执行，即使有再大的困难和风险也要自己承担。他们信任契约，因为他们深信：我们的存在，得履行和神的签约，绝不可毁。

所以，他们在谈判中就非常讲究谈判艺术，千方百计地讨价还价。因为合同不签订是你的权利，但一旦签订就要承担自己的责任。契约是神圣的，绝不可更改。

自古以来，诚信就是人类社会活动的一个重要评价指标。现代市场经济已经进入诚信时代，诚信已经成为企业的立足之本。诚信是一个企业的道德底线，诚信是随着企业的建立而确定的，并且贯穿于企业经营管理的全过程，每一次的诚实对人，每一次的诚信体现，构成了企业的信誉积累。纵观历史，没有一项事业能够建立在无诚不信的基础之上。只有坚持诚信，才能给企业带来效益，创造长远发展的条件，使企业的发展长久不衰。

通过以上的分析，可以看出犹太人在经商时把诚信经营放在了一个非常重要的位置上。他们很有远见地在最早的时候就开始重视诚信经营原则，并从全方位进行诚信经营建设。

第八节　诚信经营，增强企业竞争力

在犹太人的经商宝典里，提倡诚信是市场经济的基本条件，而市场经济就是诚信经济。他们认为诚信经营是在市场经济激烈的竞争中增强企业竞争力的一个重要的因素，而要建立诚信经营体制必须经过一系列的体制。

首先，要建立企业诚信先要解决产权问题。成功的犹太商人的观点是：如果企业的产权不清楚，企业就永远难以形成持续的诚信基础。产权制度的基本功能是给人们提供一个追求长期利益的稳定预期和重复博弈的规则。企业不讲信誉的根本原因在于企业的产权不清楚。如果一个企业的领导，对自己作的任何一个决策都不承担未来的后果，而且这个领导者也并不能确定他自己在这个位置上待多久，企业未来收益或许由别人分享，这时大多数领导都会追求眼前利益。而大量企业不讲诚信是因为他们感到他们的产权没有得到可靠的保障。如果产权制度不能根本地解决，企业诚信问题将可能成为毁坏市场经济一切成就的罪魁祸首。因为市场经济有着对交易自由权和产权保护的最为强烈的需求，为此就需要在全社会范围内建立一个有关权利规范和保护的体系。这是建立企业诚信原则的最基础性制度。这些制度包括对所有权、债权、期权、契约等所作的界定和规范，也包括各种权利转让和流通制度的规定，这些制度中对权利和权利行使收益的保护。犹太人的企业诚信制度之所以如此完善，原因之一就是他们注意到了产权问题。

其次，企业要建立诚信经营的自律机制。成功的犹太商人建立完善企业诚信体制要有一套自律体制。只有每个企业都做到了诚信，全社会企业诚信经营的实现，而整个社会的企业诚信经营反过来又服务于个体的企业。为此，犹太商人在建立诚信经营的自律机制时，是从以下几步来着手的：一是认真制定诚信经营准则。通过制定明确的诚信经营准则，使企业明确自己的社会责任和社会使命，他们让职工愉快地接受企业的诚信经营准则，把企业的诚信经营准则转化为职工的自觉行动。二是犹太企业家群体非常注重自律垂范。在犹太商界认为组织诚信要与个体诚信协调统一，最重要的就是企业家群体的自律垂范。企业诚信经营准则由企业家群体制定，企业家群体应率先执行企业诚信经营准则。三是要加强诚信经营教育。成功犹太商人非常注重在企业内部实施诚信经营教育，丰富职工的诚信经营知识，以提高他们诚信经营水平。四是建立诚信经营的奖惩机制。他们认为要想在企业中形成良好的诚信经营环境，企业就必须着力于建立赏罚分明的机制。例如，2001年，以色列一犹太商人曾经面对不少煤炭企业在销售煤炭时掺杂使假，以次充好，缺斤短两，以此来牟取暴利的现象。然而，这位犹太商人却以诚信感召客商，谋求发展，全面加强煤质管理，争取为客户提供优质煤炭；加大煤炭新产品开发力度，增加适销对路产品，满足客户不同的需求；积极协调路矿关系，充分组织货源，严格履行合同；加强同用户联系，搞好销售各个环节的各项服务。这种诚信经营为企业树立了良好的企业形象，最终这家犹太人经营的煤炭销售公司创造了辉煌的业绩。

再次，企业诚信需要建立法律保障体系。诚信问题看起来是一个道德问题，实际上还是一个法律问题。也就是说要有一套切实可行的制度保障，让不遵守诚信原则的企业付出更大的代价。不仅是个体的犹太成功商人讲求诚信经营，而且他们也有相关的法律体系。在犹太商业立法上，充分体现保护债权人利益的原则，强化违约责任追究，不仅对逃避债务的单位要处罚，对恶意逃废债务的企业的高级管理人员和直接责任人员构成违法的，也依法追究法律责任。对于那些立法条件不成熟的，可结合实际制定一些过渡性法规条例，以弥补法律规定的不足，特别是要从司法和执行上落实法律责任，加强执行力度，维护法律的权威，使债权人合法权益切实受到保护，使违法违约、侵犯他人权益者受到法律的制裁。

成功的犹太人认为要真正办企业，就要堂堂正正，不能搞投机取巧，更不能走歪门邪道。真正办企业的理念，要成为融于全体员工及企业经营活动全过程中的一种境界。纵观企业现状，有些企业一成立便风风火火，如日中天，蒸蒸日上，越做越大，越做越强，成为雄踞一方的龙头企业、经济支柱。这些企业取得成功的共同特点，就是他们立业的理念建立在"真正办企业"的诚信的境界上。使这个理念融入到企业的方方面面，成为规范员工思想、行为和方法的一面旗帜，并且随着时代的变化不断融入新的内涵，从而在市场中赢得了主动和胜利。

办企业的根本目的就是为了获取利润，企业发展的目标就是追求效益最大化，是无可厚非的。但挣钱的方法有别，俗话说："君子爱财，取之有道。"靠优秀的产品品质，光明正大、堂堂正正发展事业，才经得起风吹浪打，在市场经济的大潮中成长，壮大。

犹太人的经验之谈是：没有"真正办企业"的理性观念的企业，必然会以失败告终。在市场经济大潮的冲击下，有一些企业在利益的驱动下，经营理念发生偏差，灵魂被扭曲，从而产生追逐不当得利的欲念，歪点子、邪念头滋生，意欲通过偷工减料、粗制滥造、假冒伪劣、虚假宣传、经济诈骗、拖欠债务和侵权等不正当手段赚取"黑心钱"；在国际市场经济体制还不十分完善的前提下，这些企业中有些侥幸赚到了点儿钱，但很快便败下阵来，"昙花一现"之后便销声匿迹了；有些企业虽然没有马上倒闭，但因失去民心使企业处于"爬坡"状态，举步维艰；有些人根本就没有真正办企业的想法，完全出于"捞一把"的骗人动机，搞个企业空壳招摇撞骗，结果美梦未做成先进了牢房。这就是理念不正、诚信危机带来的恶果。

犹太商人一向对产品的质量要求特别地严，他们认为产品的生命力就是企业的生命力。企业有无效益，效益大小，能否发展，与产品有着密切的联系。产品死，则企业死；产品兴，则企业兴。而产品生命力够不够强，取决于产品是否符合市场需要，有多大的市场潜力；取决于产品质量的高低和知名度；取决于产品的科技含量及附加值；取决于产品的市场生命周期，产品与市场相适应的应变速度和更新换代情况。拥有科技含量高，附加值高，消费者喜欢，市场容量大的产品，就能使企业迅速发展壮大起来。

下面就是一个产品诚信直接影响企业形象和发展的很好的例子。

日本老牌汽车生产厂家三菱汽车公司隐瞒产品缺陷的丑闻曝光，企业信誉遭到了前所未有的严重损害。三菱汽车公司也为失去诚信付出了沉重的代价，目前面临着公司创建以来最大的生存危机。

据日本警方调查结果以及三菱汽车公司事后被迫公布的数据，三菱汽车公司以及三菱扶桑汽车公司自 1992 年 8 月以来，先后共隐瞒了 155 起汽车零部件质量问题，其中 42 起为存在"重大事故隐患"、必须召回并免费更换零部件的严重质量问题。由于该公司没有及时给予召回更换，结果导致在日本 17 个都道府县发生了 31 起交通事故，造成 2 人死亡，6 人受伤。

三菱汽车公司隐瞒产品质量一事在日本国内引起极大的反响，该公司领导班子被迫集体引咎辞职，公司主要领导人和有关人员也被追究刑事责任，包括前总裁在内先后已有 10 多人被捕。此外，政府部门和机关团体纷纷封杀三菱汽车公司。日本国土交通省率先对三菱汽车公司进行封杀，宣布在 18 个月内取消该公司在政府采购活动中的投标资格。此后，东京都、京都府、名古屋市、静冈县、玉县、爱知县等 38 个地方政府以及警察和消防部门也做出了类似的决定。一些民间的公共汽车公司和汽车运输公司，也相继表示要在一定时间内停止购买三菱汽车。

由于政府和有关部门的封杀以及个人消费者的离去，三菱汽车公司的汽车销量大减，这导致三菱汽车公司面临严峻的生存危机。

三菱汽车公司的遭遇凸显了企业诚信的重要性。此次事件虽然源于产品质量问题，但实际上对三菱汽车公司造成毁灭性打击的是丧失诚信。该公司置国家法律、法规于不顾，忽视用户的生命安全，有意向有关部门和消费者隐瞒必须回收的零部件质量问题，最终导致发生重大人身伤亡事故。如果公司不隐瞒产品质量问题，尽早采取妥当措施，这些伤亡事故是有可能避免的，公司经营也不会出现严重危机。

此类不讲诚信、毁人害己的案例可谓教训深刻，然而，在暴利的驱使下，一些企业仍然铤而走险，忽视、践踏诚信，制售假冒伪劣商品，发布虚假广告、逃废银行债务、偷漏国家税收等。由于合同欺诈造成的直接损失，还有产品质量低劣和制假售假造成的各种损失，以及由于不合理的税外收费和不必要的审批造成的各种费用给世界经济造成了严重的损失。诚信缺失已成为制约经济发展和金融安全的"瓶颈"。

当今市场，物质丰富到人们可以有较大的选择范围。在此环境下，企业要求生存、谋发展、占领市场，必须要有良好的产品赢得消费者，而赢得消费者的前提是靠诚信，那种"一锤子买卖"的做法只是短视行为。那么，企业的诚信与否，企业决策者的诚信度就起到至关重要的作用。在犹太商业界非常推崇"船长精神"。据说在早期的航运业有个规矩，如果航船在海上遇难，船长必须与货物共存亡，以证实自己的尽职尽责。这条看似不尽人情的规矩，实际上体现了对契约、承诺的无条件尊重，由此，"船长精神"也被犹太人视作企业家应有的品质之一。

商场如战场，企业能否在激烈的市场竞争中抢占制高点，取决于决策者是否善于运筹帷幄和骁勇善战。如果一个决策者言而无信，漠视合作者和消费者的要求，以次充好，坑蒙拐骗，签字不认，欠债不还，那么等待那个企业与经营者的，只有被淘汰出局这一条出路。日本三凌汽车公司就是一个很好的例子。因此，那些犹太企业家把诚信视为自己的生命，他们认为讲诚信是企业发展的黄金规则。诚实守信是市场经济的要求，也是现代文明的标志与基石。只有企业家树立了诚信为本、操守为重的良好品德，才能将一个企业带入一个讲道德、守规则的发展轨道。以良好的诚信和信誉赢得消费者的同时，也就赢得了实实在在的经济价值。

犹太商人对好产品与树立品牌之间的关系也非常地有研究。他们认为作为企业要不断研究市场，总结市场，及时根据市场变化调整产品结构，致力于创造领先市场的产品，树立自己的品牌，企业才能取得更快发展。一个企业产品不在多，而在优，只要拥有一个比较优秀的品牌，就算是成功了，就可以改变企业的命运了。

产品品质是创造优秀品牌的先决条件。许多企业品牌打不响，一个最根本的原因是产品低水平重复，生命周期短，推向市场没多久，就被别的品牌代替了。产品的区域性、特色性是创造品牌的根本出路。每个国家、每个地区都有自己的自然资源优势，关键在于怎样用自然资源、科技资源及市场资源进行最优配置，这样，才不容易被同类产品所替代，获得市场的机会就会更多。

真诚取自诚信。在成功犹太人的意识里，诚信是核心，是企业的第一生命。失去诚信，必然自取灭亡。特别是经济全球化的时代，市场逐步实现规范化，过去经济领域中的无序状态逐步为有序状态所代替，一个现代化、规范化的市场经济正在形成，不遵守游戏规则就是死路一条。

犹太人非常地讲诚信，他们认为讲诚信就是信守诺言，严格地履行契约，实现承诺，包括文字的承诺、口头的承诺以及广告宣传中对消费者的各种承诺，才能取信于民，取信于消费者，取信于各界朋友，取信于整个社会。

犹太人在经商中讲求实事求是。他们坚持企业在经营活动中，无论是向上级汇报或是舆论宣传，所有数据及情况分析都是真实的，不弄虚作假、骗人骗自己。在市场经济高速发达的时代，广告宣传是不可少的，否则，再好的商品也难以推销出去。但宣传的内容必须实事求是，广告宣传最本质的功能是向消费者传递产品及效用的信息，是为消费者服务的。但有些企业在广告中弄虚作假，大吹大擂，天下第一，欺骗消费者。这种做法，虽然有可能在短期内把企业抬起来，把产品吹起来。而犹太商人在做广告这方面是非常实事求是的，他们认为虚假的广告好景不会很长，当消费者了解或觉悟过来之后，弄虚作假者的末日也就为期不远了。

犹太人的商业观是：优质的服务既是塑造品牌，提升企业形象的要求，也是诚信的一个重要方面。服务工作不能停留在口头上，每个企业应建立有系统的服务制度，严格的服务标准，科学的激励机制和庞大的服务队伍，形成比较严密的服务体系，确保优质服务及时、快捷地到位。

犹太人认为诚信是企业永恒的动力，是不可缺少的资源和不断增值的无形资产。人无诚信不立，事无诚信不成，企业无诚信就不能长存于市场。

第九节 营销中要讲求诚信

杰出的犹太商人认为，诚信营销是企业成功营销的关键。那么在过去的 100 年，可以说是人类在管理科学前沿当中重大突破的 100 年，正是在这 100 年，人们开始承认管理的价值。市场营销学意义不仅是教会人们成长，更重要是让生产者懂得什么为客户创造价值。

第一，关于企业市场定位的辩证法。简单地说，市场定位就是要确定一个企业应该怎样进入哪些产业领域？生产什么？为谁生产？以及在哪里生产？可以讲，明确的市场定位也是市场投资的一个起点。而明确的市场定位就是对消费者感兴趣的领域进行广泛的调研。

一项合格的市场研究需要准确回答与各领域最重要的问题，一个就是市场方面的问题，还有一个有关行业问题。市场问题主要涉及客户的需求以及客户需求变化的问题，那么行业问题涉及供应以及供应变化问题。

供大于求是低水平的产品，随着市场发展以及人们生活水平不断提高，高质量、高品位、高附加值的产品仍然是供不应求。企业在市场定位决策上已经形成了自己的理念和方法。也可以说从另一个角度说明判断市场是否饱和，要分析数量上的饱和，同时还要分析价值满足客户的需求是否饱和，这也就是这个企业关于市场定位的一个辩证思维的方法。

第二，品牌是诚信和质量的标志。在市场经济的今天，当企业之间在技术工艺服务生产效率等方面的差距变得越来越小的情况下，品牌的力量、品牌的影响可以说越来越明确。

犹太人拥有正确的品牌观，他们认为企业要树立正确的品牌观。简单地说，品牌是知名度的统称，是产品质量的保证书，是产品个性化的表现，也是维系客户认可度和忠诚度的凭借。可以说品牌是每一家企业最为宝贵的无形资产，也是企业取之不尽、用之不竭的价值。

犹太人恰当地运用品牌策略已经成为他们取胜市场的法宝。成功犹太商人的企业都是依据品牌的影响力长存于市场的。

首先，他们认为顾客的感受是衡量质量的唯一标准。质量也可以说是产品的特性满足顾客的需求程度这样一种含义。那么关于质量的满足需求程度的定义，衡量要以顾客的感受来衡量，同时在实际当中为了保证产品质量，如今无论国际还是国内，不同行业都建立了不同的标准，那么企业在发展当中、市场营销当中对质量标准的认识不能仅仅被本身所束缚。在犹太人看来，国家和国际标准都是客户的最低标准，而企业在确立自己的标准当中，在参照国际行业标准，同时要充分考虑企业自身定位及行业质量水平。行业自身质量水平发展程度以及面对客户群的发展要求，从这一点出发，客户是质量标准的唯一裁判。

其次，犹太人非常注重过程管理。他们认为企业质量管理实际就是企业生产过程管理。过程程序化和标准化过程控制的严格是保证产品质量不存有缺陷的关键因素，因此过程管理反映质量体系运行状况决定产品质量是否达到生产的要求。针对每一个过程、每一个环节，企业制定了严格的操作过程，他们的企业要求每个员工都深入分析提高技能、规范操作、明确标准，并逐步推广应用统计技术，进行供需能力的分析，实现精细化管理。

犹太人讲质量是品牌的生命。另外一点就是，他们认为技术创新是品牌提升的保证。因为他们知道好的品牌不仅仅是优质产品，还必须在同类产品当中具有明显的优势和特点。通过技术创新抓住消费者内在变化的机会，迅速建立起自身的优势和特点是关键。

最后，犹太人讲品牌关键还在于企业运作的人。他们认为品牌的提升，最重要的是品牌观念要不断地更新，也就是说在培育树立提升品牌当中最关键在哪儿——就是企业领导者，以及各级员工在实际工作中从思想、措施、制度、方法各个方面牢固树立品牌的意识。并且在整个生产采购以及销售服务等每一个环节都应该自觉站在客户的角度上进行考虑，从客户角度努力改进和提供服务。

成功的犹太人经常以产品和服务品种为基础，在生产经营当中始终贯穿质量是第一标准语言，在市场当中保证零缺陷管理，在服务中做到顾客零抱怨，这是他们的一贯作风。虽然在实际当中做到这一点是非常难的，但是他们一直坚持这样做。

他们的企业主要采取以下三方面的措施。

第一，提高企业品牌认知力方面，通过和国家媒体加强对外宣传力度。

第二，提高品牌创新能力。企业不断为品牌注入新的形象，尤其在推出新产品进入新市场、遇到新形式时，要注重快速创新。

第三，是品牌提升。他们经常在品牌的提升中把造实和造势结合起来，不断结合开发经营制造，提高消费者的满意度。建立自己的知识产权，这是形成品牌雄厚的物质基础，是他们比较注重的一方面。

犹太商人同样也非常注意营销渠道的构建。有位犹太营销大师说过，企业市场竞争从产品竞争已经演变为渠道竞争。如今企业之间生产技术工艺上的差距已经越来越小，生产环节的竞争正在弱化，营销竞争正在加强，企业营销的目的就是把生产的产品很快送入到顾客群当中，满足顾客的需要。因此犹太人除了质量品牌服务之外，还非常注意建立畅通的营销网络，结合各银行网点的顾客进行动态选择淘汰无诚信的营销网点，增强各销售网点的市场分析和判断能力，这是作为业绩考核重要方式。要求各网络坚持专业化、规范化、便捷化、经济化方针，提供全方位营销服务，这是犹太人在构建营销渠道当中的四个特点。

犹太人又是如何提高企业营销的能力呢？

他们非常注重以下三方面的创新：1. 注重文化营销。他们认为在一定程度上涉及企业价值观经营理念的竞争，实际上是文化理念的竞争。2. 在销售阶段，他们要员工在最短的时间内把产品送达顾客，提供快捷高效的服务。3. 注重网络营销。犹太商人为了有效地抓住贸易机会，提高产品效益，加大在国际、国内影响力，非常注重加强同国内外专业知名电子生物网站合作，这为更加了解企业经营发展情况、对于企业营销能力、营销渠道信息提供许多的机会。

正是因为犹太人在营销时追求诚信策略，才有了他们出色的经营成果。

第 八 章
Chapter8

杰出犹太人把朋友当做财富

　　犹太人之所以能把生意做到全世界的每一个角落,与他们遍交朋友是分不开的。犹太人把朋友看做最大的财富,他们的成功很大程度上依赖着自己的朋友,我们也常说,"在家靠父母,出门靠朋友"。犹太人把"出门靠朋友"发挥到了极至。

第一节　犹太人善于结交朋友

在犹太人中，流传着这样一个故事：传说中有两个朋友在沙漠中旅行，在旅途中的某处他们吵架了，一个还给了另外一个一记耳光。被打的觉得受辱，一言不语，在沙子上写下："今天我的好朋友打了我一巴掌。"他们继续往前走，直到到了田野，他们才决定停下。后来被打巴掌的那位差点淹死，幸好被朋友救起来了。被救起后，他拿了一把小剑在石头上刻了："今天我的好朋友救了我一命。"

一旁好奇的朋友说："为什么我打了你以后，你要写在沙子上，而现在要刻在石头上呢？"

另一个笑了笑，回答说："当被一个朋友伤害时，要写在易忘的地方，风会负责抹去它；相反地，如果被帮助，我们要把它刻在心里的深处，那里任何风都不能抹灭它。"

朋友相处时的伤害往往是无心的，帮助却是真心的。忘记那些无心的伤害，铭记那些对你的真心帮助，你会发现这世上你有很多真心的朋友……

俗话说：一个篱笆一个桩，一个好汉三个帮。成功的犹太商人深知这一点。

犹太人智者言，人生有三件宝：事业，爱情，朋友。一个人的财富在很大程度上由与他关系最亲密的朋友决定的。犹太人把朋友当成是一笔财富，因为这是无法用金钱来衡量的，永远都不会贬值的财富。一个人成不成功，并不是看他有多少家产，有多少财富，而是要看他有多少朋友。

下面便是犹太人归纳的 10 种切实可行的交友之道。

1. 放弃次要的关系

一个犹太的社会学家说："一个人的朋友关系中，许多都不会是终生的。有不少关系会有时限，这很自然。比如，一个在家带孩子的年轻母亲认识了另一个处境相同的年轻母亲，两人因此发展起亲密的友谊。但孩子长大上学后，她们的友谊前提消失了，友谊便可能松淡或者结束，这并不奇怪。"

一个犹太的书画刻印艺术家，4 年前因工作变动从中西部迁居纽约。"刚开始我感到很孤寂，"她说，"所以我投入交际圈，同每个待我友好的人发展友谊。但两三年后，我发现自己已交际太广，耗时太多，我的时间表已无片刻松闲，倒使最有前景的友谊没有充足的时间发展。于是我适时而得体地隐退，终止了许多次要的交往，而同前景看好的交谊网加深友谊。现在我朋友比以前少了，但却一点儿不感到孤寂。"

2. 必要时乐于为朋友抛下自己的一切事

在芝加哥一个犹太的记者说："在我人生的坎坷时期，总是有朋友陪伴和帮助我，我欠他们很多心债。最近一天晚上，本是我和丈夫的'蜜月之夜'——我们夫妇都工作繁忙，经常出差，所以我们安排了一些难得的'蜜月之夜'，在家穿浪漫服装、饮香槟、进晚餐，重温夫妻恩爱——但正巧我们刚坐下时，一个朋友打来电话，诉说她因爱情问题而十分悲伤。尽管当时我很想陪伴丈夫，但此刻朋友显然更急需我，所以我抛下自己的事，在电话上同她交谈了一个多小时。"

有时，由于被某些要事羁绊，你不能在朋友需要时帮她分忧解难。遇到这种情况，你可说："我很想能帮你——我听得出你很苦恼，明天我再给你打电话好吗？"让朋友知道你确实关心她，会尽量及时帮助她。

3. 利用邮件

每个人几乎都有相距遥远、经常思念的朋友。由于时空所限，拜访很难，加上电话费昂贵，书信便成了最好的友谊之桥，它使双方都从鸿雁传书中获得愉快。再者，书信和卡片便于保存，可与你长伴，多年后仍可重温其中的温馨。

书信不仅适用于远方的朋友。一个犹太的新婚夫妻吉米和基蒂分别是纽约市两家广告公司的经理，结婚后见面机会少了。当他们谈到这问题时，基蒂表示她喜欢书信。于是，吉米常忙中偷闲，给她写些寄托真情挚意的短函。银行职员莱斯莉喜欢给大学的学友寄些滑稽的卡片和新闻剪报。"我常寄一些能使我联想到某个友人的物件。而我丈夫——一个音乐迷，则喜欢给远方朋友寄他录的磁带。这是种很好的交流方式，朋友们都很喜欢。"她说。

4. 不讳言消极感情

一个犹太的歌唱家认为，朋友间如不能表达生气、伤害、忧虑、悲伤、失望等消极感情，友谊会缺乏亲密和真挚。"真挚是实现真正友谊的一把钥匙。"她说，"我一度对表达消极感情——不论是婚姻的，孩子的，同事的，朋友的，都难以启口。但最近我迫使自己向一个朋友倾诉内心的烦恼，却加深了彼此的友谊，令我颇感意外。"

"这是种很常见的问题——担心吐诉消极感情别人会小看你。"一个犹太的社会学家说，"你可以帮助朋友克服这种困难，比如说：'你不知该怎么办——我知道你很烦恼，但我想让你知道，我愿意帮助你。'这样你的朋友知道她的感情得到了认可，便可打消顾虑坦诉心曲。"

5. 别让朋友的问题成为自己的

一对犹太的夫妻分居不久后，妻子兰迪与斯泰茜结为朋友。斯泰茜急于让友谊迅速深化，花大量时间听兰迪倾诉烦恼与忧虑。但就在兰迪离婚前夕，一场车祸夺去她丈夫的生命。斯泰茜完全陷入了兰迪的感情旋涡。"我想分担她的全部悲伤，是表达友谊的最好办法，但后来我却发现，'接管'她的苦恼，并没能真正消除她的痛苦。现在我明白，苦恼人需要朋友保持自己的理智与感情。这说来有点矛盾，我们在保持一定感情差距后，倒反而更亲密了。"她说。

犹太的社会学家说："承认和同情朋友的痛苦，与自己感情过分卷入之间有很大区别，过分卷入反会使朋友更感到虚弱和苦恼——'我一定比我想象的更糟了，瞧我亲信的人都痛苦成那样了！'"

6. 长期友谊有"阴晴圆缺"

"一个犹太的小孩子埃伦在读中学二年级时和凯里成了朋友。""后来他们考进不同的大学，有时候长时间不通音信，但每逢假日相聚，友谊仍不减当年。随着岁月流逝，友谊还更深了。他们已 15 年不在一个城市，有时忙起来会一年半载不通音信，但他们能够理解，而且在相互需要时，都能全力帮助对方。"

"长期友谊和婚姻相似，"犹太的社会学家说，"友情既有兴奋时期，也有平淡时期，恰如月有阴晴圆缺。"

7. 珍视忠诚

据《现代心理学》杂志调查，忠诚被列为友谊中最可贵的品质之一。36 岁的医院负责人詹娜是一个犹太人，她对忠诚做了广义的解释："我朋友尼基减肥颇有成效，但她不愿让大家知道以前她多胖，所以我从不当众说她：'你比以前可苗条多了！'而说：'你身材很好！'有时忠诚就意味着帮对方摆脱尴尬和困境。"另一名犹太白领职员描述了忠诚的另一方面："我的一名同事全力支持我做的一个有违老板意愿的决定，这事弄不好他可能被炒鱿鱼，但他却敢于支持我，这对我来说就是忠诚和友谊。"

犹太的社会学家说："忠诚不是一件简单的事。有些人认为忠诚就是不论何时何事，朋友都永远站在你这一边；但真正的忠诚是指接受和珍视对方，而并非每时每事都必定偏护对方。"

8. 正确看待朋友间的妒忌

犹太人说："妒忌——一种不满之情，常存在于各种人际关系之中。因为别人，甚至朋友，拥有你所没有的，你便可能产生这种不满之情。对付妒忌的最好办法，是认识到你也拥有朋友所没有的，这样妒忌便失去存在的理由。而且，有时我们为某事妒忌，实际仅因为你本身拥有的尚未发掘出来。"

"我和卡伦中学时结为朋友,"婚姻美满的犹太证券经纪人黛安娜说,"她觉得我比她漂亮,有时会妒忌我。但她在事业上比我强多了,我比不过她,心里也不是滋味。有段时间妒忌使我们的友谊蒙上了阴影。但一天晚上,我们推心置腹地作了交谈,当得知彼此都曾有妒忌骚扰的时刻时,我们感觉轻松多了。现在,当有谁又犯妒忌时,便会笑而自嘲:'我又犯妒忌病了!'双方会会心一笑,气氛随之而变得十分友好。"

9. 为友谊腾出时间

时间对每个人都很珍贵,谁都会嫌时间不够,但只要灵活安排,总能为交友腾出时间。犹太人曾说:"点滴光阴也比零好,而且安排巧妙,还可一箭双雕。"例如,若和朋友每周都去修指甲,时间可定在同一天。林恩和她的朋友就经常形影相随去散步。马兰和伊芙则每逢周末成双结对去逛超市。特利和莱拉虽遥距 2000 英里,每月也定有 1 小时电话神聊。1 小时尚嫌不够,她们甚至怀念 30 年前,那时人们可不像如今这样喜爱迁移。也许,她们会是两邻家主妇,有足够的时间隔着后院栅栏闲嗑牙。"可是,"莱拉说,"我已无法想象特利比现在更爱我了。我们很少有机会相聚,但每次相聚,都令人分外珍惜。"

犹太的社会学家说:"在过去的 10 年里,人们已更习惯于对朋友说:'我想念你;我爱你。'在电话结尾,书信之末,贺卡之内和临别之际道声思念与珍爱,可使友谊伴你终生。"

犹太人善于结交朋友的一个重要原因是,他们明白真正的朋友比现实的财富更值钱。

曾经有一个犹太富翁,他有 10 个儿子,儿子们都清楚他们的富翁父亲最宠爱的是小儿子费兰克。富翁父亲到了暮年后,有一次重病时把 10 个儿子召到床前。一听说父亲要给他们分配遗产,9 个哥哥都紧张极了,生怕父亲偏爱了他们的弟弟费兰克。

这时,只听父亲对 9 个儿子说:"你们每人 100 万美元!"

"就 100 万美元？那费兰克他——？"九兄弟疑惑地看看父亲，又不满地盯着旁边的弟弟费兰克。那意思很明显：为何对费兰克不同？

父亲没理会儿子们的问话，紧接着对最小的儿子费兰克说："现在我只剩下 50 万美元了，还必须从中拿出 30 万美元作为我的丧葬费，我只能给你 20 万美元。不过，我有 10 个朋友，准备都给你，他们比金钱好得多。"

费兰克和 9 个哥哥听完后都非常吃惊。当确信父亲的话明白无误时，9 个哥哥心中都一阵暗喜，齐声说："就这么办吧！"因为他们根本不相信父亲说的"朋友比金钱好得多"的话；小儿子费兰克也沮丧极了，只是慑于父亲的威严和哥哥们的赞同，他不能表示异议。

富翁父亲就这样将自己的财产顺利地分给了 10 个儿子。

几天后，父亲把他的 10 个朋友一一介绍给了小儿子费兰克，他们都是父亲生意场中往来多年的老朋友。不久，富翁父亲死了。

父亲死后，小儿子费兰克想到父亲分配遗产的不公便心怀怨气，觉得父亲将他遗弃了，便有些破罐破摔，把分得的 20 万美元随意挥霍，当花得只剩下 1000 美元时，费兰克开始着慌了。万般无奈之下，费兰克只好抱着试一试的心态，决定用那 1000 美元请父亲的 10 个朋友来聚一次，看能不能得到一点资助。

当那 10 个朋友在费兰克那里美美地吃喝一顿并听了费兰克的处境后，都说："他家兄弟中，费兰克是唯一还记得我们的人，让我们对费兰克仁慈一些吧，报答他的好意。"

父亲的 10 个朋友并没有直接给费兰克金钱，而是每人给了费兰克一头怀孕的牛。还告诫费兰克如何从这 10 头母牛起家：母牛产下小牛，再变卖小牛，用卖小牛的钱做生意。

费兰克果然遵从那 10 个父亲朋友的教导，用卖小牛的钱与那 10 个朋友做起了生意。在生意上，那 10 个朋友给费兰克提供了许多方便，还将宝贵的商场经验传给了费兰克。费兰克的生意越做越大，财富便像雪球一样迅速累积起来。

费兰克的哥哥们从父亲那里分得了100万美元后，虽也各自做起了生意，但因失去了父亲生前生意上常往来的那些老朋友，全靠自己开辟新的贸易伙伴，加之经验不足，生意上一直不怎么顺利，财富增长相当缓慢。

不几年，费兰克的财富就远远超过了他的哥哥们，到后来费兰克比他当年的父亲还富有。

直至这时，费兰克的哥哥们才明白父亲为何要那样分配遗产，他们也真正懂得父亲当年那句话的含义：朋友比金钱好得多。

第二节　友情需要给予与付出

那是发生在犹太人的一个孤儿院里的故事，由于飞机的狂轰滥炸，一颗炸弹被扔进了这个孤儿院，几个孩子和一位工作人员被炸死了。还有几个孩子受了伤。其中有一个小女孩儿流了许多血，伤得很重！

幸运的是，不久后一个外国援助医疗小组来到了这里。小组只有两个人，一个女医生，一个女护士。

女医生很快地进行了急救，但在那个小女孩儿那里出了一点问题。因为小女孩儿流了很多血，需要输血，但是她们带来的不多的医疗用品中没有可供使用的血浆。于是，医生决定就地取材，她给在场的所有的人验了血，终于发现有几个孩子的血型和这个小女孩是一样的。可是，问题又出现了，因为那个医生和护士都不懂那里的语言，而在场的孤儿院的工作人员和孩子们只听得懂母语。

于是，女医生尽量用自己会的母语加上一大堆的手势告诉那几个孩子："你们的朋友伤得很重，她需要血，需要你们给她输血！"终于，孩子们点了点头，好像听懂了，但眼里却藏着一丝恐惧！

孩子们没有人吭声，没有人举手表示自己愿意献血！女医生没有料到会是这样的结局！一下子愣住了，为什么他们不肯献血来救自己的朋友呢？难道刚才对他们说的话他们没有听懂吗？

忽然，一只小手慢慢地举了起来，但是刚刚举到一半却又放下了。好一会儿又举了起来，再也没有放下了！

医生很高兴，马上把那个小男孩带到临时的手术室，让他躺在床上。小男孩僵直着躺在床上，看着针管慢慢的插入自己的细小的胳膊，看着自己的血液一点点地被抽走！眼泪不知不觉地就顺着脸颊流了下来。医生紧张地问是不是针管弄疼了他，他摇了摇头，但是眼泪还是没有止住。医生开始有一点慌了，因为她总觉得有什么地方肯定弄错了，但是到底在哪里呢？针管是不可能弄伤这个孩子的呀！

关键时候，一个地方的护士赶到了这个孤儿院。女医生把情况告诉了地方护士。地方的护士忙低下身子，和床上的孩子交谈了起来。不久后，孩子竟然破涕为笑。

原来，那些孩子都误解了女医生的话，以为她要抽光一个人的血去救那个小女孩。一想到不久以后就要死了，所以小男孩才哭了出来！医生终于明白为什么刚才没有人自愿出来献血了！但是她又有一件事不明白了："既然以为献过血之后就要死了，为什么他还自愿出来献血呢？"医生问那个地方的护士。

于是护士用母语问了一下小男孩，小男孩回答得很快，不假思索就回答了。回答很简单，只有几个字，但却感动了在场所有的人。

他说："因为她是我最好的朋友！"

曾经有个犹太的年轻人布赖斯想换份工作，一时又找不到工作，闲着无事，打算回家乡的小县城暂居一段时间，但又怕信息不灵，误了找工作的机会。因此临走前，便请十几个相好的朋友大吃了一餐。

看看大家也吃得差不多了，这个布赖斯趁机要朋友们帮忙留意一下招工信息。

一个朋友红着脸说道："没问题，我们朋友几个多活动活动，帮你找份轻松的工作。"朋友们神情激昂，信誓旦旦地保证，一有什么信息立刻通知他。

布赖斯看到朋友们如此群情激昂，含着泪说："谢谢！谢谢！等我找到工作后，再请大家吃饭。"这时，一直在喝闷酒的奥斯拉站了起来，向他劝酒。建议他回县城开一家店面，弄些钱解决温饱，静心发挥特长，自由自在的，比找那些工作强多了。此话一出，热闹的场面突然安静下来了，大伙全盯着这个说话的人。

布赖斯不高兴了，心想：奥斯拉真不够朋友。于是只将联系电话告诉给其他几个朋友，便黯然离开了。

布赖斯回到县城，整天待在家里无事干，人也没了精神。妻子劝他在家看看书，写点东西什么的，别让事情憋死人了。可他老惦记城里的工作，惦记朋友们帮他找到工作后打电话来。他往往写一会东西，瞧一下电话机。如果有事外出，一回来就慌忙去翻看电话的来电显示，然而半点音信也没等到，布赖斯觉得日子好难挨。

半年后的一天晚上，他看完了电视，折进房间里看书，烦躁地东翻翻、西翻翻。

这时，奥斯拉裹着寒气闪身进来。布赖斯忙给奥斯拉温了酒，责怪他不预先打个电话，好去接他。奥斯拉说："你又不给我留个电话，害得我急火火地跑来。市晚报招记者，报名截止到明天中午，我是专程来通知你的。"

后来这布赖斯应聘当上了记者，在酒吧请朋友们喝庆祝酒。喝着喝着，其中的一个朋友大声说："晚报招聘广告一登出来，我就打电话过去了，是你夫人接的。我知道布赖斯准成，嘿……来，喝酒。"布赖斯心里掠过一丝不快。

接下来，另一个朋友说广告公司招人，打了好几次电话却找不到他。

另一个说IT通信公司招业务主管，还帮他报了名，打了几次电话也联系不上。

一个比一个说得动听，布赖斯的脸却越来越沉。这时，奥斯拉站了起来，举起酒杯说："大家都为布赖斯的新工作操碎了心，都出了不少力。现在大家不说这些，大家都来喝酒，干！""对，干！"声音嘈杂而高亢。布赖斯暗地里用力捏捏奥斯拉的手说："好朋友，干！"泪水在他的眼里直打转，他嘴巴动了动，好似想说些什么。但他望望喝得满脸通红的众朋友，什么也没说。

犹太的社会学家曾说过："人的一生中，总要经历友情。当你离开父母和亲人的怀抱，离开亲情的呵护时，你不会感到孤独和寂寞，因为你将获得另一种情感的滋润，这种情感就是友情。在我的价值观里，友情的地位是仅次于亲情的。当你在茫茫人海中结识某人，并与他建立起真挚的友谊的时候，你会感到无比高兴与兴奋。从此，你的生活中将会因拥有友谊而变得精彩。"

友谊是如此宝贵，你想要得到它，是不可能不付出的，而犹太人从小就知道如何为赢得友情而付出。

犹太人曾说："人与人交往的过程，实际上就是一个互相给予的过程。首先，友谊需要给予尊重，两人之间能够建立起心与心的桥梁，尊重是一个必不可少的前提。所结识的朋友也许来自不同的家庭，来自不同的地区，甚至来自不同的国度，在这种迥然不同的文化背景下交流，首先就必须尊重别人，尊重别人的人格，尊重别人的文化，尊重别人的信仰，尊重……只有做到尊重，与别人的交往才能有一个坚实的基础。

"其次，友谊还需要给予信任，朋友是倾诉的一个对象，是寻求帮助、寻求安慰的人。如果朋友之间缺乏信任，又何从谈起'倾诉'呢？是的，只有真正地信任朋友时，你才会将心里的一切告诉朋友。友谊需要真挚的交流，而信任则是你交流的平台。

"最后，友谊还需要给予帮助。当你看到别人有困难时，伸出手，给别人以帮助，哪怕是微不足道的微薄之力，也许就能获得别人的友谊。这里的帮助还可以是广义的，它可以是帮助朋友走出困境，可以是帮助朋友摆脱痛苦，可以是帮助朋友……无论是物质上还是精神上，都应该给予帮助，这样友谊才会坚不可摧。如果与朋友相处的时候，只顾自己利益，舍不得为朋友多出一份力，那么，这样的友谊是难以维持的。"

其实在生活中，友谊需要给予的东西还有很多很多，这需要让大家自己去体验、去实践了。但是有一点，只要学会给予，你将会拥有更多的朋友，更多的友谊。

第三节　善交友者与人善言

语言是人类交流的工具，人与人之间的交往和沟通都难以离开语言。自从人类创造了语言，人类便不再孤独，不再寂寞。用语言，人们可以传播知识，交流思想，将喜怒哀乐等复杂的情绪情感传递出来。在当今信息爆炸的时代，开放自由的时代，更要求人与人之间的联系加强，而这频繁的交往，多又离不开语言，语言愈加显示出它的重要作用。

或许，有人会说，说话有什么，只要不是哑巴和孩子，谁不会说话呀？这话不假，的确人人都会说话。然而，难以说大家都说得十分恰切，都能说到点子上。越是熟悉的东西，越是容易被人们忽视，或许也正是因为每个人天天都在说话，所以才会对说话不屑一顾。其实，说话大有文章可做。

人们常说："良言一句三冬暖，恶语伤人六月寒。"也是说明言语的作用，话说得恰如其分则会使人心真神清，如雪中送炭直暖心底；话说得不当则令人心寒情伤，如厚冰覆火凉彻心骨。这就提醒我们说话时要注意。也许有人会说，与一般人说话自然是要注意，但对于朋友，则大可不必那般啰啰唆唆，心里想什么就说什么，不用刻意追求什么。犹太人却有另一种看法："朋友，从起码上说，也是人，与普通人无异，朋友首先应该是人，然后才是你的或他的朋友。既然这样，如果承认对一般人说话时要注意，为什么不承认对朋友也应注意自己的话语呢？"

犹太人认为，由于环境和所受的教育程度不同，每个人说话的方式也不尽相同。交友时说话应当注意察颜观色，区分对象，对不同的人应当采取不同的方式，并且注意变换谈话的内容，注意要适合对方的兴趣。但有好些人反对"见什么人，说什么话"的做法，认为是当面一套、背后一套的表现，是两面三刀、华而不实的表现。其实，如果不存恶心，这见什么人倒真应该说什么话。这并不为过，试想，如果说话不分对象，对待什么人都用同一种方式或说同一种话，那么势必会使接受程度差异悬殊的人无法相同接受。有的人性格开朗、豪爽，直言其过或许他也不会在意；如果说话躲躲闪闪，犹豫不定，闪烁其词，反倒会引起他的反感，怀疑你为人不诚实。而若是对方性格内向，较为敏感，你说话若直戳痛处，恐怕又会刺伤他的自尊心。这样的人，则适宜采用含蓄曲折的表达方式，点到为止，让其自己去领会更佳。

因此说，说话是一门学问，交朋友更应注意。不可盲目以为朋友只要心诚，说什么话无所谓。其实，"言为心声"，往往你不经意的一句话会使朋友产生误会。另外，言语既然是一种交流的工具，便有它的优点，也有它的缺点，正如一池水可以养活鱼虾，也可以淹死活人一样。由于语言具有模糊性和意义不确定的特征，有时候很容易引起误会，"好话也怕重三重"正是这个道理。一句话可以这么理解也可以那么理解，如果我们说话不注意，很可能会被别人误解，自以为说得很好，可别人却没有按照本意去理解而产生误会，使友情出现裂痕。

语言是人际交流的最重要、最有利的工具。话说得好，不仅是一个人修养水平高的表现，也是一个人仪表风度必不可少的因素。没有人会承认一个穿着整洁却言语粗俗无礼的人有风度；相反，即使一个人并非西装革履，如果谈吐不俗，也会令人刮目相看的。

常言道："打人不打脸，骂人不揭短。"

如果想让对方接受你的观点或想法，则必须先让对方能够静心倾听你的想法。如果对方连听都没有听进去，又何谈接受不接受呢？而要对方倾听，则不可使对方产生反感。

犹太人认为，谈话时采取先扬后抑的办法往往会收到理想的效果。说话时要注意真诚地赞美对方的优点长处，使对方心情愉悦，拉近双方的距离，消除隔阂。然后再一步步地将自己的想法和盘托出，这样，就会用话语巧妙地引领对方一层层地听清你要说的话，而不至于没听几句便火冒三丈，不欢而散。

人们常说要适当地赞美别人的优点长处。这种赞美必须是诚心的，而不是为了阿谀奉迎而故意夸大的虚假的赞美。交友时，说话如果能很好地动用这一条，对于朋友间的和谐大有裨益。

一个犹太的社会学家说："或许，大家都以为恭维人乃是小人所为，大丈夫光明磊落，行正身直。事实上，大家应该清楚一个道理，那就是枪炮或毒药可以杀死无辜的百姓，是因为它们被坏人利用了，而不是它们本身有什么不好。正如鸦片会使人丧命，是因为贩毒者利用了它；而在药店里，鸦片则又可以成为很好的麻醉剂和镇定剂，可以用它来解除病人的痛苦。明白了这个道理，人们就应该承认，恭维作为一种说话的方式，我们有权使用，而且如果我们用得恰当，会取得意想不到的效果。"

犹太人告诫大家：恭维话并不是随便恭维，要注意对象和内容。任何人都在心底有一种希望，年轻人的希望是他自己，老年人则把希望寄托在年轻人身上。年轻人当然希望自己前途无量，宏图大展，所以恭维时便须点出几条，证明他是有潜力的。而老年人自知年老力衰，一切都已成为过去，他们只希望后辈人能超过自己，创出更好的前程。所以，对老年人恭维时，不妨将着眼点放到他们的晚辈人身上，并将老年人与其晚辈比较，指出后辈的长处。这样抑老扬少的做法，不但不会引起老人的反感，相反他会很高兴。

犹太人还告诫大家，说话时要注意掌握好分寸，当说必说，不能乱说多说。逢人只说三分话，另外的七分话大可不必说出来。一般人以为，做人光明磊落，尤其是对待朋友，更应是无话不谈，直言不讳，应当言无不尽，怎能只说三分话？说三分话便是老奸巨猾，为人不实。其实，这种看法并不完全正确，说话应注意区分对象，有些人是不可以尽言的。

　　另外犹太人认为，不论是谁，如果一味地畅所欲言，将自己像解剖一样彻底暴露给对方，对方便会因为对你过于了解而使你失去了神秘感，既而又会认为你无任何潜力可挖，而失去了与你交往的兴趣。而且，你如果有言必说，对方就难免会产生戒心，他会担心你也将把他告诉你的事说给别人听，如果这样，你的朋友也就不会再成为朋友。朋友相互间的交流也只会流于形式。

　　说话的艺术不仅仅是说，其中还涉及另一个侧面，那就是听。有说则须有听，会说还要善听。如果能够认真聆听别人的倾诉，那么你也会更容易交到朋友。

　　大凡遇到愁闷之事，心中抑郁，总想找个朋友倾诉出来。这便是"听"的问题，要善于聆听朋友的倾诉。这里的聆听是要态度认真诚挚，让对方真正感到了你在专心听他倾诉。

　　如果你能安静、理智而富于同情地倾听朋友的话语，他便会觉得你的确很注重他的事，很为他的事挂心，从而无形中增强了友谊。所以，听的关键在于专心，有时你不一定听完就为之出主意，提建议，有时只是这无言的帮助也会使你的朋友更愿意与你接近。

　　犹太的社会学家总结道："赞美朋友，有助于发扬被赞美者的美德和推动彼此友谊健康地发展，还助于消除朋友间的沟壑。赞美是一件好事，但绝不是一件易事。赞美如果不审时度势，不掌握一定的赞美技巧，即使你是真诚的，也会变好事为坏事。赞美朋友的宗旨是尊重朋友，鼓励对方以及创造友好的交往气氛，所以应该真心实意，诚恳坦白，措辞适当。如果是因为有求于人而表示赞美，会令朋友感到你的动机不良，所以当你没有需要对方什么的时候，表示赞美才真诚可信。对别人的赞美也不必过于频繁，过于频繁就失去了鼓励的意义，并且显得滑头俗气，反遭轻视。"

下面是赞美朋友的五个技巧。

1. 因人而异

人的素质有高有低，年龄有大有小。因人而异，突出个性，有特点的赞美比一般化的赞美能收到更好的效果。

比如老年人总希望别人记得他"想当年"的雄风。所以和他们交谈的时候，可以多称赞他引为自豪的过去；对年轻人不妨语气稍为夸张地赞扬他的创造才能和开拓精神，并举出几个例子证明他的确前途无量；对于经商的人，可以称赞他头脑灵活，生财有道；对于有地位的干部，可称赞他为国为民，廉洁清正；对于知识分子，可称赞他知识渊博、宁静淡泊……当然这一切要依据事实，不要夸之过火，让人觉得不切合实际，反而产生反感。

2. 详实具体

在日常生活中，人们有非常显著成绩的时侯并不多见。所以，交往中应从具体的事件入手，善于发现别人哪怕是微小的长处，并不失时机地予以赞美。赞美用语越具体，越说明你对他的了解，对他的长处越看重。让对方感到你的真挚、亲切和可信，你们之间的人际距离就会越来越近。如果你只是含糊其辞地赞美对方，说一些"你工作得非常出色"或者"你是一位卓越的领导"等空泛飘浮的话语，可能会让对方认为你是个溜须拍马、别有用心的人，甚至产生不必要的信任危机。

3. 情真意切

虽然人们都喜欢听赞美的话，但并非任何赞美都能使对方高兴。能引起对方好感的只能是那些基于事实、发自内心的赞美。相反，如果没有根据、虚情假意地赞美别人，不仅会感到莫名其妙，更会觉得你油嘴滑舌、诡诈虚伪。例如，当你见到一位丑貌的先生，却偏要对说："你真是太帅了。"对方就会认为你说的是违心话。但如果从他的服饰、谈吐、举止等方面的出众之处真诚地赞美，他就会高兴地接受，并马上对你产生好感。

4. 合乎时宜

赞美的效果在于相机行事、适可而止。比如当朋友计划做一件有意义的事时，开头的赞扬能激励他下决心做出成绩，中间的赞扬有益于对方再接再厉，结尾的赞扬则可以肯定成绩，指出进一步的努力方向，从而达到"赞扬一个，激励一批"的效果。

5. 雪中送炭

人们常说："患难见真情。"最需要赞美的不是那些早已功成名就的人，而是那些因被埋没而产生自卑感或身处逆境的朋友。他们平时很难听到一句赞美的话语，一旦被你当众真诚地赞美，便有可能振作精神，大展宏图。所以，最有实效的赞美是"雪中送炭"，而不是"锦上添花"。

在犹太民族曾经流传这样一个故事：一头大象，在森林里漫步，无意中，踏坏了老鼠的家。大象很惭愧地向老鼠道歉，可是，老鼠却对此耿耿于怀，不肯原谅大象。

一天，老鼠看见大象躺在地上睡觉，心想：机会来了，我要报复大象。至少，这个庞然大物，我可以咬它一口。

但是，大象的皮特别厚，老鼠根本咬不动。这时，老鼠围着大象转了几圈，发现大象的鼻子是个进攻点。

老鼠钻进大象的鼻子里，狠劲地咬了一口大象的鼻腔粘膜。

大象感觉鼻子里一阵刺激，它猛烈地打了一个喷嚏，将老鼠射出好远，老鼠被摔个半死。

老鼠忍着浑身的伤痛，对前来探望它的同类们说：要记住我的惨痛教训，得饶人处且饶人！

故事虽然简单，但寓意却很深刻，待人处世固然须得理，但绝对不可以不饶人。留一点余地给得罪你的人，不但不会吃亏，反而还会有意想不到的惊喜与感动。也许这就是这个故事在犹太民族流传这么久的原因。

曾经有位留美归国的硕士应聘到一家贸易公司上班，他不但学历高，且口才极佳，业务能力也强，工作非常出色。可每当他听到其他同事提出一些较不成熟的企划案，或是某些时候得罪到他时，他总会毫不客气地破口大骂。在他的观念里，这样并无不妥！因为这一切都是师出有名，如果不是别人有误在先，也轮不到他开炮。

然而，他的态度却让他在同事间成了只孤鸟，再过没多久，他选择离开了公司，当然，不是因为能力欠佳，而是因为人际压力。而一直到他离职前，他仍在不断地问自己：难道我的观点错了吗？难道我发的脾气都是没有道理的吗？

犹太人在这方面就很注意管理自己，因为他们知道礼直气和远比理直气壮更有说服力，更能改变他人。对此他们有一句名言是这么说的："人不讲理是一个缺点，人硬讲道理则是一个盲点。"

犹太人觉得，做了对不住人的事，心里有愧疚，能向人家赔礼道歉，人家气不忿说几句就听着，这是理所当然的。反过来，有人做了对不起你的事，人家赔礼道歉了，只要无大碍，就不要得理不饶人，甚至故意报复人家。真要是那样，反而没了理。待人宽厚是一种美德。事情本来不大，就要得饶人处且饶人，而且得理也要让三分。越是你有理，越表现得谦下，往往越能显示出一个人的胸襟之坦荡、修养之深厚。这也是犹太人成功的重要原因之一。

第四节　朋友间也要注意礼节

许多青年人交友处世常常涉入这样一个误区：好朋友之间无须讲究礼仪。他们认为，好朋友彼此熟悉了解，亲密信赖，如兄如弟，财物不分，有福共享，讲究礼仪太拘束也太外道了。其实，他们没有意识到，朋友关系的存续是以相互尊重为前提的，容不得半点强求、干涉和控制。彼此之间，情趣相投、脾气对味则合、则交，反之，则离、则绝。朋友之间再熟悉，再亲密，也不能随便过头，不讲礼仪，这样，默契和平衡将被打破，友好关系将不复存在。和谐深沉的交往，需要充沛的感情为纽带，这种感情不是矫揉造作的，而是真诚的自然流露。当然，我们说好朋友之间讲究礼仪，并不是说在一切情况下都要僵守不必要的烦琐的客套和热情，而是强调好友之间相互尊重，不能跨越对方的禁区。

每个人都希望拥有自己的一片小天地，朋友之间过于随便，就容易侵入这片禁区，从而引起隔阂冲突。譬如，不问对方是否空闲，愿意与否，任意支配或占用对方已有安排的宝贵时间，一坐下来就"屁股沉"，全然没有意识到对方的难处与不便；一意追问对方深藏心底的不愿启齿的秘密，一味探听对方秘而不宣的私事；忘记了"人亲财不亲"的古训，忽视朋友是感情一体而不是经济一体的事实，花钱不记你我，用物不分彼此。凡此等等，都是不尊重朋友，侵犯、干涉他人的坏现象。偶然疏忽，可以理解，可以宽容，可以忍受。长此以往，必生间隙，导致朋友的疏远或厌恶，友谊的淡化和恶化。因此，好朋友之间也应讲究礼仪，恪守交友之道。

犹太人认为，朋友之间也要有礼数，适当的礼节可以让友谊更好地发展。犹太的青年人就非常注意这一点，他们曾归纳了11条朋友之间必须遵守的礼节。

1. 别以为朋友就是那种你的东西就是我的，而我的东西也是你的的人。朋友之间的东西绝对要分清楚，不然到最后东西坏了，想要让对方赔，又觉得不好意思，所以自认倒霉，但却因此会在心中自然形成一种排斥感。

2. 别以为朋友就是那种不论到哪儿，都会有人开车或是请客的人。偶尔一次两次或许受得了，时间一久，换成谁都受不了。所以出门玩之前，最好先讲好，油钱大家分摊，花费大家先交钱，玩儿完后再清点退还。这样不仅大家玩得快乐，也可以更增加朋友间的感情。

3. 别以为朋友就是那种熟到连他们的厨房、房间，你都可以自由出入的人。越是好的朋友，越是要彼此尊重，因为毕竟不是自己的家。你凭什么自由进出别人的地盘？那种行为只会让人觉得你不尊重对方。如果有的话，尽可能避免，别以为那没什么，对方可能早在心里把你骂到烂透。

4. 别以为朋友就是感情很好了，所以一切都可以比较随和，就算到对方家，可以不用去在乎那些礼节的人。越是好的朋友，礼节越是不能少，今天去拜访他家，绝对不可空着手去。一定要带点"礼物"，哪怕是一袋水果，所谓"礼轻情意重"。

5. 别以为朋友就是可以好到连上个厕所都可以形影不离的人。偶尔给对方自己一点空间，让彼此去看看身边的人和物，回头来，彼此的视野会更开阔的。就好比你跟他每天生活在一起，给自己及对方有更大的空间，会让双方的友情成长的速度更快。

6. 别以为朋友就是那种可以互相模仿喜欢的东西的人。每个人的审美观不同，模仿久了，只会让对方倒尽胃口。因为朋友他会欣赏你自己喜欢的东西，而不是模仿你学你喜欢的东西。也因为你跟自己有所不同，他才会觉得新鲜。否则你喜欢的跟他喜欢的都一样，如果是这样那就干脆自己跟自己当朋友就好了，干吗还找一个人来配合呢？所以，要学会懂得去喜欢欣赏对方的喜好，而不是学习。

7. 别以为朋友就是那种有难就可以离家出走逃到他家的人。或许他可以帮你一阵子，但是他也必须负起你在他身旁的责任。时间久了，换成任何一个人都会觉得，干吗交个朋友来自找麻烦，也会在心中产生一种厌恶感。所以，越是好的朋友你越要学会去体会他的心情及他的难处。自己的难处自己担，千万不要去长久麻烦别人，人家说"久病无孝子"，其实也可以改成"久烦无知己"。

8. 别以为朋友就是那种常常可以腻在一起，就觉得彼此感情很好的人。越是好的朋友，在一起固然会让你忘记烦恼，但是别忘了，还是要常常充实自己。让自己给对方的感觉永远是那种"新鲜"的，否则就像叫你天天都吃一样的菜，你不会吃到想吐吗？其实充实自己，是吸引朋友最大的主因。

9. 别以为朋友就是那种天天都可以聊很久很久，不见面就觉得难受的人。真正的朋友是会在你特别的节日或生日时都会打通电话问候你的人。不会因为不常联络就忘记你的存在的。朋友是不会因为时间的距离而有所改变的。

10. 别以为朋友就是那种可以全权都托付他的人，都希望他能帮你决定自己的事的人。如果你常给对方这种期许，那只会让对方有成就感一阵子，久了就受不了。因为他在替你下决定时，他要承担决定后的后果，那种压力，其实比自己替自己下决定，来得更大的。所以，好朋友是在你自己下完决定后，或在下决定时，从旁给你建议的，而不是去决定你该怎么做的。

11. 别以为朋友就是那种遇到缺钱时就会自动帮助你的人。人家亲兄弟都要明算账。何况你是个外人，所以更要清清楚楚地算清楚。欠人的就该快还，别以为没什么借据就可以慢慢拖。要想想看对方是因为相信你才会借你的，难道你要自己破坏信用吗？在现实中，其实讲到钱就会伤感情，这是不可否认的。所以，越是好的朋友，钱财越不要弄得不清不楚，这是最大的禁忌。

犹太人认为，朋友可以一辈子，也可以因为一点小事摩擦而成了仇人。从小地方做起，越是看起来不重要的小细节，越是会影响朋友之间的友情。别因为这一些小地方，而让你损失了一个好朋友。朋友在你的人生中是一种事业，需要用心去慢慢经营的。

第五节　朋友也要有亲有疏

犹太人交朋友讲究当亲则亲，当疏则疏。这和我们普通人不一样，因为交朋友是需要感情投资的，朋友太多则忙不过来，可能连仅有的一点点休息时间也搭了进去。有的时候较好的友情可能因为你太忙于应付别的友情而忽略，这可能让你失去一次很好的机会。下面是犹太人教我们怎么去处理朋友之间的这种亲疏关系。

亲疏是人际关系中无时不有的矛盾。从某种意义上说，人的一生就是纠缠在各种各样的亲疏关系的矛盾之中，而辩证地协调好各种关系，你就会生活愉快，工作顺利。反之则矛盾重重，大小瓜葛，种种纠纷，冤冤相报。

在亲疏关系上，关键是要做到顺其自然，首先要确定亲疏标准，而后视其情况，当亲则亲，当疏则疏，不要着意于从人际关系中谋求点什么，换句话说就是不要太功利了。交友重诚重直、注重道义相规、患难相助，注重择贤而从的精神，也是值得推崇的；以利害为基础的友谊不可能长久，欲得反失，"有心栽花花不开，无心插柳柳成荫"讲的也是这个道理。

犹太的社会学家曾说："交友本是人生的雅事与乐趣，切不可把它作为谋财取利的手段，否则很可能功亏一篑。"

犹太人有几条交友的原则。

1. 交友不攀权势

人们几乎每时每处都要同大大小小握有权力、拥有势力的人接触、打交道。真正意义上的自然和谐，就是不以权势大小来决定与之亲、疏、远、近。亲权势者，疏无权无势者，那是势利眼。亲权势大的，疏权势小的，等于从中挑拨，必导致权势相争。两者取其中，"公事公办"，不搞拉拉扯扯那一套；也不要把精力和心思花费在研究某某"背景"之上。以权势视其关系亲疏，实则是亲一时，疏一世。成功的犹太人都知道，凡是这样"套"来的亲，没有长久的，硬"攀"不亲。因为权势本身就不是永恒的，而是无常的，那么以此为筹码的亲疏一定不会长远，这是必然的。

犹太人认为，不以权势作为取舍标准，不等于见官就躲，敬而远之；不要以权交友，也不必见官就退避三舍。比较恰当的态度是顺其自然，当亲则亲。

2. 交友不贪钱财

几乎所有的犹太人都认为，人不可一日无钱财，但人切不可为钱财所累。以钱财论亲疏，正是认钱不认人，"有奶就有娘"的卑贱小人。我国民间也有许多故事，都不同程度地嘲讽了那些以钱财论亲疏的人。金钱财物在超然者眼中不过是粪土，只有真情才天长地久。真金难买真情，拥有一份真情比拥有一袋金子更宝贵。

3. 交友不图"有用"

当今，社会人际关系中流行一句话，有用吗？有用、好使则亲；没用、不好使则疏。这里的"好使"、"不好使"和权势固然有密切联系，但还有所不同。趋炎附势者，不一定都想直接从权势者那里获取什么功利。"好使"则亲，完全是急功近利，实用主义。人们议论某人实用主义作风，往往说他"尽拣有用的交"，就是这个意思。善于广交朋友，这未必不是好事，这说明此人有公关能力。但专拣有用的交，与"好使"者亲，这就势必在亲情、友情、同志情、人情中夹杂了功利目的。亲疏只要带上功利色彩，肯定就会出现悲剧，多少人生实践证实了这一点。犹太人认为，交友不能太实用主义、功利化，免得"实用"到自己头上。强和弱，幼和老，有用和没用都是对立统一的，谁都难逃生老开门见山死，三灾八难、荣辱毁誉的自然规律，不可以"好使"、"不好使"论亲疏。

第六节　懂得如何拒绝朋友

对许多人来说，拒绝朋友是一件很难办的事。当别人对他们提出要求时，他们不好意思张口说"不"，因为这样很可能会伤害对方的感情，造成两个人关系疏远。但是有的如果答应别人的要求自己又确实有难处，或者自己会丧失许多东西，许多人在面对这种矛盾时都十分苦恼，不知道该怎么办。

其实，在自己确实有难处，或者如果答应别人的要求，自己的利益会损失很大的情况下，就应该拒绝别人。但是拒绝别人也要考虑对方的情感，尽量不要伤害朋友的感情，怎样说"不"也是一门学问。

犹太人在这方面做得就很好，他们深知怎样拒绝朋友却又不至于伤害朋友。

1. 在拒绝别人时应该注意不使朋友的面子受损。如果既拒绝了朋友的要求，又让朋友丢了面子，那么他们心中产生不满之情是在所难免的；可是如果在拒绝朋友的要求时，不让对方丢面子，使朋友非常体面地接受拒绝，结果可能会大不相同。

2. 以非个人的原因做借口。拒绝朋友最困难的就是在不便说出真实的原因时又找不到可信而合理的借口，那么，不妨在别人身上动脑筋。

3. 明确表示你很愿意满足对方的要求。当有人请求你的帮助时，在自己能力所及的范围内，应该给予帮助。但碰上实在无能为力的事，你无法给予帮助时，也不要急于把"不"字说出口，不要使对方感到你丝毫没有帮助他解决困难的诚意，否则你在别人眼中会是一个自私而缺乏同情心的人。

4. 通过诱使对方否定自己的提议来达到拒绝的目的。当朋友向你提出不合理的要求时，不要简单地拒绝他，而要让他明白他的要求是多么荒唐，从而自愿放弃它。

5. 在拒绝朋友的同时，说明对方为得到其所求还应做些什么。

6. 用最委婉的、和气的方式来表达你的不同意见。

第七节　朋友之间要互相理解

犹太人认为，友谊的基础是理解，但朋友之间未必总是理解的，互相不理解甚至误解是朋友相处时常有的事。很多中学生常常为了一点不能理解或误解弄得好朋友一下子变成了冤家，事后冷静下来又觉得十分后悔。那么当你陷于朋友不理解而你又不想失去朋友的矛盾中时，你该怎么办呢？这里犹太人将教会我们怎样对待朋友的不理解。

首先你得大度些，体谅朋友对你的不理解。生活是复杂的，每个人的生活经历不同，所处的背景也各不相同，对事物的认识难免会"横看成岭侧成峰，远近高低各不同"。再好的朋友都会出现不理解，朋友之间需要宽容。马克思有一句名言："友谊需要忠诚去播种，热情去灌溉，原则去培养，谅解去护理。"总之你的心里要装得下朋友对你的不理解。

然后你也许该反躬自省了。既然是朋友，尤其是要好的朋友，一般情况下，他应该是能够理解你的正确行为，如果他这时反而不理解，那么从另外一面恰巧说明我们的行为可能偏离了正确的方向。可见，不理解未必就是一件坏事，它说不定就像一面镜子，我们可以借此检省一下我们的行为。当然，如果检省之后，你觉得你没有什么过错，你可以继续下去，你也没必要为了得到朋友的理解而放弃正确的事。

最后，当朋友不理解时，光是苦恼是没有用处的。罗曼·罗兰说得好："要散布阳光到别人心里，先得自己有阳光。"你要乐观起来，分析你的朋友为什么会误解你，如果他的主观愿望是好的，你可以主动出击，真诚地同他交换意见。当你在为他不理解你而生气时，他也许也在为你的某种行为而懊恼，因此你需要主动向他解释。当他最后明白你的心情而不再误解你时，你们之间的友谊将会是另外一番风景。

小Ａ与小Ｂ是一对好朋友，前一段时间不知为什么小Ａ总跟小Ｂ发脾气，小Ｂ觉得大家毕竟朋友一场，虽然心里不高兴但是还是选择了忍耐。可是小Ａ非但没有领情，反倒变本加厉起来，对小Ｂ发脾气更加频繁，更加不分场合，有时弄得小Ｂ下不来台。很多同学都纷纷替小Ｂ打抱不平："这不是明摆着欺负老实人吗?""你也不欠她的，她凭什么对你这样啊!"

小Ｂ也觉得委屈，听同学们一说，也觉得不划算，就与小Ａ断绝了来往。一周以后，小Ｂ的心恢复了平静，内心却产生了一种孤独感。她开始思念与小Ａ无话不谈的日子，脑子里经常涌出"要知今日，何必当初"的念头，随着时间的推移，这种思念慢慢变成了对自己的悔恨，她的情绪开始低落起来。她也想到过与小Ａ和好，但转念一想分手本来不怨自己，那么和好就应该由对方提出，如果自己主动提出和好，就显得出尔反尔，让同学们笑话。小Ｂ陷入了两难的境地。

想必大家可能也碰到过类似的事情，不知你是怎样处理的。就我个人的观点来看，还是沟通不够造成的，小Ｂ对这场友情危机应负主要责任。因为小Ａ当时情绪不好，做事缺乏理智，不可能做到心平气和地沟通。小Ｂ当时很理智，应该负起沟通的责任，但是她却听信了别人的"好言相劝"，做出了分手的决定，这真是太遗憾了，这件事情确实发人深思。

首先引起大家思考的是如何理解朋友。朋友间不光是温情和欢笑，不光是你好，我好，大家好，朋友间也会出现矛盾。矛盾是友情的试金石，是对朋友关系的考验，经不起这种考验，朋友也就散了;经受住了这种考验，朋友间的感情就会更加深厚。面对朋友间出现的矛盾，我们应立足长远，冷静思考，积极化解，不要轻易地抛弃朋友。在处理朋友关系时，尤其不要害怕朋友跟我们发脾气。人心情不好时，总会选择向亲人或者朋友发泄，因为她会觉得这样比较安全。朋友跟你发火时越不理智，越说明她没有把你当外人，所以才敢这样放肆。记住"跟亲人发火是一种信赖，接受亲人发火是一种真爱"。

其次是如何处朋友。交朋友要讲情，不要讲理，尤其在遇到矛盾时更应如此。朋友无缘无故地跟你发脾气时，你首先不应该考虑自己的面子，跟她据理力争，那样你们之间就不是朋友关系了。你应该做的是对她的情绪变化好奇，关心她，并想方设法套出朋友情绪不好的原因，帮她实实在在地解决存在的问题，这才是真正的朋友应该做的事。

最后是如何修复破碎的友情。朋友间也会闹误会、伤感情，当事情过去以后，双方冷静下来了，应该勇敢地放下面子，敞开心扉，坐下来好好谈一谈。谈一谈分手时自己的想法和冲动，谈一谈分手后自己的寂寞和悔恨，谈一谈你们曾经有过的快乐和忧伤——相信随着话题的扩展，你们对彼此的了解会更加深入，你们的心也会贴得更近的。

成功的犹太人认为，一个人不可能事事都得到每个人的理解和赞许，但是，如果能够认识到自己的价值，在得不到理解和赞许时便不会感到沮丧，将把反对意见视为一种自信现实，因为生活在这个世界上的每一个人都有自己对世界的看法。

第八节　君子之交淡如水

"君子之交淡如水"，在犹太人看来是这样的，任何事情总要掌握个分寸，也就是所谓的"度"了，什么事做得过了度，往往便会走向事物的反面，好事也就变成了坏事。有时，事物的发展往往不会以某个人的主观意志为转移，我们无法强求，无法回避，无法更改。所以，我们只能强迫自己认识它，了解它，承认它，适应它。也只有做到这一点，我们方能真正做到事半功倍。而犹太人却能很好地把握这个度，使君子之交淡如水、和而不疏。

或许，任何人都有过这样的经历和感觉，觉得和某个人或某几个人很是投脾气，谈得来，坐在一起便觉得心里热乎乎的，总是舍不得分开，甚至近似痴狂，只愿形影不离才好。关系一近再近，一好再好，然而，结局往往是令人伤心的分离，而且很可能是难以愈合的创伤。其实，伤口一旦产生，无论愈合得怎样好，也难免会留下疤痕，恰似无论怎样细的线条，总会留下一道阴影，抹不去，擦不掉。这莫不就是失了分寸的缘故？

交友是人生一大乐趣，一旦逢着知己，便想越来越好，愿望是好的，但做法不足取。

犹太人认为，朋友之间凡过分亲密必生摩擦，出矛盾，于是出口不逊，棍棒相加，你长我短，揭老底，戳痛点，鸡犬不宁。调查一下邻里关系不和谐的人家，你会发现他们大都曾经有过亲密无间的往来史。所以朋友之间相处，特别是好朋友之间也需要掌握好分寸、火候，若即若离，不失为一种和谐之音。也是交友的重要原则。

犹太人常说："交朋友要保持水一般的细水长流滋味。"如何理解这句话呢？就是说朋友之间的关系不可太过密切，比如你有事去找朋友，到朋友屋前时，恰好听到里面有人在和朋友交谈，这时你该怎么办？有人会想，既然是朋友，干脆推门进去就是了。其实不然。虽然是朋友，但你冒昧而入，打搅了人家谈话，其效果一定是好的吗？因此，你应该悄悄离去，另外再找合适的机会。或者去朋友家拜访之前先打个电话约好时间，而不能认为是好朋友就可以随时登门。如果能做到这一点，你们的朋友关系的纽带一定很牢固持久。

这是讲，人与人之间的交往，如果像水一样淡淡地细水长流，永远都不会感到厌倦，友情会长久持续。倘若像甘饴一般地黏住对方，开始交往时一定很好，时间久了，关系就会疏远了。因此，交朋友时一定要保持一定的距离，给自己同时也给对方留下回味的余地。

在交友时如果认为彼此很亲密而过于随便，往往容易失礼于对方而不自觉。

　　反之，距离过大又会产生疏远的感觉。那么，交友的秘诀是什么呢？犹太人是这么解释的，即使朋友有错，也要以诚心来忠告、劝导他，如果对方听不进去，就不必再多说了。如果一味地说教，不但会引起对方厌恶，甚至会引起相反的效果。那些对朋友的缺点熟视无睹，或是装作不知道的人，是没有资格与他人交往的。既是朋友，则须尽朋友之道，该有一次的忠告。若一再劝导，就会引起对方反感。所以，听不听你的忠告，完全凭对方的判断力。因此，必须尊重他人的自主性，不可一味地劝说，这就是所谓的"君子之交"。

　　犹太人说："朋友像一本书，交了一个好朋友，就如同买一本好书。"朋友对青少年来说，是少不了的。他对我们的影响极深，有益友、损友之分，因此，选择好的朋友，彼此双方都能进步。

　　如何才能交到真正的好朋友呢？我们来听犹太人是怎么说的。首先，主动很重要，因为主动，说出自己的善意，打破人与人之间的冷漠，建立沟通的桥梁；其次，是信任，因为信任对方，对方才会信任你；也要有自己的想法及主见，明辨是非，才不会被人利用，对于朋友所提出的要求，不能一味为讨好他人，勉强去答应自己做不到的事情，到时候做不到，反而会使人对你的评价大打折扣，朋友间的信赖也会渐渐淡去，反而弄巧成拙。所以用对方法，才能交到好朋友。

　　当然，不是每种朋友都可以交的，要选择对自己有益的。多与益友相处，不会让我们行为堕落，而是变成越来越好。古人说："三人行，必有我师焉。"好朋友的一言一行，一定有我们可以相互学习之处；对于不好的，我们要自我反省、检讨，千万不要重蹈覆辙，这样也才不致失去交友的意义。

　　犹太人把朋友当做是财富。因为朋友能慰藉你的感情，能分担你的忧愁，能解除你的困难，能拓展你的知识，能抚慰你的人生。朋友对你的益处和作用无法用金钱来判断衡量。用事业、志向、思想、情感结交的朋友，有苦同吃，有难同当，有福同享。得到朋友，尤其是得到知心的朋友，标志着一个人能够深透地把握生活，准确地理解生活，成熟地对待生活。金钱易得，朋友难求，难就难在心灵世界的一致，目标趋向的相同，言语行动的和谐，涵养气质的互补，学习工作的促进。朋友的作用在鼓励，朋友的价值在创造，朋友的效能在激发。朋友，是无价之宝。

第 九 章
Chapter9

杰出犹太人善于赢得谈判

犹太人的成功不仅因为他们具有勤奋和实干的精神,也有巧干的功劳,善于谈判就是他们能够获得成功的捷径之一。

第一节　在谈判中以攻心为上

在犹太商人看来，谈判是人与人的智慧较量。因此，在谈判中，攻心为上至关重要。犹太人的谈判智慧则强烈地体现出这一点。

在他们看来，商业谈判是贸易双方为了达到各自的目的，就涉及双方利益的标的物进行协商、妥协，从而达成协调一致的过程，是人与人之间交流、沟通的行为。人的一切行为都是从需要开始的，需要是商业谈判的基础和动力。谈判心理是谈判者在谈判活动中对客观事物的主观反映，人的行为受其心理因素的影响十分明显，如何利用这些复杂的心理因素因势利导，促成谈判的成功，的确是非常关键的。"攻心为上，攻城为下"，"能攻心则反侧自消"，运用到当今的商业谈判中，也同样奏效。

需求是谈判行为的动力。在商务谈判中，需求的满足就是利益的获取，而谈判中可能涉及的利益主体是分别存在于不同层次的个人、企业和国家。因此，谈判者的全部需求包含着个人需求与企业或国家的需求，个人需求与社会化的需求之间存在着密切的联系，虽然两个需求并非完全一致。客观地讲，个人需求的满足依赖于企业或国家需求的实现，同时，个人需求又渗透着企业或国家的需求。总而言之，搞清谈判者的需求是谈判成功的基础。

人的需要或需求是多重、不同层次的，可以从以下几方面来考虑。

1. 以对方的需要为出发点，设身处地，换位思考问题。

2. 从考虑对方的目的出发，来达到或者说满足自己的需要，或者说通过实现对方的利益来满足本身的需求。

3. 在考虑心理活动时要兼顾双方的利益。

4. 抛弃自己的利益，而只追求别人的利益。

5. 不顾及对方的利益，只考虑自己的需要。

6. 既不顾及别人的需要，也不顾自己的需要。

根据对这六种情况的分析，做出正确的判断，以此满足人们多重的、不同层次的需要，达到谈判成功的目的。同时，在谈判中，还要善于捕捉对方的心迹，辨明真相，创造需求。谈判中，如对方对你的商品大加赞赏，此时你一定要克服人类爱听好话的心理弱点，用双向思维来考虑问题，认清他是否是真正的买主，俗话说"褒贬是买主"。无数事实表明：对你的商品越挑剔，越是潜在的买主；问题问得越仔细，越是显露出他对你的商品的兴趣；如果问到售后服务，离成交就不远了，这样的事例在商业中比比皆是。商业谈判关键就在于商人能否捕捉对方的心迹，能否把握好机会，投其所好，将潜在买主和潜伏买主变为现实买主。潜在需求指顾客对商品有需求而无购买力，或有购买力而不想买。潜伏需求指有相当一部分消费者对产品有需求，但产品的质量或数量满足不了需求。两者的区别在于前者包含顾客无购买力的因素，而后者则指由于卖方的产品质量、数量等问题造成买方的需求未得以实现。开展研究潜伏市场的范围，开发有效的产品来满足需求，把潜伏需求变现实需求更具可行性。

犹太人在谈判时还有一种暗示战术，而对于这种暗示战术，犹太人有个笑话很有典型性。

穷售货员费尔南多在星期五傍晚抵达一座小镇。他没钱买饭吃，更住不起旅馆，只好到犹太教会堂找执事，请他介绍一个能提供安息日食宿的家庭。

执事打开记事本，查了一下，对他说："这个星期五，经过本镇的穷人特别多，每家都安排了客人。只有开金银珠宝店的西梅尔家例外，只是他一向不肯收留客人。"

"他会接纳我的。"费尔南多十分自信地说，转身来到西梅尔家门前。

等西梅尔一开门，费尔南多神秘兮兮地把他拉到一旁，从大衣口袋里取出一个砖头大小的沉甸甸的小包，小声说："砖头大小的黄金能卖多少钱呢？"

珠宝店老板眼睛一亮，可是，这时已经到了安息日，按照犹太教的规定，不能再谈生意了。但老板又舍不得让这送上门的大交易落入别人的手中，便连忙挽留费尔南多在他家住宿，到明天日落后再谈。

于是，在整个安息日，费尔南多受到了盛情的款待。到星期六夜晚，可以做生意时，西梅尔满面笑容地催促费尔南多把"货"拿出来看看。

"我哪有什么金子？"费尔南多故做惊讶地说，"我不过想知道一下，砖头大小的黄金值多少钱而已。"

在谈判中，犹太人常常运用一些心理暗示的方式，诱导对方自己进行一些"合理"推想，从而达到攻心的目的。

攻心为上，是犹太人谈判中的重要智慧。他们想尽办法去做，因为在他们看来，对方根据他们的暗示达成谈判后，即使意识到结果是自己上了犹太人的当，也不能怪他们，只能怪自己"误会"了犹太人。

犹太人的智慧是众所周知的。而在日常经济生活中，商业上有一个原则，那就是只有在非谈不可时才谈。无论你是买主还是卖主，都应记住：如果你是卖主，当对某个商品迫切需要时，再与他讨价还价，尽量让自己摆出一种不会讨价还价的绅士态度；你是买主，你应让对方知道，目前唯一重要的问题莫过于价钱低廉，尽可能地保持这样一种态度是重要的，它是讨价还价的第一步。

要做到在谈判中攻心为上，最好做到以下几点。

1. 保存详细记录，做到言之确凿

由于谈判是一种涉及双方利益的重大问题，一定要做到言之有据，此时保存详细记录是十分必要的。为了防止对方出尔反尔，必要时可将记录展示，以维持我方利益。因此，在与对方谈判时一定要注意：

展示你们口头商谈中你记下的笔记；

立即将商谈中的细节和结论以书面形式确定下来；

不要害怕问问题，提出你的质疑；

有必要时，寄出一封证明信给对方总结以下所达成的协议；

在没有满意之前，不要与该人或该公司进行新的业务往来；

除非你的怀疑得到澄清，你要求掌握进一步信息的要求得到满足，否则永远不要过早付钱、告知对方你的信用卡号或口头确认任何交易；

如果中间人的举止令人怀疑或不满，尽快找到真正的主管人。

2. 抓住有利时机，扩大我方优势

商场如战场。在对手陷入困境时，对手已丧失讨价还价的主动权，在谈判桌上陷入被动的地位，他们往往不惜血本，力图使自己尽快摆脱困境，这便是胜方以刚克柔、获取胜利的好时机。

3. 挫败竞争对手，大做独家买卖

商业谈判中，有些专做独家买卖的人还常常利用买者追求独品的心理，人为地制造稀品，以提高价格。

4. 只有在最需要的时候才让步

经验丰富的谈判人在可能让步时，是不明白说出来的，而只为以后的行动漏一些口风。在这种情况下，他们惯用的行话是："让我们把这个议题暂时放一放。我想，过些时候，它就不会成为一个很大的障碍了。"对方既然这样说，就应该尊重他的意见，但是，当然要确保我们到后来能得到他所承诺的让步。以适当的速度做出让步，不可太快。

人们总是比较珍惜不容易得到的东西，在商场上也是这样。对方不欣赏很容易就得到的成功，太容易得到的东西他们不会太珍惜。所以，假如你真的想让对方快乐，就让他们努力去争取每样能得到的东西。在遇到对方固执己见时，你应聪明地学习水流的抵抗方式：先后退，继而倾听、思考；然后再慢慢地向前移动；除了不要太快再让步外，也不要太快就提供给对方额外的服务，允诺快速地送货，由己方负责运费，遵照对方的规格要求，提供有利的条件或减低价格。即使要做出让步，也不可做得太快。

5. 不能单方面让步，你的让步要能换来对方的让步

磋商过程中的让步原则如下：

一方的让步必须与另一方的让步幅度相同；

双方让步要同时进行；

为了尽可能让对方满足，不惜做适当让步，但让步是为了我方的利益；

必须让对方懂得，我方每次做出的让步都是重大的让步；

要期望得高些；

要以预定的速度向成交点推进。

6. 对手强悍时逐步退让

此项战术的先决条件是，谈判一方占有绝对优势；另一方面却是有求于或受控于人。但谈判遇到强悍对手时，居劣势的一方只有抱"少输为赢"的谈判原则。采用拉锯战，逐步退让，方能将让步降到最低。

7. 唱做俱佳，主导战局

此种战术，主要是谈判技巧娴熟、圆滑老练的谈判者用。不管己方理直理亏，拥有筹码多少，都能主导战局，赢得胜利。

谈判对手若为此种功力深厚的高手，己方必须旁观者清，不被对方牵着鼻子走，以免输得莫名其妙。对自己的明确立场及谈判原则，要始终坚守，不可在对手主导之下，乱了自己的阵脚。

以上都是犹太人常用的谈判技巧，而他们正是因为无限度地运用了这些技巧，才会在世界商场上叱咤风云。

第二节　决定谈判输赢的智慧

商业交往中谈判必不可少，对于犹太人来说，他们似乎总是谈判场上的胜利者。用他们的话说："就是用你的智慧赢得谈判。"相比之下，其实在谈判上是有很多技巧可循的。只要运用你的智慧，就可以得到你想要的条件。

谈判是商业活动中重要的一环，谈判的目的不是运用口才和威吓击倒对方，而是努力协调双方的利益并达成协议。在商战中，谈判的策略很多。

犹太人总是未雨绸缪。犹太人不打无准备之仗，谈判也应当做到未雨绸缪，做好充分的事前准备工作。调查的内容包括，谈判所需的文字、图表、数据等资料的收集，谈判协议的草拟，以及准备好几种谈判方案和谈判中采用的策略、技巧等，对手的兴趣、爱好、习惯和有关的经历，以及对方公司的信资情况、优势和缺陷，等等。了解到这些，才能做到心中有数，以便更好地战胜对方。

避免争论谈判。犹太人认为，在谈判进入实质性问题磋商阶段，双方难免会因利益不均衡而产生分歧。这时如果双方各执一词，居高不下，一场口舌大战就要开始，其结果只能是破坏了和谐的谈判气氛，甚至是出现僵局或中断谈判。这样以来，对双方都是非常不利的。因此在谈判中，当分歧产生后，避免争论实在是一种明智之举。在实践中，犹太人常常利用以下措施来避免争论。

其一，冷静地倾听对手的意见。在谈判中，我们应该做到，面对双方的分歧和冲突，改变一下言行方式是不无好处的。对于双方的分歧，切勿感情冲动，要试着从对方的立场去分析问题，并冷静地听取对方的发言，一方面表现了对对方的尊重，也让自己调整策略、收集对方情报和把握对方意图的方法。

其二，婉转地提出不同的意见。当对方提出的条件你无法接受时，切忌强烈地加以否定。这样会使对方产生抵触心理，最好是先同意对方的意见，然后从对方的意见入手，找出己方的困难和症结，进而提出不同的意见去说服对方。

其三，跳过分歧的问题。当对方对于争辩的问题辩解不休时，若持续时间过长，则容易破坏谈判的进程。因此，可以避开分歧的问题，先谈其他问题，时机成熟以后，再谈这一问题就好办多了。

其四，马上休会。若在谈判中出现分歧而又暂时无法解决，可以采用休会策略，目的是给对方内部通融和协商对策的机会，也给自己创造了养精蓄锐的机会。

1. 以退为进。犹太人在谈判中出现的意见分歧和矛盾冲突，总是采取以退为进的策略。对于争议的问题，可以做出适当的让步，有时"退一步海阔天空"的局面在谈判中也会出现，双方在让步的基础上，会产生互惠互利的结果。当然，任何让步都需要付出代价，因此一定要把握好让步的分寸。有时候，一毫一厘的差别就可能决定成败。

在谈判中，以退为进还表现为做每件事都尽量留有余地。如果是双方进行讨价还价，不管你报价多少，对方总会认为你会大赚一笔。因此，对于对方所提的任何要求，都不要百分之百地承诺，要让对方觉得你是做了让步后才答应他的，这样，就有理由提出相应的条件了。

以退为进策略还表现在让对方先发言。先弄清对方的意图和目的，自己则处于冷静保守的状态。委婉的话语也是一种让步，让步以后，如果想反悔也不要不好意思。

2. 欲擒故纵。犹太人在谈判中，为了达到自己的目的，常常故意不暴露，并设法让对方放松警惕，进而达到控制对方的目的。

3. 虚张声势。犹太人认为，谈判中，为了使谈判取得成功，可以巧设疑阵，虚张声势。可以虚报情报或夸大自己的实力，用来迷惑对方，进而达到牵制对方的目的。但要做得合情合理，不能露出破绽。

4. 抛砖引玉。犹太人认为，在谈判中，运用抛砖引玉这一策略，可以一方主动地摆出种种问题，但又不提出解决办法，让对方发表见解。这样做的好处是，一方面可以达到尊重对方，使对方觉得自己是谈判的主角的目的；另一方面，自己又可以摸清对方的意图，争取主动。

运用这一策略还要注意，对于寸利必争，态度强硬的对手，不要轻易采用这一策略。因为对方会觉得这是表现自己的最好时机，反而会乘势抓住有利因素，展开咄咄逼人的攻势，你可能会招架不住而陷入不利境地。另外，当双方出现意见分歧时，也不要采用这一策略，这会使对方误以为你是在故意刁难，没有诚意合作，进而导致出现僵局。

5. 投石问路，探听虚实。犹太人认为，投石问路策略注重于搜集对方的情报。它可以使买主从卖主那儿得到平时不易得到的资料，也可以使卖主从买主一方探听出买主意图，知道了这些情况，将更有利于做出正确的决策和选择。无论是作为买卖的哪一方，都应该弄清对方的意图，探听对方的虚实，做到投石问好路，这对人只会有利而无害。

6. 最后期限催促成交。犹太人认为，很多谈判尤其是复杂的谈判，都是在谈判期限即将到达前达成协议。因为，当谈判的期限越接近，双方的不安与焦虑感便会日益扩大，而这种感觉在谈判的最后一天，将会达到顶点，这也是双方达成协议的绝好时机。

在谈判中，期限会使双方尽快做出决定，由于时间给人造成的压力，常使对方改变策略。在商务谈判中，巧妙地运用最后期限战略，能取得谈判的成功。对于对方的最后期限限制，不能因为时间紧而轻易地承诺，否则，就只能成为对方期限策略的牺牲品。对于对方提出的不合理期限，只要抗议，期限便可获得延长，况且对方也不愿轻易丧失一次合作机会。

7. 声东击西，巧布机关。犹太人认为，声东击西策略是指为达到某种目的和需要，有意识地将洽谈的议题引到无关紧要的话题上，转移对方的注意力，以求实现自己的谈判目标。具体做法是，在无关紧要的事情上纠缠不休或在自己不成问题的问题上大做文章，以分散对方对自己真正要解决的问题上的注意力，从而在对方毫无警觉的情况下，实现自己的谈判目的。

8. 巧演"双簧"，两副面孔。犹太人在谈判中，常常根据情况时软时硬，最终达到自己的目的。

9. 沉默无声，克敌制胜。犹太人在谈判中喜欢运用沉默策略，以取得良好的效果。谈判开始就保持沉默迫使对方先发言，沉默是处于被动地位的谈判者的一种策略，运用沉默策略要注意审时度势，否则谈判效果会适得其反。在运用沉默策略的同时，要注意以下几方面的问题：实现准备；约束自己的反应；耐心等待。

10. 以柔克刚，反弱为强。有一位犹太商人说：在谈判中，我们并不希望每次谈判都充满火药味，面对谈判对手的高傲和骄横，如果表示反抗和不满，对方会更加盛气凌人，甚至会拂袖而去。在这种情况下，不可理会对方的态度，以忍耐的态度静观事态的发展，用忍耐和柔和的方式，磨平对方的棱角，挫其锐气，使其筋疲力尽之后我方再做出反应，这样以柔克刚，进而达到反弱为强的目的。

11. 以诚感人。犹太人普遍认为：作为一名谈判高手，无论如何，在谈判中，要做到以诚待人，表现出充满合作的诚意，那么，对方会为你的诚意而感动，从而有利于双方的合作。

12. 车轮战略。犹太人在谈判中，常常出于特定的目的，不断更换谈判人员，借以打乱对方的布局。比如当谈判出现僵局时，更换另一名较熟悉情况的谈判者以另一种态度去打开局面。或者在谈判中，谈判员采用连珠炮式的发问法。

13. 步步为营。犹太人谈判的一个经验是：谈判不是一时半刻就能结束的，它需要一个过程。在这个过程中，谈判者要时时提高警惕，稳扎稳打，实行步步为营。在谈判中，为了做到步步为营，一定小心行事，事先考虑好对方可能会采取的措施，然后再采取要用的措施。另外还要注意，不能因为怕造成失利而不采取新的策略，看准时机，把握好形势，大胆运用新策略，是不会有错的。

14. 虚设后台，谈判有术。有一位老犹太商人说：当谈判对手势力强大，且占据优势，以咄咄逼人之势和你面对时，谈判下去自然是对己方不利的。这时，不妨来个虚设后台策略，借口未经上级同意无权承诺，或者说自己的合伙人不同意等理由婉转拒绝对方的要求，并把责任推到后台身上，进而争取在没有僵局的情况下，暂时停止谈判，为自己争取更多的时间，制定应付的策略。

15. 少说多听，稳中有动。犹太人在谈判中，总是让对方多说话，并耐心地倾听，从而捕捉到许多信息。光听也不是目的，关键是在倾听的同时，找准时机，亮出自己的观点。

16. 原地后退。犹太人在谈判中，善用的技巧是：看似自己向对方做出了让步，实际上自己还是在原地，没有受到任何损失。

17. 走为上策，行之有效。这是犹太人谈判人员特别是谈判小组主谈人对于谈判进展不顺时，常采用走的策略。一方认为，双方需要在某种新环境中非正式地见面，用以培养和建立一种信任和坦率的融洽气氛，也采用走的策略，这对于双方重新建立一种合作精神是非常有利的。因为如果有充足的时间和机会，能使大家意见较容易地统一起来。

18. 缓兵之计。犹太人在谈判中，有时为了改变话题，以延缓做出决定，就使用缓兵之计这一策略。

19. 适时拒绝。犹太人认为，并不是每笔交易都值得去做，当谈判不成功时，及时放弃，向对手表示你的拒绝，这实际上也是一种胜利，因为它避免了一场亏本的生意。

20. 妙用交换策略。即使是一名老练的谈判专家，有时也不得不做大幅度的让步。犹太人认为，在生意场上你如果什么也不想付出，结果肯定是什么也得不到。谈判中妙用交换，实际上是对双方的互惠互利，这样通过交换，双方都以优惠价得到了自己需要的东西。

21. 攻击要塞。犹太人认为，在正式谈判中，参加者往往不止一个，针对这种"以一对多"或"以多对多"的谈判，最适合采用"攻击要塞"策略。

22. 先发制人。犹太人在谈判中常常先主动发起语言力量迅猛的攻势，由于情势突然，常会令对手仓皇应战，暴露虚实，从而掌握主动权。

这一策略在具体运用时，常采用无疑而问、有疑而问这两种常用的方式。

23. 得寸进尺。犹太人认为，当交易双方进行合作，双方都已投入过多时，可以本着互惠互利的原则，而向己方的利益更推进一步。这实际上是又迈出了创造性的一步。对双方来说，都是一种额外的收益。

24. "换档"。犹太人常常在某个关键时刻，使用突然改换谈判人员的一种策略。这种策略一般用于当谈判出现低潮的时候。

25. 文件战策略。犹太人认为，谈判中，过多的言辞说教，有时候反而不如一张数据表或一份资料卡起的作用大。谈判中人们往往注重科学的证据，无形之中对文件产生了种种信任，所以打文件战也很必要。

26. 百般刁难。在谈判中，犹太人有时会向对方提出许多附加条件或无理要求百般刁难对方，把对方搞得精疲力竭，无计可施，被迫做出妥协和让步。

27. 以毒攻毒。犹太人认为，对于对方的百般刁难和无理取闹，我们不能心慈手软，应当以毒攻毒，以牙还牙，打击对方的嚣张气焰，使对方不敢轻视于你，然后才有可能在平等的基础上进行交易。

28. 再试一次。犹太人认为，生意场上的谈判不是每次都能成功的，对于失败的谈判，只要还有一线希望，就要敢于再试一次。"好马可吃回头草"，在谈判中也未必是不可的。

29. 情感沟通。犹太人认为，如果与对方直接谈判的希望不大，就应当采取迂回的策略。所谓迂回的策略，就是先通过其他途径接近对方，彼此了解，联络感情沟通情感之后，再进行谈判。人都具有七情六欲，满足人的感情和欲望，是人的一种基本需要。因此在谈判中利用感情的因素去影响对手，是一种可取的策略。

30. 注重声誉。犹太人认为，对每一个谈判者所代表的企业来说，注重声誉都是一个长远的发展策略。因为对于一个声名狼藉的企业，别人是不敢也不愿意与其进行交易的，因为人们都注重直接的经济效益，而不希望被对方所蒙蔽或拖累。所以一个注重声誉的企业，以它的取信于民的权威，就足以使其他企业愿意与它交易。

31. 先苦后甜。犹太人认为，在日常生活中，人们对来自外界的信号刺激，总把先入的信号作为标准用来衡量后入的信号。先苦后甜的策略，正是建立在人们这种心理变化基础上。在谈判中，先给对方提出全面苛刻的条件，造成一种艰苦的局面，恰似给对方一个苦的信号，在这一先决条件下再做出让步，让对方感到欣慰和满足。

32. 暴露缺点。犹太人认为，世上万物没有一件是十全十美的，同样，你的计划项目、谈判条款、产品也都不是完美无缺，对于缺点和不足，我们不要回避它，坦荡地告诉对手，也许更能赢得对方的信任和尊重。

33. 吹毛求疵。犹太人认为，通常情况下，面对买方"横挑鼻子竖挑眼"所提出来的一大堆问题和要求，卖方的自信心就会动摇，面对摆在面前的不可解决的现实问题，在无可奈何之中，买方只好做出让步。

34. 原价销售。一位犹太商人说，在竞争日趋激烈的生意场上，有时为了打开缺口，我们不得不先隐藏起赚钱的目的，从长计议，做好长远的打算。我们可以采用原价销售法，以不赢利的价格，把商品售卖给对方，使对方在满意的基础上，成为你的经常客户。

35. 化敌为友。犹太人认为，生意场上，没有永恒的敌人和朋友，永恒的只有利益。有时，竞争对手也能通过谈判成为盟友，以前的对峙和矛盾都一笔勾销了。

36. 反败为胜。犹太人认为，在谈判中，能做到善于放弃是一种明智之举。由于并非每一次谈判都有成功的结局，对于失败的谈判，成功的谈判者是敢于面对它的，并且他会认为，这种失败谈判的尝试，是对自己非常有益的，只有这样，他才有可能从失败中站起来，勇敢地迎接下一次谈判的挑战。因为他深信"只有战胜了自己，才有可能征服全世界"。这也是一种心理上的战术。

第三节　充分准备谈判细节

作为商人，谈判自然不可避免。但是如何在谈判中取胜，就是一个大家都在积极争取的问题了。犹太商人在世界范围内取得如此成就，谈判也功不可没，依靠谈判他们可以取得相对来说更好的发展条件。那么，如何才能做好谈判，取得谈判的胜利呢？犹太人认为每次谈判前必须做好充分的准备。

首先，谈判者应当知己知彼。孙子曰："知己知彼，方能百战不殆。"他的这句至理名言，对谈判者准备商谈也有一定的教益。在商谈之前，如能对对手有所了解，并就此有所准备，则在谈判之中，谈判者就能够扬长避短、避实就虚，"以我为长，击敌之短"，取得更好的成绩。

对谈判对手的了解，应集中在如下方面：在谈判对手中，谁是真正的决策者或负责人；谈判对手的个人资讯、谈判风格和谈判经历；谈判对手在政治、经济以及人际关系方面的背景情况；谈判对手的谈判方案；谈判对手的主要商务伙伴、对头，以及他们彼此之间相互关系的演化，等等。

其次，谈判者应当熟悉程序。虽说谈判的经验需要积累，但是因为谈判事关重大，所以它往往不允许人们视之为儿戏，不允许人们在"知其一，不知其二"的情况下仓促上阵：从纯理论来讲，谈判的过程是由"七部曲"一环扣一环，一气呵成的。它们是指探询、准备、磋商、小结、再磋商、终结以及谈判的重建七个具体的步骤。在其中的每一个谈判的具体步骤上，都有自己特殊的"起、承、转、合"，都有一系列的台前与幕后的准备工作要做，并且需要当事人具体问题具体分析、"随机应变"。因此商界人士在准备谈判时，一定要多下苦工夫，多做案头的准备工作，尤其是要精心细致地研究谈判的常规程序及其灵活的变化，以便在谈判之中，能够胸有成竹、处变不惊。

最后，谈判者应当学习谈判策略。商界人士在进行谈判时，总的指导思想是平等、互利，但是这并不排斥努力捍卫或争取己方的利益。事实上，任何一方在谈判中的成功，不仅要凭借实力，更要依靠对谈判策略的灵活运用。

在商务谈判中，对于诸如以弱为强、制造竞争、火上烧油、出奇制胜、利用时限、声东击西等策略，任何行家里手都不会不清楚，但是至为关键的"活学活用"，却并非每个人都能做到。而这一点，却正是犹太人所擅长的。

比如，在谈判时，应当何时报价，就是一个策略性极强的大问题。如果想要先入为主、赢得主动权，那么率先出价是可行的。要是不明就里，指望以逸待劳，后发制人，那么则不妨后于对手报价。仅仅就此而论，单纯地讲先报价好，还是后报价对，都没有什么意义，只有就事论事，才可以分出优劣。

犹太人不仅在大的谈判方针和原则上做充分的准备，就连小到谈判礼仪性的细节也要做充分的准备。

犹太人认为谈判的礼仪性准备，是要求谈判者在安排或准备谈判会时，应当注意自己的仪表、预备好谈判的场所、布置好谈判的场所、布置好谈判的座次，并且以此来显示我方对于谈判的郑重其事以及对于谈判对象的尊重。

在准备谈判时，礼仪性准备的收效虽然一时难以预料，但是它绝对必不可少。与技术性准备相比，它是同等重要的。

正式出席谈判的人员，在仪表上，务必要有严格的要求和统一的规定。男士一律应当理发、剃须、吹头发，不准蓬头乱发，不准留胡子或留大鬓角。女士应选择端正、素雅的发型，并且化淡妆，但是不可做过于摩登或超前的发型，不可染彩色头发，不可化艳妆，或使用香气过于浓烈的化妆品。

在仪表方面，最值得出席谈判会的商界人士重视的是服装。完全可以这样讲：由于谈判关系大局，所以商界人士在这种场合，理应穿着传统、简约、高雅、规范的最正式的礼仪服装。可能的话，男士应穿深色三件套西装和白衬衫、打素色或条纹式领带、配深色袜子和黑色系带皮鞋。女士则须穿深色西装套裙和白衬衫，配肉色长统或连裤式丝袜和黑色高跟或半高跟皮鞋。

根据商务谈判举行的地点的不同，可以将它分为客座谈判、主座谈判、客主座轮流谈判以及第三地点谈判。客座谈判，即在谈判对手所在地进行的谈判。主座谈判，即在我方所在地进行的谈判。客主座轮流谈判，即在谈判双方所在地轮流进行的谈判。第三地点谈判，即在不属于谈判双方任何一方的地点所进行的谈判。

四种谈判会地点的确定，应通过谈判各方协商而定。倘若自己担任东道主，出面安排谈判，一定要在各方面打好礼仪这张"王牌"。人们常说"礼多人不怪"，在谈判会的台前幕后，恰如其分地运用礼仪，迎送、款待、照顾对手，都可以赢得信赖，获得理解与尊重。在这个意义上，完全可以说在谈判会上主随客便，主应客求，与以"礼"服务实际上是一回事。

在谈判会上，如果身为东道主，那么不仅应当布置好谈判厅的环境，预备好相关的用品，而且应当特别重视礼仪性很强的座次问题。

只有在某些小规模谈判会或预备性谈判会的进行过程中，座次问题才可以不必拘泥。在举行正式谈判会时，则对它不能不予以重视。因为它既是谈判者对规范的尊重，也是谈判者给予对手的礼遇。

举行双边谈判时，应使用长桌子或椭圆形桌子。宾主应分坐于桌子两侧。若桌子横放，则面对正门的一方为上，应属于客方；背对正门的一方为下，应属主方。若桌子竖放，则应以进门的方向为准，右侧为上，属于客方；左侧为下，属于主方。

在谈判的一般过程中，双方人员的态度、心理、方式、手法等，无不对谈判构成重大的影响。

第四节　引导局势向有利于自己的方向发展

犹太人认为，谈判行为是一项很复杂的人类交际行为，它是伴随着谈判者的言语互动、行为互动和心理互动等多方面的、多维度的错综交往。谈判行为从某种意义上说可以看成是人类众多游戏中的一种，一种既严肃而又充满智趣的游戏行为。参与者在遵守一定的游戏规则中，各自寻找那个不知会在何时、何地、何种情况下出现的谈判结果。美国谈判学会主席、谈判专家尼尔伦伯格说，谈判是一个"合作的利己主义"的过程。寻求合作的结果双方必须按一个互相均能接受的规则行事，这就要求谈判者应以一个真实身份出现在谈判行为的每一环节中，去赢得对方的信赖，继而把谈判活动完成下去。但是由于谈判行为本身所具有的利己性、复杂性，加之游戏能允许的手段性，谈判者又很可能以假身份掩护自己、迷惑对手，取得胜利，这就使得本来就很复杂的谈判行为变得更加真真假假，真假相掺，难以识别。

人在商场上，必不可少的要和别的人进行交易和合作。而一个好的交易伙伴或合作伙伴对自己的发展是有极大的帮助的，一个坏的交易伙伴或合作伙伴对自己的害处也是显而易见的。因此，犹太人当面临这种选择时，往往会很小心谨慎地去打量对方和收集一切有关对方的材料。而不是因为前来交涉的人穿着和打扮气度上一流而有所忽略，透过现象看到他们的本质和真实实力才是犹太商人最为关心的。因为如果你为对方的表面所迷惑，而看不到对方的真实实力，那将会给你带来很大的损失。

　　既然交易伙伴或交易伙伴的真实实力和虚伪真假对自己事业的构建具有如此重要的意义，犹太商人也就不会在这点上掉以轻心。他们通常情况下都会很用心地去识破对方的种种伪装。在谈判初期，双方都会围绕这些内容施展各自的探测技巧，下面就介绍有关犹太人是如何去辨别对方实力的一些相关技巧。

　　1. 火力侦察法。有些犹太商人在谈判时，先主动抛出一些带有挑衅性的话题，刺激对方表态，然后，再根据对方的反应，判断其虚实。比如，甲买乙卖，甲向乙提出了几种不同的交易品种，并询问这些品种各自的价格。乙一时搞不清楚对方的真实意图，甲这样问，既像是打听行情，又像是在谈交易条件；既像是个大买主，又不敢肯定。面对甲的期待，乙心里很矛盾，如果据实回答，万一对方果真是来摸自己底的，那自己岂不被动？但是自己如果敷衍应付，有可能会错过一笔好的买卖，说不定对方还可能是位可以长期合作的伙伴呢。在情急之中，乙想：我何不探探对方的虚实呢？于是，他急中生智地说："我是货真价实，就怕你一味贪图便宜。"所有人都知道，商界中奉行着这样的准则："一分钱一分货"、"便宜无好货"。乙的回答，暗含着对甲的挑衅意味。除此而外，这个回答的妙处还在于，只要甲一接话，乙就会很容易地把握甲的实力情况。如果甲在乎货的质量，就不怕出高价，回答时的口气也就大；如果甲在乎货源的紧俏，就急于成交，口气也就显得较为迫切。在此基础上，乙就会很容易确定出自己的方案和策略了。

　　2. 迂回询问法。通过迂回，使对方松懈，然后乘其不备，巧妙探得对方的底牌，这一招也常常被犹太人使用，而且取得了不错的效果。在主客场谈判中，东道主往往利用自己在主场的优势，实施这种技巧。东道方为了探得对方的时限，就极力表现出自己的热情好客，除了将对方的生活做周到的安排外，还盛情地邀请客人参观本地的山水风光，领略风土人情、民俗文化，往往会在客人感到十分惬意之时，就会有人提出帮你订购返程机票或车船票。这时客方往往会随口就将自己的返程日期告诉对方，在不知不觉中落入了对方的圈套里。至于对方的时限，他却一无所知，这样，在正式的谈判中，自己受制于他人也就不足为怪了。

3. 聚焦深入法。先是就某方面的问题做扫描的提问，在探知对方的隐情所在之后，然后再进行深入，从而把握问题的症结所在。例如，一笔交易（甲卖乙买）双方谈得都比较满意，但乙还是迟迟不肯签约。甲感到不解，于是他就采用这种方法达到了目的。首先，甲证实了乙的购买意图。在此基础上，甲分别就对方对自己的信誉、对甲本人、对甲的产品质量、包装装潢、交货期、适销期等逐项进行探问，乙的回答表明，上述方面都不存在问题。最后，甲又问到货款的支付方面，乙表示目前的贷款利率较高。甲得知对方这一症结所在之后，随即又进一步深入，他从当前市场的趋势分析，指出乙照目前的进价成本，在市场上销售，即使扣除贷款利率，也还有较大的利润。这一分析得到了乙的肯定，但是乙又担心，销售期太长，利息负担可能过重，这将会影响最终的利润。针对乙的这点隐忧，甲又从风险的大小方面进行分析，指出即使那样，风险依然很小，最终促成了签约。

4. 示错印证法。探测方有意通过犯一些错误，比如念错字、用错词语，或把价格报错等种种示错的方法，诱导对方表态，然后探测方再借题发挥，最后达到目的。例如，在某时装区，当某一位顾客在摊前驻足，并对某件商品多看上几眼时，早已将这一切看在眼里的摊主就会前来搭话说："看得出你是诚心来买的，这件衣服很合你的意，是不是？"察觉到顾客无任何反对意见时，他又会继续说："这衣服标价150元，对你优惠，120元，要不要？"如果对方没有表态，他可能又说："你今天身上带的钱可能不多，我也想开个张，打本卖给你，100元，怎么样？"顾客此时会有些犹豫，摊主又会接着说："好啦，你不要对别人说，我就以120元卖给你。"早已留心的顾客往往会迫不及待地说："你刚才不是说卖 100 元吗？怎么又涨了？"此时，摊主通常会煞有介事地说："是吗？我刚才说了这个价吗？啊，这个价我可没什么赚了。"稍作停顿，又说，"好吧，就算是我错了，那我也讲个信用，除了你以外，不会再有这个价了，你也不要告诉别人，100 元，你拿去好了！"话说到此，绝大多数顾客都会成交。这里，摊主假装口误将价涨了上去，诱使顾客做出反应，巧妙地探测并验证了顾客的购买需求，收到引蛇出洞的效果。在此之后，摊主再将涨上来的价让出去，就会很容易地促成交易。

5. 真诚相待和假意逢迎。谈判行为是一个寻求互相合作的过程。坐在谈判桌前进行磋商，双方都是应抱有诚意而来，否则谈判行为没必要也不可能实现。根据马斯洛和尼尔伦伯格的需求理论，谈判目标是属于自我实现的需要，它是建立在满足较低层次的其他需要的前提下，才得以实现。因此，作为东道主的热情接待，安置舒适安全的环境，谈判前的叙情寒暄、私下的友好往来，谈判过程中的温、谦、礼、让都应是真诚的。除非你想刺伤对方，故意造成谈判破裂。

可是在谈判活动中，谈判人员接纳真诚的承受力是因人而异的。一些老练的谈判对手会利用你在真诚面前的脆弱心理承受，假意逢迎迷惑你。有些商人在一些商务谈判中就经常运用此策。他们派专人到机场恭迎你，然后领你到高级宾馆下榻，又非常热情地宴请款待。在你需要洗漱休息时，他们又特意为你安排一些娱乐活动。每一句话、每一个行动看上去都是极其真诚的，让你盛情难却，直到你疲惫至极，还没充分恢复时，他们又提出进行谈判。往往使你哑巴吃黄连，有苦说不出。你能抱怨对方什么呢？他们是盛情，可你是既难以推却而又难以承受。在谈判中，我们还经常看到一些对手，他们非常地富有涵养、修养，对我们极其尊重。他们不仅很少指责，甚至还口口声声"按您的意思很好"、"就您的威望来说我们不敢提出异议"等等，毕恭毕敬。这种情况貌似对方顺从己意，实则是假意逢迎，利用对你的自尊心理的满足，滋长你的虚荣，在不给你任何实惠的口惠掩藏下，实现他的目的。言多必失，一旦失口你还迫于维护面子，只得拱手相送。所以在谈判中我们应提高警惕，不能被表面的虚情假意迷惑而损害自己的利益。

6. 声东击西和示假隐真。谈判是富有竞争性的合作。虽然不是对弈，也不是战争，不是你死我活，你输我赢，但是谈判也绝不是找朋友，推心置腹。谈判虽然是遵循互利互惠的原则，但双方皆赢的利益结果很难对等。在这种双赢的游戏中，就允许双方施展谋略，寻获更多利益。这是规则。在谈判对策中声东击西、示假隐真，也常是谈判者惯用的技巧。

7. 抛出真钩和巧设迷局。谈判是一种双方信息的交流、竞争，谁能够更多地掌握对手的谈判信息谁就能在谈判中占据主动。所以无论是政治谈判还是商务谈判，获取、搜集、识别对手的信息已经是一项重要的谈判工作。因此，相对应地要求谈判各方也都很重视对自己的有关谈判信息采取严加保密措施。然而我们对信息的保密性的理解不能只停留在表面上，时时、处处、不分有无效用地"死守"情报。相反，应当灵活地"将计就计"地活用情报。适当的"泄密"就是一种巧用情报的谈判策略。具体来说，"泄密"也有抛出真钩——泄漏真实情报和巧设陷阱、泄漏假情报两种。手段不同，目的一致。泄密有一定的风险，但如果适时、适地、适量，准确把握火候、分寸，也能起到落子定局的奇效。在谈判中还有一些人利用对手迫切了解自己情报的心理，"将计就计"有意地把一些事先准备好的假情报，放在对方容易看到或听到的地方。比如有的谈判高手在谈判休会期间故意忘了带走一两份文件或公文包，或者很粗心地在公开场合谈论一些商业机密，掘下一个陷阱，让你往里钻，叫你上当。第二次世界大战期间，盟军曾在一次战役中将一份假情报放在一位已战死的上尉公文包里，然后撤离战场，德军在清扫战场时意外惊喜地获得这份重要的"情报"！后来，德军果然中了圈套，损失惨重。对于假情报的泄漏要不让对手察觉，过于轻易地被对方获得反会令其怀疑，所以有时不妨故设障碍，又及时放行，吊其胃口，诱敌深入。那么如何识别真假情报呢？应该头脑冷静，多方证实，不能轻下结论。

犹太人认为，谈判工作是一个艰苦的斗智斗勇的过程，只有在这个商战中取得优势地位，才能使自己在每一步前进中增强自己的实力。

第五节 把握谈判中的气势

犹太人很讲究谈判中先声夺人，往往虚张声势，先硬后软。先打一巴掌，再给糖吃，这是一种恩威并施、笼络人心的手段。在谈判时也常见此种战术。先是虚张声势，"如果不接受此种条件，一切免谈"来个下马威。而如果此招不成，就开始以退出谈判相要挟，最后伎俩难以得逞，就转为甜言蜜语，嬉皮笑脸。这就是所谓先硬后软。

而在大多数情况下，犹太商人在谈判中用这种在气势上压倒对方的方法，在谈判中掌握了主动权，进而能够达到自己的谈判所想达到的目的。在气势上压倒对方，采用的是声势夺人法。任何一个人见了比自己还要狠的人，即使表面上不露声色，但一定先私底下会想：这个人到底是什么来头，说话如此带有威慑力？难道他们公司比我们公司还要大？我们公司在这次合作中是处于劣势？对方是他们公司的高层？等等。每个人都会在心里有这么一番算计，但是，在谈判桌上，是不容你分心的，一旦你分心，在很多事的处理上便没有那么理智了。同时，由于自己在气势上的强大，给对方增加了很大的心理压力，他们会担心自己的价格太高了导致丢失这个订单，或者自己的价格太低了在双方的合作中处于劣势地位。总之，在气势上给他们增加的压力让他们很大程度上处于被动状态。

那么，如何提高自己在谈判中的气势给对方增加压力呢？犹太人用过很多办法。

1. 运用头衔。长久以来，"头衔"一直被认为是威信的象征。国王、女皇、公爵、大学校长、律师、医生……等等，无不显示了拥有这些称号的人的"特殊资格"以及权力，头衔具有使他人留下深刻印象的作用。因此，在谈判中，它便扮演了十分重要的角色。在谈判中，犹太人时常运用头衔影响对方。

头衔是一件足以影响对方的利器。不过，这种影响力是否有利于自己，就得看你如何掌握了。许多人不了解头衔可用来作为谈判的武器，即使知道，也不懂得到底应该如何使用，才能对谈判产生有利的影响。理事长、董事长、部长这些称号，表示其人拥有与这一头衔相称的能力。在现实社会中，头衔是相当受重视的，有什么样的头衔，便拥有什么样的实力。头衔与拥有者的能力、权力或威信具有相当关系时，即可于谈判中发挥效果。一般说来，大多数人总认为，只要是理事长、董事长，其谈判能力必然高人一等。所以即使头衔本身与谈判内容毫无关系，但只要亮出"董事长"、"总经理"等头衔，对方必然对你心存敬畏。这就表示，你的头衔已经对谈判产生了某种程度的影响力。如果对方对你的头衔感到敬畏，那么，就设法让他继续保持这份敬畏之情，直到谈判结束吧！仅仅凭着某一种头衔，就可使对方自以为比你矮上半截，这就是头衔的妙用。当谈判双方的能力旗鼓相当时，如果你多拥有一个令对方屈卑的头衔，谈判的形势很可能便因此而改变。

头衔是一种无形的压力，当对方感受到此种压力时，言行举止便受到牵制，谈判能力也就难以淋漓尽致地发挥了。有些头衔足以使对方高估你的实力，有些则正好相反。如果某家公司的董事长要和另一家公司的总经理进行谈判，董事长必然会这么认为：对方不过是个总经理，地位比我低多了，和这种人谈判，有什么好准备的。事实上，"总经理"的谈判能力并不一定逊于"董事长"。然而，由于"头衔"的关系，对谈判者的心理便产生了微妙的影响。管理者通常都以头衔来作为评判一个人的能力和社会地位的标准，姑且不论其是否客观，这总是一个无法改变的事实。每一个人不也都有属于自己的标记吗？而一般人便以这种标记来评价他人：出身名门的，一定比出身寒微的人受重视；明牌学校毕业的，一定比三流学校毕业的有出息；乡下的医生，能力必然不及城里的医生……然而，若过分相信这种价值判断，有时便可能招致意外的失败，一流大学毕业的律师反而栽在一个名不见经传的三流大学毕业的律师手里，不就是很好的例证吗？

2. 适度地让对方了解你的实力。犹太人认为，在谈判前，谈判者要预先评估本身的强弱与地位的优劣，并要设法探查对方对于自己的了解程度。完成了这两项谈判的初步准备，才能够于谈判时适时而有效地运用谈判技巧。即使面对的是同一件事，每个人的反应也会有所不同，尤其在事过境迁之后，其中的变化更是难以掌握。这种因人而异、说不出所以然来的观念差异和随时可能有所变化的反应，是谈判者不可忽略的一个事实。如果对方高估了你的实力，这还算好。把自己的实力让对方知道，更能让对方深刻地体会到自己并不是在虚张声势，而是的确有这么一回事，从而再给对方加上一层心理压力。对于自己的优势，应该反复强调，让对方在这个程度上达成一个好的协议。不过，需要说明的是，反复地向谈判对手展示自己的力量，有时也会有"弄巧成拙"的危险，情况不就更糟了吗？所以，在使用"反复强调法"以展现自身实力的同时，应特别注意切莫让自己陷入不利的立场，也不要让对方对自己产生误解。

3. 身体语言的压力。人总是有这样的感觉，当自己的对手表现得悠然自得时，他往往自己心里就开始发虚了，很有可能开始担心自己的对手是不是比自己要强等很多相关的问题。有个犹太商人非常精于此道，他通常和人谈判时，总是随身带一个烟斗，在谈判过程中，他会请求对方让他抽烟，然后用一种非常优雅的姿势一边抽烟一边谈判，在这种氛围下，他的优雅从容给对方往往是一种很大的压力，因此他在谈判时经常获得比较好的条件。

4. 洞悉对方的思考模式。犹太人认为，在谈判前的准备阶段，就应该通过各种方式去了解谈判对手的自我评价如何。如果自己以前曾与该谈判对手接触过，那不妨再翻阅一下当时的谈判记录。如果双方素昧平生，则可以从与对方谈判过的人那里获得消息。另外，从图书馆或对方所属的机关，也能找到若干基本资料，如年龄、经历、教育程度、特殊专长等等，根据这些，一个人的轮廓便可以大致呼之欲出了。事前的收集资料，再加上由实际接触中的观察所得，这对判断一个人来说，应该是足够了。在谈判时，你就可以适当根据对方的性格来给予对方压力，而且可以间或不经意地加入一些自己得到的一些关于对方的生活小事。这样对方会认为，你连他的生活小事都知道，肯定在他身上下过工夫，不容小觑。

犹太人认为，谈判是沟通，也是一种智慧的较量。只要自己善于把握，就一定能够获得自己想要的结果。

第六节　不要让对方牵着鼻子走

犹太人认为，在谈判的准备阶段中，己方应率先拟定谈判议程，并争取对方的同意，关于谈判议程由谁确定，并无定法。在谈判实践中，一般以东道主为先，经协商后确定，或双方共同商议。也有单方面主动提出的，这就需要对方同意、方能成立。谈判者在谈判的准备阶段中，以根据情况，争取主动、率先提出谈判议程，并努力得到对方的认可。谈判前，己方率先拟定谈判议程可以有效防止让对方牵着鼻子走。

首先，谈判的议程安排依据己方的具体情况，在程序上能避己所短，扬己所长。就是在谈判的程序安排上，保证己方的优势能得到充分的发挥。另外，还应回避那些可能使对方难堪，因而导致谈判失败的话题，这一切在拟定谈判议程时，理当有所安排。其次，议程的安排和布局，要为自己出其不意地运用谈判手段埋下契机，对一个谈判者来说，是不应放过利用拟定谈判的机会来运筹谋略的。另外，谈判议程的内容要能够体现己方谈判的总体方案。统筹兼顾，要能够引导或控制谈判的速度和方向以及让步的限度和步骤等等。一个好的谈判议程，应该能够驾驭谈判，成为己方纵马驰骋的缰绳。但是应当指出，无论谈判的议程编制得多么好，都不会是一劳永逸的事，也不可能使谈判的每一步都不会失利。所以，谈判者绝不应放弃在实际谈判中步步为营的努力，尽管有时对己方可能在局部失利，如果己方能够争取编制出一个好的谈判议程，就会牢牢地把握主动权。

美国前国务卿基辛格是位犹太人，他有一句话："谈判的秘密在于知道一切，回答一切。"他对这句话的解释是，谈判的取胜秘诀在于周密的准备。在基辛格看来，周密的准备不仅要弄清问题本身的有关内容，同时，也包括知晓与之相关的种种微妙差异。为此，要事先调查谈判对手的心理状态和预期目标，以正确地判断出用何种方式才能找到双方对立中的共同点，胸有成竹地步入谈判桌，才有成功的基础。如果事到临头仍在优柔寡断，那么对方必定会有机可乘。另外，一旦坐上谈判桌，必须能够立即回答对方的一切，否则会给别人权限不够或情况不熟的印象。

基辛格被人称为20世纪最杰出的谈判专家，在谈判前，他非常注重做好周密的事前准备和掌握详尽的情报资料。

为了实现中美关系的正常化，基辛格曾赴我国访问。临行前，他照例要求有关人员进行彻底的调查。他的部下根据多方面提供的资料加以反复审核休整后提交了一份报告，这份报告除了核心的中美问题以外，还包括美苏、中苏、中印、中巴关系等详细材料，基辛格在赴北京的前一周将这份报告呈尼克松审阅，并另外附上他自己所做的详细分析和综合评述。事实上，即使对中美关系不甚了解的政治家，只要读了这份报告，就会成为卓越的内行。

犹太人是谈判专家，每一次哪怕是很小的谈判，他们都要事先做大量的准备工作。犹太人这种充分做好谈判前的准备工作的方式，不仅在世界商界，而且在世界外交界都得到了普遍的重视。

他们认为，任何一场谈判都具有一定的目标，否则就会像脱离轨道的火车一样失去了方向。同样，对于谈判中的每一具体事项，也应具有一定的目标，这样才能确保在谈判中不出原则性的失误或疏漏。谈判目标作为谈判用于决策的指南，具有主观预测的性质，它需要经过双方的共同努力才能实现。

参加商务谈判或是为人处世，最基本的要素是订下自己的目标并且作好如何实现它的计划。根据观察，绝大多数参加谈判的人都不知道自己的目标是什么。这句话也许会使许多人感到不服气，那么我们可以大胆地问一句："你谈判的最终目标是什么呢？"你能大胆回答吗？恐怕能立即回答的人不多。因为在心里的目标，往往是经济利益、名誉、感情等等诸多因素的混合体。

这里要特别指出，人类是一种具有感情的动物，很容易受一些芝麻小事的影响而喜怒哀乐，而这些情绪又往往左右了一个人参加谈判的态度。商业上的诉讼案一般平均要花三年时间才能完全解决，其主要的原因就是当事人多变的复杂心态所致。所以，在谈判中取胜的要诀，最重要的是时时不忘自己的目标，控制自己纷乱的情绪和心态，从而保持始终如一的坚定态度。这就好比是在制造一把雨伞，必须先把一支支凌乱散置的伞骨束起，固定妥当。只有先把你的目标明确，才能进入复杂的谈判。

请记住：最重要的是必须明确自己真正追求的目标，并牢牢铭记在心里，再围绕它考虑采取哪些必要的手段。

谈判目标根据需要可以分为：最佳目标、实际需求目标、可接受目标和最低目标。在谈判中，谈判者应根据实际情况，以最佳目标为取向，争取通过努力达到一个超过最低目标的目标。

最佳目标是谈判者通过谈判所能达到的最理想的目标，也就是能在满足自己实际需求利益之外，还有一个增加额。在实际谈判中，这一目标一般很难实现，因为谈判任何一方都不愿意把全部利益拱手让给对方。但是，最佳目标一般都是谈判者双方首先提出的目标，否则如果一开始就提出较低的目标，经过讨价还价后，连这个目标也难以实现。

实际需求目标是谈判者经过科学预算纳入谈判计划的谈判目标，这是谈判者千方百计想要达到的。一般而言，这一目标也是谈判者不愿轻易透露的。在谈判中，若一时达不到这一目标所提出的种种要求，谈判将会出现僵局或暂停。这一目标一般不是由谈判者主动提出来的，而是谈判者提出最佳目标后经过一番杀价后提出的，谈判者则见好就收。这一目标对谈判者来说关系重大，如果这一目标不能实现的话，企业可能由于资金周转不开而停产，也可能由于主体设备不能更新或不能扩大生产规模而在竞争中被淘汰。因此，谈判者才会在谈判中运用各种谋略，使用各种技巧，经过多个回合，来争取达到这一目标。

可接受目标是能满足谈判者部分需求，实现部分经济利益的目标。在谈判中，谈判者能达到这一目标是经常出现的情况。对谈判者来说，这个目标不好也不坏，谈判者应该始终明确不懂得舍弃就无法盈利的交易规则，从而正确认识自己的谈判成果，不能要求过高而导致谈判的失败，连最低的目标也保不住了。

最低目标是谈判者必须达到的目标，这一目标反映了谈判者交易盈利后的最小值。如果这一目标达不到，谈判将面临失败的危险，除非谈判对手再做出让步，才有可能挽回败局。谈判中，谈判者往往一开始要价很高，其目的是为了保护谈判最低目标或其他两类目标。然后通过一番讨价还价后，最终可达到一个介于最佳目标和最低目标之间的目标。设立最低目标是为了确保谈判者不为一味追求高目标而丧失一次成交机会，同时也不至于由于谈判结果低于最低目标而出现意外的利益损失。这不仅可以为谈判者的心理创设良好的应变心理环境，还为谈判双方提供了可供选择的机会。

由此我们确定，最低目标是可以低于可接受目标的，并且它是谈判一方根据各种因素，尤其是根据准备达到的最低利益而明确划定的限值。可接受目标徘徊在实际需求目标和最低目标之间，是一个随机值。而实际需求目标是一个确定的值，它是谈判一方根据实际经济条件做出的预算，也是谈判者死死坚守的最后防线。最佳目标也是一个随机值，它是高于实际需求目标以上的一个不确定值，也是谈判叫价的起点，是讨价还价的筹码。

在确定谈判目标时，还要注意坚持三项原则，即实用性、合理性和合法性。实用性原则就是要求制订的目标必须根据自身的经济能力和条件来进行，否则，任何谈判的结果都不能付诸实践。合理性原则包括谈判目标的时间上的合理性和空间上的合理性。由于市场情况是千变万化的，在某一时间和某一空间内合理的东西，在另外的时间和空间内就不一定合理了。因此，谈判者也应对自己的利益目标在时间和空间上做全方位的分析，只有这样才能获得成功。合法性原则是指谈判目标必须符合法律法规，即在谈判中谈判者不得以强迫手段使对方顺从，也不得以其他违法行为迫使对方顺从，还不得以提供伪劣产品、过时技术和假信息等进行谈判。

此外，谈判者还应当明确谈判过程中各具体事项的目标。比如，底价该确定为多少，维持这一底价的盈利目标，以及额外的保险、运输、安装、训练和保养等条件的具体目标。在确定目标时，只有做到统筹兼顾，才能在谈判中避免出现因小失大的错误。

通常，谈判双方各就各位后，最初的一刻钟内便可以构架出谈判的总体框架，但谈判不可能在最初一刻钟内结束。后面的谈判将一轮接着一轮，花在辩论和争执上的时间很长。因此，犹太人往往在谈判前就有所准备。

那些进行了详尽的调查研究并做了充分准备的犹太谈判者，他们的亮相分外有力。因为他们了解自己要达到的目标，也能确立对方的期望。如果对方不懂得这种博弈，或不知道当他还处在中间位置上时已经被卷入谈判之中，那么他们的地位将是极其脆弱的。

总之，犹太人从不打无准备之仗。他们认为，如果你没准备好，就不要进入谈判，否则很容易让对方牵着鼻子走。尽一切可能了解对方，他的境况如何，问题在哪里，谁是做决定的人。和有决定权的人谈判，不要和没有决定权的人员讨价还价。总之，在谈判前，一定要确立自己的目标，做完调查和准备工作。这是犹太人商业谈判制胜的法宝。

第十章
Chapter10

杰出犹太人认为
家庭是事业的支柱

犹太人的成功在很大程度上依赖家庭的稳定与幸福,家庭成为他们通往成功之路的有力保障。

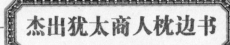

第一节　妻子就是圣女

犹太社会生活的基础是家庭。因此，犹太人总是十分注意保持家庭的纯洁和稳定。由于意识到妇女在家庭生活中所扮演角色的重要性，因此她们极有尊严的地位。

在犹太家庭中，每一个安息日晚上，当全家人一起用餐时，丈夫们都要唱一首赞美妻子的诗歌："你披着力量和温柔，你一张开口，就会说出有智慧的话。愿神祝福你，并保护你的孩子。"说完，便由妻子点燃蜡烛。

犹太妇女终日忙碌的生活妨碍她们研习更为高深的学问；但事实上，犹太人认为妇女利用其影响力让自己的丈夫和儿子致力于这些学问的获得，她也应该受到赞扬。

《创世纪》里的故事说明了妇女对于男人的生活具有何等举足轻重的作用。

有位虔诚的男人娶了一位虔诚的女人，因为没有孩子，后来，这位男人娶了一个邪恶的女人，这女人使他也成为恶人。

那位虔诚妇女嫁给了一个邪恶的男人，却使他变成了一位正人君子。

因此，在犹太人眼中，一切全取决于女人，在婚姻和爱情生活中，好的女人是一所学校。

第二节 好男人不伤害自己的妻子

由于犹太法律赋予丈夫在家庭中绝对的法律和财产权利，先贤特意提醒男人们幸福婚姻的基础是爱和仁慈，而不是威严。同时，他们意识到尽管妇女在法律方面受到限制，她们在婚姻和家庭生活中却具有重大的影响。因此，犹太人认为，婚姻幸福的基础是爱护自己的妻子。

"如果你的妻子矮小，你要俯首聆听她的话。"

如果一个男人像爱自己那样爱妻子，比赞美自己更多赞美妻子，引导儿女走正当的路，在他们长大后安排他们结婚，那么这个男人的"帐篷充满安宁"。

犹太人认为：一个人应该时时注意不要冤枉妻子，因为她爱哭，她容易受伤害；一个人必须留心他对妻子的敬意，因为上帝降福给家庭全都为了她。

从前，有个人的妻子有一只手畸形，但是直到她去世时他才发现。拉比说："这个女人得多么谦卑啊，她丈夫竟然从来没有发现她的残疾。"拉比希亚对他说："她把手藏起来是很正常的，但是这个男人多么谦卑啊，因为他从来没有检查过妻子的肢体。"

犹太人认为，好唠叨的女人犹如雨天里不停落下的水珠一样，没完没了。没有什么比坏妻子更糟糕了，只有邪恶才能制服她。

一个安静的丈夫和一个唠叨挑剔的妻子一起生活，幸福就像老年人爬上沙丘一样困难。好的妻子造就快乐的丈夫，她使他的生命延长一倍。坚定的妻子是丈夫的欢乐，他将在安宁中度日。好妻子意味着好生活，她是上帝赐给敬神者的礼物。妻子的魅力是丈夫的快乐，她用女性的技巧使他的骨头生长出血肉。青春美丽的容颜就像圣坛上的灯光一样明亮，健美的腿和脚就像银座上的金柱。

在犹太人看来，男人的成功都是伟大的妻子给予的，因此他们在生活中特别地尊重自己的妻子，把妻子看做是自己成功的源泉。

第三节 好妻子让男人坚强

拉比阿吉瓦的妻子拉吉是犹太地区和欧洲小镇犹太妇女的榜样。拉比阿吉瓦年轻时是耶路撒冷富人卡尔巴·沙乌的牧羊人，卡尔巴美丽端庄的女儿发现这个牧羊人非常高贵，于是对他说："如果我和你订婚，你愿意出去学习《律法书》吗?"

他回答说："是的，我完全同意。"

他们秘密地结了婚，他走了，去学习《律法书》。可是当她的父亲听说这件事，把她从家里赶了出去，发誓说只要他有一口气在，她就休想得到半点儿家产。

阿吉瓦在外面待了12年，他回家时带回来1.2万个学生。快到家的时候，他听见一个老人对他的妻子说："这样的活寡你还要守多久?"

他的妻子回答说："如果他听我的话，应该在外面再学12年。"

听到这些话，阿吉瓦就又回到学院学习了12年。第二次回家的时候，他带来2.4万个学生。

得知阿吉瓦要回家了，他的妻子出门迎接。领居对她说："我们借给你衣服穿吧，不要显得太寒酸。"可是她拒绝了。她来到他面前，埋下头去亲吻他的脚。他的学生们想把她推开，可是拉比阿吉瓦大叫起来："不要动她。我和你们所有的一切都是她给予的。"

当拉吉的父亲卡尔巴·沙乌听说镇上来了一个学者，就自言自语地说："我要去找他，也许他能帮我解除誓言。"他已经开始为自己发那样的誓言感到后悔了。

"如果你知道你的女婿是个学者，你还会那样发誓吗?"拉比阿吉瓦问他。

"如果他知道一章甚至一条法律，"卡尔巴说，"我也不会那样发誓。"

然后拉比阿吉瓦说："我就是帮你放羊的那个人，我出去学习都是为了你的女儿。"

卡尔巴·沙乌听到这里，就匍匐在阿吉瓦的脚边，分了一半的财产给他。

犹太人认为好妻子可以给自己指明事业的方向，赐给坚持奋斗的力量，因此，犹太人把妻子看做是成功的动力。

第四节　好男人选择好妻子

犹太人对婚姻关系非常重视，他们认为幸福的婚姻是事业成功的基础。每个犹太小孩从小就受到这方面的训练，因为这是他一生幸福中关键的幸福。

首先，犹太人强调每个人必须结婚，"不结婚的人生活中没有快乐，没有幸福，没有好事"，未婚的男人并不是完全的男人，缺乏女性的生活是残缺的，女人就意味着男人的家。婚姻既是宗教上的义务，也是人性的要求，是通向爱情和事业的最理想的道路。

一个犹太人一旦结婚，就把爱献给了妻子。犹太人认为，一个没有妻子的男人生活中没有欢乐，没有祝福，没有仁慈，而且事业也不会很出色，只有结婚了，他才能埋藏从前的罪恶。犹太社会生活的稳定，就是家庭的稳定，而一个稳定的家庭又是通向事业成功的不可缺少的因素。

犹太拉比对婚姻的另一条建议是："选择妻子时向下迈一步。"

因为娶一个社会地位比自己高的女人，可能导致自己被她或者她的亲属看不起。选择妻子，对遗传学非常相信，不仅看中人的生物性的遗传，而且注重知识等社会内容方面的遗传。"为了能娶到博学之士的女儿，男人应该卖掉一切，这是因为将来万一他死了，或者被流放，他可能确信自己的孩子将来会有学问；不要让他娶一个愚昧人的女儿，因为一旦他死去或者被流放，他的孩子将会一无所知。"

此外，犹太人提倡在婚姻中不重视美貌，而要重家庭。"年轻人，睁开眼睛挑选你自己的新娘吧。不要只看外表，而是要看家庭背景，因为优雅风度是虚假，美貌是徒劳。"只重美貌，而不重品行，夫妻之间就容易出现不忠诚的事。

犹太人的婚姻观点之一是重视对方的家庭背景，选择合适的配偶才有高质量的家庭生活。倡导高质量的家庭生活才会使家平安幸福。而家的平安幸福，是人生的一种最大的幸福。

这种所谓的"门当户对"的观点，虽然忽视男女双方的感情，在犹太人看来却有其合理性。因为他们认为年轻人涉世未深，容易感情冲动，只注重相貌或感情，而忽视其品性。恋爱时，感觉很重要，但真正维系婚姻幸福、美满、稳定的关键，却是双方的性格和品行。一个善良的人会化解一切矛盾，而恶妻却会使矛盾升级，最终导致婚姻破裂。

犹太人认为女人在婚姻中有非常重要的作用。曾经有一位母亲对待嫁的女儿说：我的女儿啊！你若尊夫如王，夫将待你如后；你若使夫如仆，夫将差你如奴；你若过分矜持不愿意服侍丈夫，丈夫亦将用力施压贬你为佣。倘若丈夫准备访友，你当服侍丈夫入浴，让他仪表整洁踏出家门。倘若丈夫友人来访，你当竭诚善加款待。这样做的话，你将得到丈夫的重视。勤于照料家务，珍惜他的所有，他将衷心喜悦，欣然为你戴上后冠。

可见，犹太妇女的贤惠，正是因为在她们心中根深蒂固有着对丈夫的那份责任感。

第五节　决不轻易离婚

互相研究了 3 周，相爱了 3 个月，吵架了 3 年，彼此忍耐了 30 年，这就叫婚姻。

离婚是私人的事情，如果夫妻感情出现破裂，犹太人认为可以离婚。犹太人离婚的程序为：双方经过深思熟虑，经地方犹太社团的调解，即离婚双方需先进行一次民事离婚，然后才能得到法律机构的确认。这一程序，体现了犹太人对婚姻关系的无比重视。

犹太人会想尽一切办法来保持婚姻的完整，一旦离婚，尤其是和结发妻子离婚，圣坛也要流泪。一个聪明的女人应该用温柔的办法挽回丈夫的心，大吵大闹和不择手段是最愚蠢的。任何一个有血性的男人都不会丧失自尊。最关键的办法，还是要进行深刻的自我反省，一个有血性的男人不会把幸福寄托给无边的压抑。

犹太人认为维持夫妻关系的是爱和感情，以情动人是最佳办法。除此以外，一切都是枉然。

有这样一个故事：有一对住在西顿的夫妻结婚 10 年了，没有孩子，丈夫要求离婚。两人去见拉比西蒙，坚决反对离婚的拉比试图说服他们继续一起生活，但是丈夫非常坚决。

"既然你们决定离婚，"拉比对他们说，"你们应该举行一场聚会纪念分手，就像你们举行婚礼那样。"

夫妻俩同意了，在聚会中，喝了很多酒的丈夫对妻子说："亲爱的，在我们分手以前，看看我们家里有什么你认为最宝贵的，你回到你父亲那里住的时候可以带走。"

丈夫喝醉睡着了。妻子就叫仆人把丈夫抬到她父亲家里，把他放在床上。半夜里丈夫醒来了。

"我在哪里？"他叫起来。

"在我父亲家里。"妻子说，"你说我可以带走任何我认为最宝贵的东西，在这个世界上没有什么比你对我更宝贵。"

丈夫被妻子的爱深深打动了，他决定维持婚姻，从那以后他们幸福地生活在一起。

第六节　用幽默来主导生活

犹太人的生活充满了幽默，他们认为在生活中应该不时地运用一些幽默，有赢得使人赞叹不已的巧思妙想，从而产生令人欣赏的欢笑。如果能在别人没有想到的方面发现或建立某种联系，并顺乎一定的情理，就不能不令人赏心悦目。

犹太人在生活中经常会用一些小幽默把一些事情说得委婉而又恰到好处。

基辛格当美国国务卿期间，一天他收到了一位崇拜者寄来的一件礼物。这是一匹质量很好的布料，很适合做一套男士服装。这个礼物的赠送者向基辛格提议，不论基辛格先生何时到伦敦，都可以把布料带到伦敦的一家裁缝店去，为自己订做一套衣服。

几个星期后，基辛格到达了伦敦。他把布料拿到牛津大街一家久负盛名的裁缝店。然而，打开布料后，这家店的裁缝却告诉基辛格，他很抱歉，因为这匹布料不够给他裁一套衣服。基辛格很失望地拿着布走了。接下来他又访问了巴黎和罗马，这两个地方的裁缝同样这么告诉他。

几个月之后，基辛格访问以色列的特拉维夫市。他决定在那儿试试运气。他找的裁缝先生仔细量了量布，然后又仔细地量了量基辛格的尺寸，最后说："没问题，我们可以给您做出一套漂亮的衣服，一件夹克衫，一条裤子，一件马夹，而且还可能用剩下的布料再给您做条裤子。"

基辛格十分震惊。他告诉这位以色列裁缝他在伦敦、巴黎和罗马的遭遇。这位老裁缝点了点头，随后温和地说："哦，我明白了。先生，不过，对我们以色列人来说，您并不是一个顶天立地的大人物，但对其他地方的人来说可能是。"

另一则故事是这样的：

在一个犹太小镇上，一个荒淫无耻的富人死了。全镇的人都为他哀悼，并送他的棺材到了墓地。当他的棺材被放进坟墓时，四处都是哭泣、哀叹声。据镇上最老的居民回忆，就连教士和圣人死去时，人们都没有如此悲哀。

正巧第二天镇上的另一个富人也死了。他的性格和生活方式正好与前一个富人相反。他节俭禁欲，只吃干面包和萝卜。他一生对宗教都很虔诚，成天在豪华的研究室内学习法典。可是，他死后，除了他的家人外，没有人为他哀悼。他的葬礼冷冷清清，只有几个人在场。

镇上恰好来了个陌生人，他对此迷惑不解，就问道："请向我解释一下这个城镇奇怪的行为吧，他们为何尊敬一个无耻的人，而忽略一个圣人？"

一个镇上的居民回答说："昨天下葬的那个富人，虽然他是个色鬼和酒鬼，但却是镇上最大的施益者。他性格随和、开朗，喜欢生活中的一切好东西。实际上镇上的每一个人都从他那儿获益。他向一个人买酒，向另一个人买鸡，向第三个买鹅，向第四个人买奶酪。他出手还十分大方。这就是为什么我们每个人都想念他、哀悼他的原因。可那个富人又有什么用呢？他成天吃面包和萝卜，没人能从他身上赚到一文钱。相信我吧，没有人会想念他的。"

犹太人运用幽默的水平在世界上是一流的，他们是幽默大师，善于运用幽默来主导生活。